ENSINO DE LITERATURA

**Uma proposta
dialógica para o trabalho
com literatura**

WILLIAM ROBERTO CEREJA

ATUAL
EDITORA

© William Roberto Cereja, 2005.

Copyright desta edição:
SARAIVA S.A. Livreiros Editores, São Paulo, 2005.
Av. Marquês de São Vicente, 1697 — Barra Funda
01139-904 — São Paulo — SP
Fone: (0xx11) 3613-3000
Fax: (0xx11) 3611-3308 — Fax vendas: (0xx11) 3611-3268
www.editorasaraiva.com.br
Todos os direitos reservados.

Dados Internacionais de Catalogação na Publicação (CIP)
(Câmara Brasileira do Livro, SP, Brasil)

Cereja, William Roberto
  Ensino de literatura : uma proposta dialógica para o
trabalho com literatura / William Roberto Cereja. — São Paulo :
Atual, 2005.

  ISBN 85-357-0701-8

  1. Dialogismo 2. Literatura — Estudo e ensino 3. Literatura
— História e crítica I. Título.

05-8100   CDD-807

Índices para catálogo sistemático:

1. Literatura : Ensino : Proposta dialógica   807

Ensino de literatura

Gerente editorial: Wilson Roberto Gambeta
Editor: Noé G. Ribeiro
Assistente editorial: Maria Cecília Kinker Caliendo
Preparação de texto: Célia Tavares

Revisão: Pedro Cunha Jr. (coord.)/Elza M. Gasparotto
Célia Camargo/Renato A. Colombo Jr./Edilene M. Santos
Camila R. Santana/Debora Missias
Pesquisa iconográfica: Cristina Akisino (coord.)
Emerson C. Santos/Adriana Abrão

Gerente de arte: Nair de Medeiros Barbosa
Assistente de produção: Grace Alves
Supervisão de arte e projeto gráfico: José Maria de Oliveira
Diagramação: Valdir Zacarias da Silva
Coordenação eletrônica: Silvia Regina E. Almeida

Colaboradores
Capa: Gislaine Ribeiro

Visite nosso *site*: www.atualeditora.com.br
Central de atendimento ao professor: (0xx11) 3613-3030

WILLIAM ROBERTO CEREJA
Graduado em Lingüística e Português pela USP-SP
Mestre em Teoria Literária e Literatura Comparada pela USP-SP
Doutor em Lingüística Aplicada e Estudos da Linguagem pela PUC-SP
Autor de várias obras didáticas, entre elas *Gramática: texto,
reflexão e uso,* Prêmio Jabuti na categoria de melhor
livro didático de 1999.

Agradecimentos

A Beth Brait, pela orientação, pela confiança, pela
amizade e pelas maravilhosas viagens em torno da obra de Bakhtin.
A Maria Thereza Fraga Rocco, Marisa Lajolo, Roberto Acízelo e
Roxane Rojo, pelas sugestões e pelas ricas lições de sabedoria.

Para Ciley e Lis, céu e estrelas, aventura de viver.
Para meus pais, Laudinel e Olinda, a vida estrada afora.

Sumário

Prefácio
A ESCOLA AINDA TEM LUGAR PARA A FORMAÇÃO DE LEITORES .
COMPETENTES?, Beth Brait 7

Introdução 10

Capítulo 1
O QUE É APRENDER E ENSINAR LITERATURA HOJE 15
    Entrevistas com alunos: resultados e análise 17
        Conclusões parciais 34
    Entrevistas com professores: resultados e análise 36
        Conclusões parcias 42
    Planejamentos e avaliações 44
    Conclusão sobre a pesquisa 52

Capítulo 2
ENSINO DE LITERATURA: ENTRE A TRADIÇÃO
TRANSMISSIVA E O TECNICISMO PRAGMÁTICO 54
    A prática de ensino de literatura hoje 55
    O manual didático a serviço do nivelamento da qualidade
      de ensino 57
    Os cursos preparatórios para o vestibular 61
    A literatura nos exames vestibulares 65
    Mudanças no vestibular e as listas de obras literárias 72
    Ainda as listas: em busca de saídas 81
    Conclusão 87

Capítulo 3
LITERATURA NA ESCOLA: ENTRE O TRADICIONAL
E O OFICIAL 89

A tradição retórico-poética x história da literatura 89

A vitória da historiografia literária 101

As LDBs recentes e os *Parâmetros Curriculares Nacionais* 104

    A lei 5.692/71 104

    A lei 9.394/96 110

Os Parâmetros Curriculares Nacionais – Ensino Médio 112

Conclusão 125

Capítulo 4

HISTORICIDADE E HISTORIOGRAFIA LITERÁRIAS 127

Historicidade romântica e historiografia literária 127

A historiografia literária e o Naturalismo 131

Os impasses da historiografia e da crítica no século XX 133

A transposição didática da historiografia literária 137

O nó da historiografia 142

Diálogos dialéticos: Antonio Candido e Mikhail Bakhtin 144

Conclusão 160

Capítulo 5

O DIALOGISMO COMO PROCEDIMENTO NO ENSINO
DE LITERATURA 162

Sincronia e diacronia: uma abordagem possível? 165

Deglutições e dialogismo na literatura brasileira 167

Didatização da proposta 178

A leitura em primeiro plano 188

A contextualização histórica 191

Conclusão 195

Considerações finais 196

Bibliografia 202

Prefácio

A ESCOLA AINDA TEM LUGAR PARA A FORMAÇÃO DE LEITORES COMPETENTES?

Beth Brait[*]

Ai que prazer
Não cumprir um dever,
Ter um livro para ler
E não o fazer!
Ler é maçada.
Estudar é nada.
O sol doira sem literatura.
O rio corre, bem ou mal,
Sem edição original.
(Fernando Pessoa)

A epígrafe deste texto, um fragmento do poema "Liberdade", incluído na obra *Cancioneiro* de Fernando Pessoa, certamente daria aos adolescentes de hoje muito pano para manga. Visto assim, fora de seu contexto poético, descolado do conjunto da produção do grande poeta português, poderia facilmente confundir-se com a voz de um estudante, confirmando a imagem de que estudar, ler e conhecer literatura são coisas sem sabor, ligadas ao universo da obrigação, distantes dos prazeres encontrados na natureza e (por que não?) na vida. Mas poderia, também, dependendo do que o professor faz com esse conjunto de versos, de como os faz chegar aos alunos, funcionar como elo entre as gerações "pós-

---

[*] Beth Brait é crítica, ensaísta, professora do Programa de Pós-Graduação em Lingüística Aplicada e Estudos da Linguagem (LAEL), da PUC/SP e do Programa de Pós-Graduação em Semiótica e Lingüística Geral da FFLCH/USP. Entre suas obras destacam-se: *A personagem* (Ática), *Ironia em perspectiva polifônica* (Edunicamp) e *Bakhtin: conceitos-chave*, org. (Contexto).

modernas", sua forma de sentir e se relacionar com o mundo, e essa fala viva que vem do passado, inteiramente impregnada do presente. A percepção da ironia seria apenas uma das decorrências do contato desses leitores com o restante do poema, com o universo pessoano, com um mundo em que ler é se encontrar com a vida.

Penso que esta é a motivação do trabalho que William Cereja vem desenvolvendo há anos. Cada um de seus livros revela a busca incessante de caminhos capazes de despertar o leitor adormecido em cada estudante, de confrontá-lo com as linguagens que o cercam, de impulsioná-lo para a condição de sujeito crítico. Entretanto, como autor participante e em permanente contato com professores e alunos, William vivencia uma realidade brutal: os alunos estão cada vez mais despreparados para ler, apesar do empenho representado pelas diretrizes curriculares, pelas normas institucionais, pelas escolas e pelos incansáveis professores.

Essa constatação pode parecer desanimadora, uma vez que o despreparo dos estudantes revela-se não apenas diante do texto literário, mas diante de qualquer tipo de texto, como confirmam diferentes pesquisas. Foi ela, entretanto, que motivou William a esboçar mais um gesto em direção à leitura e aos leitores. Não satisfeito em criar obras didáticas, em elaborar instrumentos que pudessem conferir *status* de leitor a alunos e professores, William dedicou-se, durante quatro anos, a uma pesquisa cujo objetivo é compreender o processo histórico de ensino da literatura, as razões de seu fracasso no ensino médio e, a partir dos resultados, propor algumas saídas possíveis.

O trabalho que está diante do leitor, portanto, é obra de um autor múltiplo, sujeito do ensino, da pesquisa e da proposição de consistentes alternativas. Ao mesmo tempo que olha criticamente para a tradição do ensino da literatura, surpreendido desde meados do século XIX, este estudo enfrenta o presente a partir das múltiplas vozes e atores que o constituem: professores e alunos de escolas públicas e privadas, manuais didáticos que interferem direta ou indiretamente na sala de aula, contingências do vestibular que limitam o universo da leitura e dos autores que circulam periodicamente pelo espaço escolar, e, como não poderia deixar de ser, explicita as formas como esses elementos interagem na construção ou, mais francamente, na desconstrução de leitores.

Se terminasse aí, o trabalho não seria assinado por William Cereja e sua visão crítica e participativa. A proposta de implementar o que ele denomina "perspectiva dialógica do texto literário" parece, sem dúvida, uma saída possível para que a escola se afirme (re-afirme?) como um lugar de formação de leitores competentes para o texto e para a vida. Pelo diálogo entre textos de diferentes épocas, autores, línguas e culturas, alunos e professores estariam mergulhados na possibilidade de compreender o passado e o presente, ou a presença do presente num texto de outra época, como acontece com a epígrafe deste texto.

Para finalizar, já que o prefácio tem apenas a função de aperitivo que antecipa a degustação do prato principal, saio da minha condição de prefaciadora para assumir a condição de ex-orientadora de William Cereja, privilégio que me coloca num lugar de intenso contato intelectual com o autor, com seus trabalhos, com suas realizações, e que me deixa à vontade para afirmar que este é um livro precioso. Com ele podemos entrever a possibilidade de ensinar literatura e construir leitores aptos a atuar, pelo diálogo com textos de diferentes procedências, como sujeitos do saber e do prazer, a partir do espaço escolar.

São Paulo, 30 de agosto de 2005.

Introdução

Depois de fazer, no ensino fundamental, um percurso de pelo menos oito anos de estudos de linguagem no âmbito de leitura, produção de textos e reflexões sobre a língua (gramática), o estudante brasileiro inicia o ensino médio e passa a ter contato, geralmente pela primeira vez, com o estudo sistematizado da literatura.

A inclusão desse conteúdo no ensino médio tem-se justificado historicamente pela necessidade de alcançar alguns objetivos, tais como continuidade do processo de aquisição de habilidades de leitura de textos, agora com a diferença de serem sistematicamente estudados textos literários de época; conhecimento da língua padrão e de suas capacidades expressivas e artísticas; compreensão e conhecimento da cultura brasileira, particularmente no domínio de suas manifestações literárias; cultivo de hábitos de leitura. Isso sem citar as razões ideológicas de fundo nacionalista-patriótico subjacentes à maior parte das leis de ensino e dos programas escolares num período que vai do século XIX — como observou Marisa Lajolo em *Usos e abusos da literatura na escola* (1982) e em outros de seus textos — ao início do século XXI.

Ainda que esses objetivos possam e devam, a nosso ver, ser revistos, o confronto deles com os resultados concretos revela que, na prática, eles não são alcançados. Grande parte dos alunos, por exemplo, tem concluído o ensino médio sem adquirir hábitos regulares de leitura, seja de textos literários, seja de textos não literários.

Além disso, diferentes instrumentos de avaliação, nacionais e estrangeiros, têm atestado o despreparo de nossos alunos quanto às capacidades leitoras. É o caso, por exemplo, do Programa Internacional de Avaliação de Estudantes, (PISA) em cujo relatório de 2000 os estudantes brasileiros figuram em último lugar, entre jovens (todos entre 15 e 16 anos) de 32 países. A maior parte deles, isto é, 65% (entre os níveis 1 e 2 de um total de 5 níveis), conforme observa Jurado (2003, 164), "mal conseguiu localizar informações que podiam ser inferidas em um texto; reconhecer a idéia principal em um texto, compreendendo as relações ou construindo um sentido; construir uma comparação ou várias conexões entre o texto e outros conhecimentos extraídos de experiência pessoal. Quando estava em jogo a leitura em gráficos, diagramas, os resultados foram ainda piores".

Nos programas nacionais de avaliação escolar, os resultados não têm sido diferentes. Ainda segundo Jurado (2003, 162), "os dois sistemas de avaliação nacionais — ENEM e SAEB — têm diagnosticado que o baixo desempenho dos alunos nas provas se deve à ausência do domínio da leitura compreensiva. O Relatório Pedagógico do SAEB 2001 divulgou que 32% dos candidatos alcançaram o nível mínimo esperado dos alunos da 3ª série do ensino médio; cerca de 42% ficaram abaixo do nível mínimo e apenas 25% alcançaram níveis superiores ao mínimo. Pela avaliação do MEC/INEP, os alunos que atingiram o nível 5, embora tenham consolidadas algumas habilidades de leitura, ainda não se tornaram leitores críticos: não conseguem, por exemplo, identificar recursos discursivos mais sofisticados utilizados pelo autor, como efeitos de ironia ou humor em cartuns".

Mediante esses resultados, cabe perguntar: o que vem sendo feito nas aulas de língua portuguesa e, em particular, nas aulas de literatura? Os alunos têm efetivamente lido textos literários, informativos, científicos, etc.?

É certo que, embora circule nas aulas de literatura um discurso didático *sobre* o literário, quase sempre nelas o texto literário propriamente dito é pouco trabalhado e vivenciado pelos alunos. Da mesma forma, quase nenhum espaço têm outros tipos de discursos, gêneros e linguagens — tais como o discurso historiográfico, o filosófico, a crítica literária, as artes plásticas, etc. —, que se transformam e se diluem no discurso didático sobre literatura, seja o produzido pelo autor da obra didática, seja o produzido pelo professor.

Como resultado, os alunos também não se mostram competentes para analisar e interpretar textos literários nas múltiplas dimensões responsáveis pela construção de sentidos: recursos de expressão, estrutura, relações entre forma e conteúdo, aspectos do estilo pessoal, contextualização histórico-cultural, tradição literária, etc. Tais resultados fazem supor que o ensino de leitura e a abordagem do texto literário não têm sido objeto central das aulas de literatura.

Também é relevante no discurso escolar a presença do falso pressuposto de que, se o aluno é capaz de ler um texto literário — sem dúvida, um dos usos mais ricos e expressivos da língua —, então também é capaz de ler qualquer tipo de texto não literário. Essa concepção é equivocada, na medida em que despreza a especificidade de cada texto como *gênero discursivo*, bem como o conjunto de elementos que esse conceito implica: modo composicional, tema, estilo, situação de produção, suporte, meio de circulação, papel social dos interlocutores, finalidade da enunciação, etc.

Assim, o ensino de literatura no ensino médio não tem alcançado plenamente nem mesmo esses dois objetivos essenciais a que se propõe — a formação de leitores competentes, de textos literários ou não literários, e a consolidação de hábitos de leitura —, o que aponta para a necessidade de rever essa prática escolar, bem como redefinir o papel do ensino de literatura na disciplina Língua Portuguesa.

Em contraposição a esse quadro, notam-se algumas iniciativas por parte de órgãos governamentais que, por meio de instrumentos oficiais, tais como os *Parâmetros Curriculares Nacionais* (PCN) e as *Matrizes Curriculares de Referência* (SAEB/ENEM), fazem críticas à situação atual, embora só vagamente apontem caminhos a serem construídos.

Com base em nossa experiência pessoal de mais de vinte anos como professor de literatura no ensino médio e de quinze anos como autor de livros didáticos e também com base nos planejamentos escolares e nos manuais didáticos de literatura existentes no mercado, notamos que a organização dos conteúdos, apoiada na historiografia literária, privilegia o *enfoque cronológico* de movimentos, gerações e autores, com suas respectivas obras de destaque. Estudar literatura por essa perspectiva quase sempre é o mesmo que conhecer, geralmente de forma passiva, aquilo que os "bons" escritores (com todas as falhas e injustiças que historicamente sempre ocorreram nessa avaliação) escreveram ao longo da história de nossa cultura. Trata-se, pois, de uma concepção conteudista e enciclopédica de ensino de literatura.

Com pequenas variações, tanto os manuais didáticos quanto alguns professores (e talvez estes por influência daqueles) interagem com os alunos tomando como referência uma seqüência de procedimentos em que a leitura do texto literário propriamente dita desempenha um papel secundário, servindo muito mais à exemplificação da teoria desenvolvida do que como objeto básico para a construção de conhecimentos de literatura ou para o desenvolvimento de habilidades de leitura dessa modalidade de texto.

Assim, o objeto central das aulas de literatura, em vez de ser o texto literário, é constituído de um discurso didático sobre literatura, produzido pelo professor e/ou pelos manuais didáticos. Dessa forma, é fácil notar que a finalidade real das aulas de literatura não é o alcance dos objetivos propostos pelos programas escolares, mas tão-somente a apropriação passiva, pelo aluno, desse discurso didático.

Teria essa abordagem responsabilidade sobre os resultados negativos do ensino de literatura? Quais as origens históricas dessa prática cristalizada de ensino da disciplina? A historiografia literária na escola é incompatível com a formação de leitores de textos literários? Em que medida as políticas públicas para a educação no ensino médio, como a lei 5.692, o acordo MEC/Usaid e outras, têm responsabilidade sobre essa prática? As recentes propostas de ensino feitas pelo MEC por meio dos *Parâmetros Curriculares Nacionais — Ensino Médio* (PCNEM) e *Parâmetros Curriculares Nacionais + Ensino Médio* (PCN+) formulam propostas claras para um ensino de literatura renovado? E ainda: até que ponto os materiais didáticos disponíveis no mercado — livro didático, apostila —, os cursos preparatórios para o vestibular e o próprio exame vestibular contribuem para o engessamento dessa prática pedagógica?

Esta obra, que nasceu de uma pesquisa apoiada pelo CNPq, tem dois objetivos principais: primeiramente, refletir sobre as práticas pedagógicas do ensino de literatura, as relações entre o fracasso escolar e essas práticas e, além disso, as razões históricas da cristalização dessas práticas; depois apresentar a professores de literatura e educadores em geral uma proposta de ensino de literatura para estudantes do ensino médio. Espera-se que essa proposta possa dar subsídios ao debate em torno de uma redefinição tanto dos objetivos quanto do próprio objeto de ensino da disciplina na escola; apontar caminhos alternativos de ensino de literatura, sintonizados com as pesquisas mais recentes no âmbito da teoria literária, da análise do discurso e da educação; contribuir efetivamente para o desenvolvimento de capacidades leitoras, fator indispensável à vida profissional e ao exercício da cidadania.

Assim, no primeiro capítulo apresentamos os resultados de uma pesquisa feita por nós com alunos e professores das redes pública e particular de ensino, cuja finalidade era conhecer mais a fundo as práticas de ensino na sala de aula, por meio do enfoque de aspectos, que vão das interações na sala de aula em torno do texto literário até a adoção de critérios de seleção na escolha de obras para leitura extraclasse; modos de trabalho e de avaliação de leitura; meios de circulação de textos literários no espaço escolar; formação do gosto literário; universo de leitura do aluno; metodologia adotada pelo professor; planejamentos escolares; etc.

No segundo capítulo, procuramos analisar a influência dos manuais didáticos e das apostilas, bem como dos exames vestibulares e dos cursos prévestibulares, na cristalização dessas práticas.

No terceiro capítulo examinamos a legislação que orientou o ensino de literatura nas últimas décadas, situando-a sócio-historicamente e estabelecendo relações entre ela e a prática pedagógica atual. Além disso, avaliamos e comparamos as propostas de documentos oficiais como os *Parâmetros Curriculares Nacionais — Ensino Médio* (PCNEM) e os *Parâmetros Curriculares Nacionais + Ensino Médio* (PCN+).

No quarto capítulo procuramos investigar as origens da historiografia literária no universo escolar, as quais remontam ao século XIX. Ao abordar as diferentes concepções de historiografia e os papéis que esta assume nos contextos em que se insere, esse estudo inevitavelmente esbarra nos impasses da historiografia e da crítica literárias no século XX, decorrentes das divergências existentes entre as principais linhas teóricas. Contrastando e aproximando as idéias de teóricos como Antonio Candido, Mikhail Bakhtin e Hans Robert Jauss, esse capítulo, reunindo contribuições dessas diferentes linhas teóricas, visa apontar um caminho pedagógico viável para o ensino de literatura.

Partindo dos pressupostos teóricos expostos, apresentamos no quinto capítulo uma proposta alternativa de ensino de literatura, para a qual tomamos como exemplo relações dialógicas existentes entre um fragmento da *Carta*, de Pero Vaz de Caminha, textos de Oswald de Andrade (da década de 1920) e letras de canções do Tropicalismo (da década de 1960). Essa proposta consiste num conjunto de atividades de leitura de textos literários e não literários, formuladas para alunos, acompanhadas de discussões e justificativas teórico-metodológicas que permitem ao professor compreender não apenas por que fazer diferente, mas também como fazer.

Capítulo 1

O QUE É APRENDER E ENSINAR LITERATURA HOJE

A fim de evitar uma margem muito grande de subjetividade no trabalho — em virtude da experiência pessoal do autor, que reúne uma atividade profissional de mais de vinte anos como professor de literatura no ensino médio e de quinze anos como autor de obras didáticas de Português —, este trabalho inclui uma pesquisa de campo, realizada com vistas a um levantamento de dados objetivos a respeito de como tem sido e vem sendo a prática de ensino de leitura e de literatura no ensino médio.

Foram preparados dois instrumentos de pesquisa — um questionário dirigido aos alunos e outro ao professor, ambos com questões de múltipla escolha e questões abertas — a fim de se colherem dados qualitativos e quantitativos. A pesquisa foi realizada no mês de junho de 2002, sempre na presença do pesquisador. Alunos e professor responderam ao questionário concomitantemente.

Partindo do princípio de que seria praticamente impossível colher informações referentes à realidade de todo o país, haja vista as enormes distâncias e diferenças regionais, optou-se por fazer um modesto recorte da realidade brasileira, representado por uma pequena mostra da escola paulistana.

Foram escolhidas ao acaso quatro escolas, duas da rede particular e duas da rede estadual de ensino. Dessas quatro escolas, colhemos dados de quatro salas, todas do 3º ano do ensino médio. As turmas da rede pública cursavam o período noturno, e as outras duas, da rede particular, cursavam o período matutino. Ao todo, foram entrevistados 134 alunos e quatro professores.

A opção por turmas de período e rede diferentes foi motivada pela intenção de verificar até que ponto os resultados da pesquisa negariam ou confirmariam o senso comum que socialmente se construiu a respeito desses dois perfis, isto é, a opinião de que as escolas particulares geralmente oferecem um curso de ensino médio mais "puxado", comprometido com a formação de leitores, por exemplo, enquanto as escolas públicas são acusadas de quase sempre oferecerem um ensino fraco, pouco comprometido com a formação de leitores, com a preparação para vestibular, etc.

Eis um rápido perfil das escolas (que a partir daqui passarão a ser identificadas com o número correspondente a cada uma) e dos respectivos professores entrevistados:

- *Escola 1* — Escola pública situada no Bairro do Ipiranga, em São Paulo. Os alunos entrevistados, na maioria, trabalham durante o dia.
- *Professor 1* — Formou-se em 1988 pela Faculdade São Marcos, de São Paulo, e possui especialização em Filosofia. Tem 39 anos e leciona há catorze anos. Último livro lido: *A ilustre casa de Ramires*, de Eça de Queirós.
- *Número de alunos que responderam ao questionário* — 36.
- *Material didático utilizado* — Domingos Maia, volume único, da editora Ática, e apostilas (geralmente xérox de outros livros) produzidas/montadas pelo professor.

- *Escola 2* — Escola pública situada em Osasco, na Grande São Paulo. Os alunos entrevistados em grande parte trabalham durante o dia.
- *Professor 2* — Formou-se em 1997 pela Unifeo, de Osasco, São Paulo. Tem 42 anos e leciona há sete anos. Último livro lido: *Macunaíma*, de Mário de Andrade.
- *Número de alunos que responderam ao questionário* — 29.
- *Material didático utilizado* — Faraco e Moura, volume único, da editora Ática.

- *Escola 3* — Escola particular e tradicional fundada há mais de um século. É um dos colégios de maior porte da cidade de São Paulo; reúne cerca de 4 mil alunos, em sua maioria da classe média.
- *Professor 3* — Formou-se em 1976 pela Faculdade de Filosofia, Ciências e Letras da Fundação Santo André, de Santo André, São Paulo, e possui especialização em Psicopedagogia e Pedagogia (Educação). Tem 47 anos e leciona há 25 anos. Último livro lido: *Divina paródia*, de Álvaro Cardoso Gomes.
- *Número de alunos que responderam ao questionário* — 45.
- *Material didático utilizado* — Emília Amaral, Mauro Ferreira e outros, volume 3, da FTD, e apostila de revisão para o vestibular.

- *Escola 4* — Escola particular e tradicional, fundada há mais de sessenta anos; reúne cerca de 2 mil alunos, a maioria deles da classe média.
- *Professor 4* — Formou-se em 1990 pela Faculdade de Filosofia, Letras e Ciências Humanas da Universidade de São Paulo e possui mestrado em Semiótica. Tem 40 anos e leciona há dez anos. Último livro lido: *A majestade do Xingu*, de Moacyr Scliar.

- *Número de alunos que responderam ao questionário* — 24.
- *Material didático utilizado* — Apostila feita pelo professor.

Observações sobre a apuração dos resultados:

1ª) Algumas questões foram deixadas em branco por alguns alunos, motivo pelo qual a soma dos percentuais, em alguns casos, não chega a 100%. Quando o número de questões em branco é relevante, esse dado é mencionado na análise.

2ª) No cômputo individual de cada escola, foram desprezados os décimos, considerados apenas na média total.

Entrevistas com alunos: resultados e análise

I. Dados socioeconômicos

Questão 1: Qual a sua idade?

Escolas / Alunos	1	2	3	4	Total
16 anos	8%	3%	31%	12%	13,5%
17 anos	33%	55%	62%	83%	58,0%
18 anos	19%	24%	6%	4%	13,0%
19 anos	11%	—	—	—	2,7%
20 anos	11%	—	—	—	2,7%
21 anos	5%	3%	—	—	2,0%
22 anos	5%	3%	—	—	2,0%
23 anos	5%	—	—	—	1,2%
26 anos	—	3%	—	—	0,7%
29 anos	—	6%	—	—	1,5%

Questão 2: Qual é o grau máximo de escolaridade do pai ou da mãe?

	1	2	3	4	Total
Ensino fundamental (1ª a 4ª série)	17%	45%	—	4%	16,5%
Ensino fundamental (5ª a 8ª série)	17%	17%	—	—	8,5%
Ensino médio	41%	20%	12%	45%	59,0%
Ensino superior	25%	17%	88%	41%	42,7%

Questão 3: Qual é a renda da família?

	1	2	3	4	Total
Abaixo de 5 salários mínimos	36%	55%	—	—	22,7%
De 5 a 10 salários mínimos	47%	27%	2%	8%	21,0%
De 10 a 20 salários mínimos	11%	13%	17%	45%	21,5%
Acima de 20 salários mínimos	5%	5%	80%	41%	32,7%

O mapeamento da *condição socioeconômica* dos alunos entrevistados revela alguns dados importantes. Primeiramente, é notável o fato de que nas duas escolas particulares entrevistadas não há alunos com mais de 18 anos, ao passo que nas escolas públicas há alunos de até 29 anos. Essas diferenças fazem supor não apenas a possibilidade de repetência, mas também a interrupção dos estudos por diferentes motivos, entre eles a dificuldade de custear os estudos (livros, cadernos, condução, etc.) e a necessidade de entrar cedo no mercado de trabalho.

Outro dado importante é o *nível de escolaridade* dos pais. Na escola 2, por exemplo, 45% dos pais chegaram apenas ao final do ensino de 1ª a 4ª série, enquanto 88% dos pais de alunos da escola 3 possuem curso superior.

A *renda familiar* é compatível com o nível de escolaridade dos pais. A escola 2, por exemplo, que apresenta o índice de escolaridade dos pais mais baixo, revela também o pior índice econômico: mais da metade dessas famílias possui uma renda mensal inferior a cinco salários mínimos. A escola 3, em contraposição, apresenta o maior índice econômico: 80% das famílias possuem renda mensal superior a vinte salários mínimos.

Do ponto de vista econômico e cultural, podemos concluir que as escolas 2 e 3 constituem os pólos extremos da comparação no universo pesquisado: a escola 2 é a que tem alunos provenientes das famílias mais pobres e menos instruídas, ao passo que os alunos da escola 3 têm o grau de instrução e a renda familiar mais altos. Se dispomos as escolas numa seqüência descendente tomando como base esses dois critérios, as escolas 4 e 1 passam a ocupar posição intermediária; porém a escola 4 ocupa uma posição mais elevada, vindo imediatamente depois da escola 3. Assim, temos:

Dados socioeconômicos e culturais
Escola 3
Escola 4
Escola 1
Escola 2

Tomados *grosso modo*, esses resultados apenas confirmam o que já é de senso comum: atualmente as famílias de maior renda encaminham seus filhos para a escola privada, e as famílias de menor renda, para a escola pública. Contudo, esses dados socioeconômicos são importantes para o cruzamento com as informações sobre as práticas de leitura.

II. Sobre leitura e ensino de literatura

Questão 1: Você costuma ler regularmente?

	1	2	3	4	Total
Sim	55%	72%	46%	70%	60,7%
Não	44%	27%	53%	29%	38,2%

Questão 2: O que você lê com maior freqüência?

	1	2	3	4	Total
Jornais	33%	45%	8%	12%	24,5%
Romances	17%	—	8%	—	6,2%
Contos e crônicas	—	7%	2%	4%	3,2%
Poesia	2%	10%	2%	4%	4,5%
Revistas	33%	27%	55%	45%	40,0%
Quadrinhos	—	—	—	2%	0,5%
Outros (especificar)	5%	10%	15%	25%	13,7%

A questão 1 do segundo bloco, sem fazer nenhuma referência ao tipo de texto que se lê, obrigava o estudante a se posicionar como leitor. Com exceção dos alunos da escola 3, os das demais escolas afirmaram ler regularmente. Os índices das escolas 2 e 4, aliás, chegam a 70% ou mais, o que é bastante satisfatório.

Contudo, chama a atenção o fato de que os estudantes das famílias mais abastadas e de nível cultural mais alto são os que menos lêem. Esse dado leva a crer que, embora não se possa negar que as condições socioculturais do estudante influenciem positivamente o hábito da leitura, elas não são determinantes.

Quando examinamos as respostas dadas à questão 2, que investiga o que se lê, notamos que a disparidade existente nas respostas à primeira questão diminui, isto é, os percentuais relativos ao número dos alunos que lêem jornais e revistas

ENSINO DE LITERATURA

são próximos — 66%, 72%, 63% e 57%, respectivamente nas escolas 1, 2, 3 e 4, alcançando uma média de 64,5% em relação ao total de alunos.

Confrontando esses resultados com o quadro da classificação socioeconômica dos alunos, o acesso regular a revistas e jornais por estudantes de classe média, que os encontram nas suas próprias casas, parece natural. Oferece estranheza, porém, o fato de alunos das escolas públicas, cujos índices socioeconômicos são mais baixos, terem acesso regular a esses veículos de informação. Infelizmente, o instrumento de pesquisa utilizado não detalhou a regularidade do contato. Por exemplo, quantas horas por dia ou quantas vezes por semana lêem jornais e revistas; se lêem em casa ou no trabalho; quais são as seções preferidas, etc.

De qualquer modo, o interesse por gêneros literários propriamente ditos parece ser pequeno. Somados os três gêneros de literatura, em nenhuma escola os índices ultrapassam os 20%.

Também é importante notar que os alunos da escola 3, cujos pais apresentam o nível sociocultural mais alto, são os que menos lêem regularmente, segundo as respostas apresentadas. Tal fato contradiz o senso comum de que o aluno proveniente de famílias instruídas, com fácil acesso a livros, jornais e revistas, tem maior possibilidade de tornar-se um leitor competente e assíduo.

Outro dado a considerar sobre a questão 2 é o percentual relativamente alto referente ao item "Outros". Os alunos que responderam a esse item, na maioria, não se contentaram em indicar um único gênero literário ou veículo de informação e acabaram indicando dois, três ou quatro deles. Também houve indicações da Bíblia e de cartilhas de música (escola 2) e de textos científicos (escola 4).

Questão 3: Quando você lê obras literárias, elas são geralmente:

	1	2	3	4	Total
As que os professores recomendam	52%	58%	73%	87%	67,5%
As que você compra ou empresta de alguém por iniciativa própria	25%	24%	20%	8%	19,2%
Não responderam	23%	18%	7%	5%	13,2%

Questão 4: Lembre-se de uma obra literária que tenha lido e da qual tenha gostado muito.
a) Qual o nome dela?
b) Ela foi leitura obrigatória na escola?

Escola 1
* *1º grupo: Obras entre as que foram leitura obrigatória (27%): Memórias póstumas*

de *Brás Cubas*, *Dom Casmurro*, *Os lusíadas*, *Memórias de um sargento de milícias*, *A árvore que dava dinheiro*, *O fantasma que falava espanhol*.
- 2º *grupo: Obras entre as que não foram leitura obrigatória* (19%): obras de Paulo Coelho (3), *O mundo de Sofia*, *Dom Casmurro*, *Memórias póstumas de Brás Cubas*, *O demônio e a senhorita Prym*.

Escola 2
- 1º *grupo* (24%): *Os lusíadas*, *Dom Casmurro*, *Amor de perdição*, *Venha ver o pôr-do-sol*.
- 2º *grupo* (55%): *Mil léguas submarinas*, *Macunaíma*, *O guarani*, *Dom Casmurro*, *Artemis Fowl*, *Os lusíadas*, *Os sofrimentos do jovem Werther*.

Escola 3
- 1º *grupo* (62%): *Dom Casmurro* (3), *Iracema* (6), *Libertinagem*, *Macunaíma*, *Lucíola*, *Capitães da areia*, *Senhora*, *O primo Basílio*, *O capitão mouro*.
- 2º *grupo* (26%): *Cinco minutos*, *Otelo*, *Princesa* (2), *A última grande lição*, *O senhor dos anéis* (2), *O conde de Monte Cristo*, *Menino Maluquinho*, *Casa do penhasco*, *Os anjos de Badaró*, *Capitães da areia*, *O perfume*, obras de Sherlock Holmes, *O capitão mouro* (2).

Escola 4
- 1º *grupo* (71%): *A hora da estrela*, *Memórias póstumas de Brás Cubas*, *O primo Basílio*, *Contos novos*, *A ilustre casa de Ramirez*, *Memórias de um sargento de milícias*, *Primeiras histórias* (2).
- 2º *grupo* (25%): *Relato de um náufrago*, *A cruz e o punhal*, *O senhor dos anéis*, *Harry Potter*, *Ensaio sobre a cegueira*.

Questão 5: Como você costuma agir em relação às obras indicadas pela escola?

	1	2	3	4	Total
Lê todas as obras	16%	34%	2%	58%	27,5%
Lê quase todas as obras	13%	24%	26%	33%	24%
Lê algumas das obras	47%	24%	62%	8%	35,3%
Nunca lê as obras	16%	6%	10%	—	8,0%
Não responderam	8%	12%	—	—	—

As questões 3, 4 e 5 dizem respeito às obras literárias que têm sido lidas pelos alunos e ao papel da escola como espaço de formação de leitores de obras literárias. Por essa razão, convém examiná-las em conjunto.

ENSINO DE LITERATURA

As respostas dadas à questão 3 revelam que a absoluta maioria dos alunos entrevistados geralmente lê obras literárias recomendadas pela escola. Os percentuais de respostas que indicam uma iniciativa pessoal na escolha da obra a ser lida são iguais ou inferiores a 1/4 de cada turma.

A questão 4 solicita a indicação espontânea de uma obra de que o aluno tenha gostado muito, independentemente de ela ter sido ou não indicada pela escola. O objetivo dessa questão é a verificação de até que ponto os alunos preferem ler obras diferentes das indicadas pelos professores, ou seja, obras de autores contemporâneos, divulgadas pela imprensa escrita ou televisiva, pelo cinema, etc.

Apesar de um dos mais baixos índices quanto ao interesse pela leitura de gêneros literários referir-se aos alunos da escola 3, esse grupo foi responsável pela indicação da maior variedade de títulos, fugindo ao rol de títulos geralmente solicitados pelas escolas. É o caso de obras como *O perfume*, de Patrick Suskind, *Os anjos de Badaró*, de Mário Prata, e títulos de obras relacionadas a Sherlock Holmes, de Conan Doyle, e *O senhor dos anéis*, de J. R. R. Tolkien.

A provável explicação dessa variedade é o poder aquisitivo desse grupo, que, além de receber mais informações sobre publicações recentes, também reúne condições econômicas para adquirir os títulos que lhe despertam interesse.

Se comparamos as obras citadas, temos uma surpresa: um mesmo título figura tanto entre os que foram recomendados quanto entre os que não foram recomendados pela escola. É o caso dos "clássicos" das literaturas brasileira e portuguesa, como *Os lusíadas, Dom Casmurro, Memórias póstumas de Brás Cubas e Capitães da areia*, entre outros.

Desses dados, podemos extrair algumas conclusões importantes. Primeiramente, destaca-se o papel da escola como agente formador de leitores e do gosto literário. A presença, na casa, de livros trabalhados na escola, amplia as possibilidades de leitura desses títulos, estimulando outras pessoas da família — pais, irmãos, primos, avós — a também ler essas obras, e não apenas pela facilidade de tê-las à mão, mas também porque, sendo indicadas pela escola, supostamente apresentam boa qualidade e são úteis à formação do indivíduo.

Assim, a escola é responsável pela formação de "comunidades de leitura", já que direta e indiretamente exerce sobre a família e a comunidade um papel de centro irradiador de livros, de leituras e do gosto literário.

Muitos professores de Português se perguntam se convém indicar livros para leitura extraclasse ou se devem permitir que os alunos escolham livremente o que ler. Os dados da pesquisa revelam que, em muitos casos, o aluno reúne pouco conhecimento acerca das obras literárias e nenhum referencial para se aventurar sozinho no mundo da ficção.

Independentemente da forma como o professor conduz e desenvolve o projeto de leitura na escola em que atua (se por meio de provas, de debates, de trabalhos criativos, etc.), é relevante o papel que ele desempenha como orientador de leitura e como formador de leitores e do gosto literário.

A questão 5 permite examinar o grau de adesão dos alunos às leituras indicadas pelos professores. Convém cruzar esses resultados com as respostas dadas à questão 15 (página 33), que verifica a forma como a leitura extraclasse é trabalhada pelo professor, já que a disparidade existente entre os resultados pode estar relacionada com o tipo de trabalho ou o grau de exigência do professor em relação à obra trabalhada.

Na escola 3, por exemplo, apenas 2% dos alunos entrevistados afirmaram ler todas as obras indicadas, em contraposição aos 58% dos alunos da escola 4. Na escola 3, a leitura extraclasse é cobrada basicamente por meio de seminários, de trabalhos criativos ou, simultaneamente, por meio desses dois instrumentos (indicados no item "Outras" da questão 15). Já na escola 4, os resultados são muito bem definidos: o professor promove um debate e aplica uma prova de verificação de leitura (83%), abrindo espaço às vezes para trabalhos criativos.

O cruzamento entre adesão à leitura e forma de trabalho do professor pode nos levar a crer que a cobrança na forma de provas individuais resulte num número maior de alunos que lêem as obras indicadas. Contudo, não é o que mostram os dados relativos às escolas públicas.

Nas escolas 1 e 2, os resultados são mais bem-distribuídos entre os que lêem todas as obras, ou quase todas, ou apenas algumas das obras indicadas. Apesar disso, na escola 2, na qual 34% dos alunos afirmaram ler todas elas, 62% dos alunos apontaram o seminário como o meio mais comum de trabalho com a leitura extraclasse, o que aproxima essa escola da escola 3, que apresenta os piores resultados quanto ao item "Lê todas as obras".

Da mesma forma, 22% dos alunos da escola 1 entrevistados afirmaram que a leitura extraclasse é explorada na forma de provas, e 33% indicam "provas e trabalhos escritos". Esse tipo de trabalho e de avaliação aproxima a escola 1 da escola 4; no entanto, apenas 16% dos alunos da escola 1 entrevistados disseram ler todas as obras, em contraposição aos 58% da escola 4.

Esses dados demonstram que a forma como o professor encaminha o trabalho com a leitura extraclasse pode estar relacionada com o grau de adesão dos alunos à leitura das obras indicadas, mas não é determinante. Há outros fatores que também são responsáveis pelo envolvimento do aluno com o projeto de leitura da escola; entre eles, talvez os mais importantes sejam a empatia dos alunos com o professor e o reconhecimento da seriedade desse profissional e seu compromisso com o projeto de leitura.

ENSINO DE LITERATURA

Questão 6: Para você, o que é literatura?

	1	2	3	4	Total
Disciplina escolar	44%	41%	73%	50%	52%
Arte da palavra	8%	6%	13%	25%	13%
Expressão dos sentimentos e pensamentos	3%	10%	13%	25%	12,7%
Não responderam	45%	43%	—	—	22%

Nas quatro escolas pesquisadas, os resultados foram muito parecidos, considerando-se apenas os alunos que responderam à pergunta, já que quase metade dos alunos das escolas 1 e 2 não respondeu. Essa omissão pode ser explicada pelo fato de a pergunta ser aberta e, por isso, exigir do aluno posicionamento pessoal, algum conhecimento teórico e esforço pessoal para redigir um enunciado coerente e consistente.

Dada a semelhança entre as respostas, foi possível organizá-las em três grupos. É importante lembrar que a pergunta faz parte de uma sucessão de questões que exploram os gêneros literários mais lidos, as obras literárias preferidas, as obras literárias indicadas pela escola, etc. Apesar disso, é muito expressivo o número de alunos que entendem literatura como uma *disciplina escolar*, ou seja, como ensino de Português.

Com resultados de 44% na escola 1, 41% na escola 2, 73% na escola 3 e 50% na escola 4, a maior parte (52%) dos estudantes entrevistados que responderam à pergunta vê a literatura como "uma matéria que estuda os autores", meio de "saber conhecer autores e suas obras", "estudo das obras literárias", "estudo das obras de arte", etc.

Usando, entre outros, conceitos como "literatura é a arte da palavra", "arte na escrita" ou "forma escrita usada para expressar sentimentos", apenas 13% dos alunos entrevistados vêem a literatura como um tipo de arte que faz um uso especial da linguagem verbal e transcende o universo da escola.

O terceiro conceito mais freqüente (12% do total) é o que identifica a literatura como *expressão dos sentimentos e pensamentos*. Com uma concepção mais subjetiva, emocional ou psicológica, esses alunos vêem a literatura como "um modo de sentir a vida, de expor os sentimentos e pensamentos", "uma forma escrita usada para expressar sentimentos", "um instrumento que é utilizado para fazer com que emoções e situações novas cheguem às pessoas", etc.

O que chama a atenção nas respostas dadas a essa questão é a dificuldade dos alunos de todas as escolas pesquisadas em reconhecer o que é específico da arte literária e também em perceber que a literatura, como a música, o cinema, o teatro, a pintura, entre outras artes, tem independência própria e não circula apenas no espaço escolar.

Capítulo **1** • O QUE É APRENDER E ENSINAR LITERATURA HOJE

Questão 7: Para você, estudar literatura serve para:

	1	2	3	4	Total
Aprender sobre a vida dos principais escritores	2%	20%	2%	—	6,0%
Conhecer a época dos principais escritores	4%	13%	11%	8%	9,0%
Aprender a ler textos literários	2%	3%	2%	4%	2,7%
Aprender as principais características das obras, dos escritores e dos períodos literários	13%	30%	40%	25%	27,0%
Compreender melhor o mundo em que vivemos	8%	10%	6%	8%	8,0%
Aprender a ler textos literários e conhecer melhor a cultura e o mundo de que fazemos parte	30%	24%	26%	45%	31,2%
Outros (indicaram mais de uma opção)	41%	—	13%	8%	15,5%

Essa questão procura verificar que sentido o estudo da literatura tem para o estudante de hoje. Além de uma finalidade específica, é possível vislumbrar nas respostas dos alunos também uma prática consolidada durante os três anos do ensino médio.

As opções indicadas em maior número pelos alunos, no total, são: "Aprender a ler textos literários e conhecer melhor a cultura e o mundo de que fazemos parte" (31,2%) e "Aprender as principais características das obras, dos escritores e dos períodos literários" (27%). Felizmente, contrariando a tendência em crer que a literatura se restringe ao espaço escolar, a opção preferida na questão 7 revela que, segundo a concepção dos entrevistados, a literatura se relaciona com a cultura e o mundo atuais, além de capacitar o estudante a ler textos literários. Já a segunda opção mais votada revela a consolidação, nas escolas, de uma prática de ensino de literatura voltada essencialmente para a memorização e para a classificação.

Alguns cruzamentos entre as escolas revelam resultados interessantes. Confrontando, por exemplo, as escolas 3 e 4, notamos que as posições em relação às duas opções preferidas dos alunos se invertem: para 40% dos entrevistados da escola 3, estudar literatura serve para aprender as principais características de autores, obras e períodos, enquanto para 26%, serve para aprender a ler textos literários e conhecer a cultura atual. Na escola 4, os resultados são opostos.

Em proporções um pouco menores, o mesmo se verifica entre as escolas 1 e 2. Em relação à escola 1, contudo, chama a atenção o índice relativamente alto de alunos que indicaram o item "Outros" (41%). Na especificação, nota-se que os entrevistados, ao indicarem esse item, não discordavam do teor das demais opções, mas desejavam apenas indicar mais de uma delas. Nesse caso, os itens indicados apenas confirmam as tendências verificadas em relação às demais opções.

25

ENSINO DE LITERATURA

Também chama a atenção o fato de 20% dos entrevistados da escola 2 indicarem que a literatura serve para "Aprender sobre a vida dos principais escritores", item que recebeu indicações em número quase insignificante por parte dos alunos de outras escolas.

Convém destacar ainda o baixo índice de indicações que recebeu, no total, o item "Aprender a ler textos literários" (2,7%). É claro que o ensino de literatura no ensino médio tem mais de um objetivo. Um dos objetivos, entretanto, é justamente esse, o de formar leitores de textos literários, motivo pelo qual esse item supostamente deveria receber um número maior de indicações.

As diferenças verificadas nas respostas a essa questão certamente estão relacionadas com a prática e com o perfil dos professores, isto é, com sua formação acadêmica, suas concepções teóricas, sua experiência e sua visão de literatura.

Questão 8: As aulas de literatura geralmente se desenvolvem de que forma?

	1	2	3	4	Total
O professor pede aos alunos que leiam os textos do livro e resolvam as questões propostas; posteriormente ele as corrige	41%	—	37%	4%	10,2%
O professor lê os textos e os interpreta, esclarecendo o significado dos trechos mais difíceis	47%	10%	51%	4%	28,0%
O professor abre com a classe discussão sobre os textos literários, isto é, além de opinar sobre o texto, também ouve a opinião dos alunos	8%	72%	2%	66%	37,0%
Os alunos debatem o texto entre si e, posteriormente, a discussão é feita por toda a classe, sob a orientação do professor	—	17%	4%	20%	10,2%
Outros (especificar)	4%	—	2%	—	3,2%

A questão 8 oferece mais elementos para compreendermos de que forma se desenvolve a aula de literatura. Mais uma vez, as escolas formam pares, apontando para dois tipos diferentes de estratégias. Nas escolas 1 e 3, o professor se vale de dois procedimentos: ou ele pede aos alunos que leiam os textos do livro e resolvam as questões propostas, para correção posterior, ou ele próprio lê os textos e os interpreta, esclarecendo o significado dos trechos mais difíceis. Em ambas as escolas, esses dois procedimentos, reunidos, foram apontados por cerca de 90% dos alunos entrevistados.

Já nas escolas 2 e 4, o diferencial é a participação dos alunos. O professor também se vale de dois procedimentos: ou ele inicia e coordena uma discussão com a classe a respeito dos textos, ou ele estimula os alunos a debaterem o texto para, em seguida, sob sua coordenação, ampliar o debate com toda a classe, extraindo conclusões. Em ambas as escolas, essas estratégias totalizam aproximadamente 90% das respostas dos alunos.

Os dois pares de escolas marcam claramente duas posições diferentes em relação à leitura dos textos literários na sala de aula. No primeiro par (escolas 1 e 3), a leitura é construída com base na relação do aluno com o livro didático ou na relação do professor com os alunos, tendo o livro como objeto de mediação. Em ambas as situações, o professor e/ou o livro didático (que também assume um papel professoral) centralizam a produção discursiva, possibilitando, geralmente, se não um monólogo, ao menos um diálogo pobre, de poucas interações e poucas negociações quanto ao sentido dos textos.

Já o par formado pelas escolas 2 e 4 inclui em sua prática de leitura interações entre os alunos ou entre os alunos e o professor, bem como o cruzamento de vozes e pontos de vista, ou a negociação dos sentidos dos textos.

Confrontando-se essas práticas com dados de questões anteriores, notam-se alguns resultados interessantes. Os alunos das escolas 2 e 4 — em que a prática de leitura pode ser considerada mais "democrática", em virtude da participação da classe e das negociações discursivas — são os que, de acordo com as respostas dadas na questão 1, lêem mais regularmente (72% e 70%, respectivamente) e também os que mais lêem as obras literárias indicadas pelo professor, de acordo com as respostas dadas na questão 5 (34% e 58%, respectivamente). Estabelecer uma relação de causalidade simples e direta entre a postura do professor e suas práticas de ensino e o interesse dos alunos pelas leituras propostas pode ser arriscado e redutor, já que outros fatores influem na relação do estudante com a leitura. Contudo, não se deve descartar a possibilidade de que o aluno, por encontrar espaço para se manifestar e interagir com outros sujeitos, ou por sentir prazer e reconhecimento nos desafios que enfrenta, passe a ter uma postura de mais simpatia em relação aos livros.

Questão 9: Em seu curso de literatura, o que é mais valorizado?

	1	2	3	4	Total
Saber de cor o nome de autores, obras e datas	2%	—	—	—	0,5%
Saber de cor as características de um autor ou de um período literário (por exemplo, Classicismo, Romantismo, Realismo, etc.)	27%	10%	13%	4%	13,5%
Reconhecer nos textos características do período literário a que eles pertencem	16%	10%	37%	20%	20,7%
Compreender as relações entre o texto literário e a época em que ele foi escrito	2%	31%	11%	37%	20,2%
Compreender e interpretar os textos literários	44%	41%	22%	20%	31,7%
Outros (especificar)	2%	6%	13%	8%	7,2%

ENSINO DE LITERATURA

Questão 10: Na sua opinião, o que deve ser mais valorizado nas aulas de literatura?

	1	2	3	4	Total
Saber de cor o nome de autores, obras e datas	5%	—	2%	—	1,7%
Saber reconhecer as características de um autor ou de um período literário (por exemplo, Classicismo, Romantismo, Realismo, etc.)	11%	13%	8%	—	8,0%
Reconhecer nos textos características do período literário a que eles pertencem	8%	3%	17%	8%	9,0%
Conhecer a época em que o texto foi escrito	5%	3%	2%	—	2,5%
Relacionar um texto literário com o mundo de hoje	22%	31%	8%	8%	17,2%
Compreender o sentido dos textos, tanto na situação em que foram escritos quanto nos dias de hoje	44%	48%	46%	62%	50,0%
Outros (especificar)	—	—	15%	—	3,7%

Na questão 9, com exceção de 27% dos alunos da escola 1 entrevistados, para os quais a escola prioriza a memorização das características de autores e de períodos literários, os alunos responderam que a atenção do curso de literatura se volta para três aspectos: "reconhecer nos textos características do período literário a que eles pertencem" (média de 13,5%); "compreender as relações entre o texto literário e a época em que ele foi escrito" (média de 20,7%); "compreender e interpretar os textos literários" (31,7%). Todos os aspectos apontados dizem respeito a uma intensa preocupação com a memorização ou com o reconhecimento das características das estéticas literárias (média de 34,2%), embora, segundo os entrevistados (51,9%, em média), a escola também esteja comprometida em compreender e interpretar os textos literários e/ou em estabelecer relações entre o texto literário e sua situação de produção.

A questão 10 exige dos alunos um posicionamento pessoal quanto ao que deveria ser mais valorizado nas aulas de literatura. Os itens que receberam o maior número de indicações são "Relacionar um texto literário com o mundo de hoje" e "Compreender o sentido dos textos, tanto na situação em que foram escritos quanto nos dias de hoje". Ambos os itens, como se nota, dizem respeito a um eventual relacionamento, direto ou indireto, entre o objeto de estudo e o mundo contemporâneo. O item "Outros" recebeu um número relativamente alto de indicações de alunos da escola 3 (15%); porém, esse índice elevado se deve ao fato de os alunos pretenderem indicar mais de uma opção, cujo cômputo não modifica o caráter dos resultados.

Esse dado confirma o ponto de vista, expresso nos PCN, de que o ensino de Português, há longo tempo, tem trabalhado conteúdos escolarizados, isto é, conteúdos valorizados no âmbito escolar mas pouco significativos para a vida do aluno e para a participação dele na sociedade. Estabelecer relação entre os textos estudados e o mundo contemporâneo ou refletir sobre os sentidos dos textos a partir do ponto de vista do homem contemporâneo, eis dois dos movimentos de leitura que, na opinião dos alunos, tornam significativo o estudo da literatura.

Questão 11: O que mais lhe agrada nas aulas de literatura?

	1	2	3	4	Total
Os assuntos debatidos, que geralmente são muito interessantes	3%	13%	2%	—	4,5%
A oportunidade para debater os assuntos e participar da aula	—	13%	2%	8%	5,7%
Conhecer como o homem viveu, sentiu e pensou em outras épocas	33%	17%	50%	41%	35,2%
Vencer os desafios que a leitura proporciona e conseguir compreender um texto literário	25%	20%	11%	8%	16,0%
A possibilidade de, partindo dos textos literários, pensar sobre nossa própria vida e nossa época	30%	31%	20%	33%	28,5%
Outros (especificar)	3%	3%	15%	—	5,2%

Questão 12: O que menos lhe agrada nas aulas de literatura?

	1	2	3	4	Total
O fato de os textos literários exigirem muita atenção do leitor	11%	20%	18%	50%	24,7%
A dificuldade dos textos, pois a linguagem é antiga e inacessível	41%	45%	32%	16%	33,5%
As discussões são abstratas e distantes da realidade	8%	6%	11%	12%	9,5%
As aulas são monótonas, os alunos pouco participam	33%	10%	23%	—	16,5%
Outros (especificar)	3%	—	15%	20%	9,5%

As respostas dadas à questão 11 confirmam a expectativa dos alunos quanto ao estudo de literatura. A questão, que procura identificar o que mais agrada ao aluno nas aulas de literatura, teve maior número de indicações para as respostas "Conhecer como o homem viveu, sentiu e pensou em outras épocas" (35,2%), "A possibilidade de, partindo dos textos literários, pensar sobre nossa própria vida e nossa época" (28,5%) e "Vencer os desafios que a leitura proporciona e conseguir compreender um texto literário" (16%).

ENSINO DE LITERATURA

Acusados freqüentemente de alienação em relação aos problemas históricos, sociais e culturais, os jovens entrevistados surpreendem pelas opções que indicaram. Tanto a primeira quanto a segunda opção, direta ou indiretamente, acabam por estabelecer contrastes entre o texto literário em estudo, ancorado historicamente em determinado contexto, e a vida contemporânea. Assim, a literatura resgata as experiências históricas, culturais e estéticas da humanidade e exige por parte de quem a lê um posicionamento pessoal, não apenas em relação ao passado, mas também em relação ao presente.

A dificuldade dos textos parece ser o maior inimigo das aulas de literatura, segundo as respostas dadas à questão 12. "Linguagem antiga e inacessível" (33,5%) e exigência de "muita atenção do leitor" (24,7%) são os dois principais problemas apontados pelos alunos entrevistados. Em terceiro lugar, é apontada a monotonia das aulas, com indicação de 16,5% dos alunos.

É evidente que as dificuldades advindas da linguagem são responsáveis pelo contato pouco freqüente e produtivo do estudante com as obras literárias. Mas muitos outros fatores também explicam o desinteresse ou o afastamento do estudante em relação à leitura. O baixo poder aquisitivo da população, que dificulta a compra direta de livros, a falta de bibliotecas escolares ou públicas bem-estruturadas e com rico acervo, a falta de um posicionamento claro de alguns professores quanto ao prazer e à importância de ler, as práticas convencionais de leitura, pouco voltadas à interação e muitas vezes restritas a uma prova — tudo isso desestimula ou dificulta o envolvimento do estudante com a leitura. Além disso, mesmo quando reúne condições favoráveis, entre elas a econômica, o jovem é muitas vezes seduzido pela leitura de outros tipos de texto ou por atividades culturais veiculadas por outras mídias, como a TV, o cinema, a Internet, os quadrinhos, as revistas, etc.

Questão 13: Nos estudos literários feitos em classe, as relações (comparações, aproximações, contrastes) da literatura com outras áreas do conhecimento (história, filosofia, psicologia, sociologia, etc.) ou com outras artes (pintura, música, etc.):

	1	2	3	4	Total
Nunca são feitas	30%	13%	13%	—	9,7%
Quase nunca são feitas	47%	10%	33%	—	12,7%
São feitas sempre que necessário	19%	62%	35%	46%	37,5%
São feitas com muita freqüência	2%	10%	8%	54%	18%

Essa questão tem em vista a verificação da regularidade com que nas aulas são estabelecidas relações entre a literatura e outras áreas do conhecimento ou outras artes. As respostas apontam uma clara diferença entre os professores quanto à metodologia adotada.

30

A escola 1 e a escola 4 são os pólos da oposição. Enquanto 77% dos alunos da escola 1 consideram que nunca ou quase nunca são feitas essas relações, para 100% dos alunos da escola 4 as relações são feitas sempre que necessário ou com muita freqüência. As escolas 2 e 3, embora ocupem uma posição intermediária, também apresentam diferenças significativas: enquanto 72% dos alunos da escola 2 tendem a reconhecer que essas relações são feitas com muita freqüência ou sempre que necessário, os alunos da escola 3 revelam uma posição confusa em relação a esse aspecto, dividindo-se quase igualmente entre as duas posições, isto é, metade dos alunos acha que as relações são feitas, e metade acha que não são feitas, o que demonstra que essas relações, se construídas, o são de modo superficial e pouco significativo para o aluno.

Questão 14: Como seria para você uma aula ideal de literatura?

	1	2	3	4	Total
Aula com discussões ou debates sobre os textos literários ou sobre as obras lidas	22%	34%	24%	41%	30,2%
Aula que estabelece relações entre a literatura e o mundo contemporâneo	5%	—	6%	29%	4%
Aula dinâmica, menos expositiva, capaz de prender a atenção	14%	3%	22%	8%	11,7%
Aula que estabelece relações entre a literatura e outras áreas do conhecimento	2%	—	2%	8%	3%
Aula que estabelece relações entre literatura e cinema, música, teatro	11%	10%	22%	8%	10,2%
Os alunos fariam trabalhos extraclasse: pesquisa, preparação de seminários	—	24%	—	4%	7,0%
Os textos deveriam ser de mais fácil compreensão ou mais curtos	5%	—	—	—	1,2%
Aula voltada para a leitura de mais textos e obras literárias, apesar da falta de tempo	—	10%	—	—	2,5%
Aula em que o professor explique bem os textos	10%	—	—	—	2,5%
Os alunos escolheriam livremente os livros a serem lidos	—	3%	—	—	0,7%
Uma vez por semana, cada aluno leria nas aulas de literatura um livro escolhido por ele	2%	—	—	—	0,5%
Os alunos leriam os textos em casa e debateriam em sala	—	—	4%	—	1,2%
Respostas em branco	27%	8%	6%	2%	16,7%

A questão 14, apesar de ser aberta, apresenta respostas dadas com certa regularidade, o que permitiu organizá-las e apurá-las. Como geralmente foi citado mais de um aspecto considerado essencial numa aula ideal de literatura, tomamos como critério registrar todos os aspectos mencionados. Assim, houve alunos que citaram mais de um aspecto. Pelo fato de muitos alunos da escola 1 não terem respondido a essa questão, julgamos importante registrar o percentual relativo a essa ocorrência.

São muitas as sugestões dadas pelos alunos para o que consideram uma aula ideal de literatura. Uma delas, entretanto, se destaca, alcançando 30,2% das indicações: "Aula com discussões ou debates sobre os textos literários ou sobre as obras lidas".

Nas escolas 1 e 3, cujos alunos já tinham apontado na questão 8 uma prática de ensino centrada na figura do professor, com poucas interações e discussões sobre os textos, a perspectiva de uma aula mais participativa recebeu o maior número de indicações. Outra sugestão feita com freqüência por esses dois grupos, relacionada com a primeira, é "Aula dinâmica, menos expositiva, capaz de prender a atenção", cuja média global de indicações foi de 11,7%.

A sugestão de aulas participativas também foi a mais freqüente entre os alunos das escolas 2 e 4, que, na questão 8, afirmaram ter esse tipo de aula. Nesse caso, tais respostas devem ser vistas não como projeção de algo que os alunos acreditam que poderia melhorar as aulas de literatura, mas como confirmação de uma prática que vem dando certo. Comprova essa hipótese o fato de apenas 3% dos alunos da escola 2 e 8% dos alunos da escola 4 terem mencionado a necessidade de "aulas dinâmicas, menos expositivas", o que demonstra o grau de satisfação da maioria.

A terceira sugestão mais citada pela totalidade dos alunos (10,2%) é relativa à construção de relações entre a literatura e outras artes, especialmente o cinema, a música e o teatro. Os entrevistados compreendem que assistir a filmes ou a peças teatrais adaptados de obras literárias é uma forma agradável e estimulante de ter contato com a literatura. Compreendem também que estabelecer semelhanças temáticas ou estéticas entre o objeto de estudo e a música ou o cinema contemporâneos, por exemplo, é uma forma interessante de atualizar os conteúdos e de aproximá-los dos objetos culturais em circulação hoje.

É indiscutível a pertinência e a atualidade dessa proposta, que, em última análise, aponta para a interdiscursividade. Contudo é preciso lembrar que muitos dos alunos que fizeram essa sugestão manifestam uma concepção simplista e utilitarista das relações entre literatura e outras artes: os filmes e as peças seriam uma forma de conhecer a obra literária de modo mais rápido e agradável, já que evitaria a leitura direta das obras.

O ganho pedagógico, se acatada essa proposta, seria nulo. As aulas de literatura deixariam de ter como objeto o próprio texto literário e passariam a fazer uso de outros objetos, como que pedindo desculpas pelo fato de ser "difícil" estudar a própria literatura. Além disso, desse modo as dificuldades decorrentes da linguagem dos textos literários jamais poderiam ser superadas, uma vez que não haveria como lidar com elas.

Outra sugestão que merece destaque, com média de 10% das indicações, diz respeito à construção de relações entre a literatura e o mundo contemporâneo. Na seqüência, com 7% das indicações, aparece a sugestão de realização de trabalhos extraclasse: pesquisa, preparação de seminários, etc.

Se analisarmos a natureza das cinco sugestões mais mencionadas, e que somadas contam com 71,6% das indicações, poderemos ter uma idéia do que os alunos consideram um curso ideal de literatura: aulas participativas, com amplas discussões sobre os textos; construção de relações entre literatura e outras artes e linguagens; participação na construção do conhecimento, por meio da realização de pesquisas e seminários; conteúdos significativos, que permitam refletir sobre o mundo contemporâneo.

Em relação à questão 14, chama atenção ainda o fato de 27% dos alunos da escola 1 não terem respondido à pergunta feita. Considerando que a pesquisa foi aplicada em condições semelhantes em todas as escolas, a omissão dos alunos em relação à pergunta revela mais do que mero desconhecimento sobre métodos e estratégias de ensino. Revela também descompromisso com a disciplina e desinteresse pela possibilidade de mudança.

Considerando-se os dados sobre os alunos da escola 1 colhidos na própria pesquisa, não é difícil supor um relacionamento difícil entre eles e o professor, haja vista o tom ligeiramente agressivo ou desrespeitoso de certas respostas (além da escola 1, isso também ocorreu em algumas respostas de alunos da escola 3), como "Esse assunto não me interessa", "Odeio literatura", "Não tenho a menor idéia" e outras. A suposição desse relacionamento difícil se baseia também no fato de 10% dos alunos da escola 1 terem mencionado o desejo de que o professor explique bem os textos.

Questão 15: As leituras extraclasse geralmente são exploradas de que forma?

	1	2	3	4	Total
Na forma de provas	22%	6%	4%	—	8,0%
Na forma de discussão e provas	5%	10%	—	83%	24,5%
Na forma de debates	8%	6%	4%	—	4,5%
Na forma de trabalhos escritos	16%	—	—	—	4,0%
Na forma de seminários, realizados a partir de temas propostos pelo professor	—	62%	57%	—	29,7%
Na forma de provas e trabalhos escritos	33%	6%	—	—	9,7%
Na forma de trabalhos criativos a partir da obra: representação teatral, criação e apresentação musical, desenhos, produção de textos, etc.	2%	—	6%	8%	4,0%
Outras (especificar)	5%	6%	22%	4%	9,2%

ENSINO DE LITERATURA

A questão 15 confirma as tendências observadas nas questões anteriores. Na exploração de leitura extraclasse, a escola 1 privilegia o trabalho com provas e trabalhos escritos, dando pouco espaço à discussão da obra lida; as escolas 2 e 3 privilegiam a realização de seminários a partir de temas propostos pelo professor; na escola 4 se exploram principalmente discussão da obra lida e avaliações escritas.

O índice relativamente alto (22%) referente ao item "Outras" na escola 3 deve-se à indicação de dois ou mais itens por certo número de alunos. As formas mais freqüentes incluídas nesse item são seminários e provas, ou seminários, trabalhos criativos e provas.

Conclusões parciais

A análise das respostas dadas pelos alunos entrevistados permite-nos tirar algumas conclusões, ainda que parciais. Primeiramente, nota-se que, em se tratando de metodologia e de práticas de ensino de literatura, não existe um fosso tão grande entre as escolas da rede pública e as da rede particular, como muitos pensam. Em várias circunstâncias dessa pesquisa, notamos que as escolas, pelas semelhanças que apresentam nas relações de ensino-aprendizagem de literatura, acabaram formando pares. As parcerias mais comuns se deram entre as escolas 2 e 4, e entre as escolas 1 e 3. Em ambos os casos, os pares são constituídos por uma escola pública e uma escola particular. Vimos também que o poder aquisitivo e a formação escolar dos pais têm influência na relação dos jovens com a leitura, porém esses fatores não são determinantes, já que alunos de camadas mais humildes declararam ler com certa regularidade, enquanto alunos cujas famílias têm renda mais alta afirmaram não ler com regularidade.

Quanto ao objeto de leitura, talvez pelo fato de que estavam concluindo o ensino médio e em vias de prestar o exame vestibular, os alunos não se manifestaram contra as indicações de leitura feitas pela escola, geralmente os "clássicos" das literaturas brasileira e portuguesa. Pelo contrário, a maior parte deles declarou ler as obras indicadas pela escola e, eventualmente, de acordo com as oportunidades, afirmou ler também obras do momento, divulgadas pelos meios de comunicação.

As obras citadas como preferidas — no universo de obras indicadas e não indicadas pela escola — em grande parte são os mesmos "clássicos" regularmente adotados pelos professores ou solicitados pelos vestibulares. Esse dado aponta para o papel que tem a escola na construção do gosto literário e na formação de "comunidades de leitura", constituídas não apenas de alunos, mas também de outras pessoas que com eles se relacionam e têm acesso aos livros.

Quanto à metodologia adotada e às estratégias utilizadas pelos professores, fica evidente que os alunos rejeitam a aula transmissiva. Seja debatendo textos literários, seja debatendo obras de leitura extraclasse, ou preparando e apresentando seminários, os alunos declararam desejar participar ativamente do proces-

34

Capítulo **1** • O QUE É APRENDER E ENSINAR LITERATURA HOJE

so de construção do conhecimento, mesmo que muitas vezes, sobretudo os do período noturno, sintam-se sem condições ideais de fazê-lo.

Segundo as declarações feitas pelos alunos, para eles têm mais importância os conteúdos significativos, o que implica a necessidade de relacionar o estudo da literatura com outras áreas do conhecimento, com outras artes e linguagens e com situações do mundo contemporâneo.

Se confrontarmos as aspirações dos entrevistados com o que propõem para os ensinos médio e fundamental os PCN, notaremos que há convergência entre elas, os documentos oficiais e as mais recentes teorias da aprendizagem, o que é muito salutar.

Logo nas primeiras páginas dos *Parâmetros Curriculares Nacionais – Ensino Médio*, por exemplo, no item "O sentido do aprendizado na área", lemos:

> As propostas de mudanças qualitativas para o processo de ensino-aprendizagem no nível médio indicam a sistematização de um conjunto de disposições e atitudes como pesquisar, selecionar informações, analisar, sintetizar, argumentar, negociar significados, cooperar, de forma que o aluno possa participar do mundo social, incluindo-se aí a cidadania, o trabalho e a continuidade dos estudos.
>
> (MEC, 1999.)

O discurso — encontrado entre os professores — de que os alunos pouco se interessam pela disciplina, não participam das aulas nem se animam a pesquisar não é confirmado pela pesquisa. Ao contrário, a expectativa dos alunos quanto a uma aula ideal de literatura envolve necessariamente o trabalho dos alunos, seja nas discussões em torno dos textos, seja na leitura e discussão de obras extraclasse, seja na realização de pesquisas e seminários.

Por outro lado, também não é prudente tomar as declarações dos alunos como absolutamente verdadeiras ou como a legítima expressão de suas aspirações. A realidade das salas de aula, principalmente as do período noturno, mostra um quadro diferente do que foi expresso nos questionários: alunos-trabalhadores cansados, sonolentos e até famintos, sem disposição para ocupar seus fins-de-semana com trabalhos de pesquisa; alunos que alegam não ter dinheiro para comprar obras literárias, mesmo quando se trata de edições populares, e no entanto compram roupas e tênis de marca.

Além disso, é preciso considerar que, quando o aluno se coloca numa situação formal para avaliar um curso escolar e se auto-avaliar, podem ocorrer distorções que fogem ao controle da pesquisa. Em nossa pesquisa, por exemplo, o aluno pode ter dado um tipo de resposta que não corresponde exatamente à verdade para, supostamente, prejudicar a imagem de um professor de quem ele não gosta no plano pessoal ou, o

35

contrário, para expressar carinho e reconhecimento por um professor de quem ele gosta muito, também no âmbito pessoal. Esses desvios, contudo, não invalidam esta pesquisa nem as pesquisas de modo geral, pois elas sempre resultam em sinais que devem ser não apenas lidos, mas também interpretados pelos pesquisadores.

O que é palpável nas declarações dos entrevistados dessa pesquisa é que o aluno, de modo geral, rejeita a aula monológica, puramente expositiva, que parte exclusivamente da enunciação do professor e/ou do autor do livro didático. Apesar de todas as conhecidas dificuldades e restrições existentes, principalmente entre os estudantes das escolas públicas noturnas, parece haver entre eles uma disposição para aprender literatura, ler obras literárias, debater textos literários e compartilhar e negociar seus sentidos. Os alunos reclamam, contudo, um papel diferente no processo de ensino-aprendizagem, o papel de sujeito, que os ajudaria a vencer as próprias dificuldades.

Entrevistas com professores: resultados e análise

O questionário preparado para os professores foi organizado em duas partes: a primeira levanta alguns dados pessoais e profissionais; a segunda é voltada ao exame das questões relacionadas com o ensino de literatura.

I. Dados pessoais

1. *Idade:*
2. *Sobre sua formação universitária:*
   a) Em que faculdade você cursou Letras?
   b) O curso foi concluído? Se sim, quando?
   c) Possui algum tipo de especialização, como pós-graduação ou outra graduação? Se sim, especificar.
3. *Há quantos anos está no magistério?*
4. *Você costuma ler literatura com freqüência?*
   a) Sim   b) Não
5. *Qual foi a última obra literária que você leu?*

Eis o perfil dos professores entrevistados: todos são mulheres, com idade entre 40 e 47 anos e com experiência no magistério que varia de 7 a 25 anos. Além do curso de Letras, três dessas professoras possuem outro curso superior ou uma especialização: uma cursou também Filosofia, outra Pedagogia e Psicopedagogia, e outra fez mestrado em Semiótica.

Todas afirmaram ler com freqüência e indicaram, como última obra lida: *A ilustre casa de Ramires*, de Eça de Queirós (professora 1); *Macunaíma*, de Mário de Andrade (professora 2); *Divina paródia*, de Álvaro Cardoso Gomes (professora 3); *A majestade do Xingu*, de Moacyr Scliar (professora 4). As duas primeiras obras, citadas por professoras da rede pública, constam da lista de obras literárias indicadas pela Fuvest.

II. Sobre leitura e ensino de literatura

Questão 1: Para você, o que é literatura?

Como os alunos, as professoras também tiveram dificuldade para responder a essa pergunta. Somente uma resposta (professora 2) das quatro associou a literatura à arte e a seu objeto básico, a palavra. As demais respostas são vagas, genéricas, imprecisas e, de modo geral, associam a literatura às experiências humanas e à cultura em geral. Como se observa, qualquer um dos conceitos que seguem também poderia ser atribuído à história, à sociologia ou à filosofia:

- *Professora 1*: "É um todo, para o homem que vive na sociedade [...], pois tudo que há na história da humanidade é literatura".
- *Professora 3*: "Componente curricular que permite troca de experiência sobre cultura em geral [...]".
- *Professora 4*: "É a compreensão do pensamento humano através dos tempos".

Questão 2: Você acha importante ensinar literatura? Por quê?

As respostas dadas a essa pergunta revelam que há falta de clareza por parte de algumas professoras quanto aos objetivos do ensino de literatura na escola e ao papel do especialista dessa disciplina. Examinemos as respostas:

- *Professora 1*: "Sim. Para melhor definir ao educando o sentido da palavra 'cultura', seja ela brasileira ou não, bem como estimular o 'artístico' que existe em cada um de nós".
- *Professora 2*: "Sim, para conscientizar o aluno, ser humano, do que realmente ele *é e do que pode ser capaz*".
- *Professora 3*: "Sim, pois, muitas vezes, o alunado terá, no ensino médio, a única oportunidade de conviver com os tipos de obras estudadas. [...]".
- *Professora 4*: "Sim, o aluno instrumentaliza-se para ler um texto literário [...]".

Todas as professoras reconhecem a importância de ensinar literatura na escola, mas por razões diferentes. As professoras 1 e 2, por exemplo, mencionaram a necessidade de "conscientizar o aluno", torná-lo mais humano, estimular sua criatividade ou fazê-lo ter contato com a cultura formal.

A professora 3 mencionou a oportunidade que a escola oferece aos alunos de "conviver" com obras estudadas; ela não mencionou a *leitura* de textos nem de obras literárias. A professora 4 é a única que reconhece, entre outras funções, que o ensino de literatura tem o compromisso de formar leitores de textos literários.

ENSINO DE LITERATURA

Questão 3: Considerando as dimensões da disciplina Língua Portuguesa no ensino médio, o que você acha mais importante: gramática, literatura ou produção de texto? Por quê?

Com exceção da professora 1, para quem o ensino de literatura é mais importante do que o ensino de gramática e produção de texto, as demais entendem que os três tipos de atividade se complementam.

Questão 4: Quanto ao ensino de literatura, você se apóia em alguma proposta teórico-metodológica ou em algum teórico da literatura? Se sim, cite essa proposta ou o teórico que a representa.

Eis as respostas:
- *Professora 1*: Douglas Tufano, Domingos Maia, etc.
- *Professora 2*: Procura estimular trabalhos individuais ou em grupo.
- *Professora 3*: "Sigo a corrente francesa quanto à seqüência e à temática literária".
- *Professora 4*: Antonio Candido, Alfredo Bosi.

Dessas respostas, a única que revela uma clara direção teórico-metodológica é a da professora 4, que fez o curso de Letras na USP, onde os historiadores e teóricos da literatura citados foram professores. A professora 1 cita autores de obras didáticas para o ensino médio; a professora 2 parece não ter compreendido a pergunta; e a professora 3 responde de modo vago: a qual "corrente francesa" ela estaria se referindo?

Questão 5: Em seu curso de literatura, o que é mais valorizado? Marque o item que traduz melhor seu pensamento.
a) *Saber de cor nome de autores, obras e datas.*
b) *Saber a devida seqüência das estéticas literárias (por exemplo, Classicismo, Barroco, Arcadismo, etc.) e as características de um autor ou de um período literário.*
c) *Reconhecer nos textos características do período literário a que ele pertence.*
d) *Compreender as relações entre o texto literário e a época em que ele foi escrito.*
e) *Relacionar o texto literário com o mundo de hoje.*
f) *Desenvolver nos alunos a capacidade de compreender e interpretar textos literários.*
g) *Outros (especificar)*

Nenhuma professora respondeu indicando um único item. Eis o posicionamento delas:
- *Professora 1*: Afirmou que vários dos itens deveriam ser indicados, mas não indicou nenhum.

- *Professora 2*: Valorizou todos os itens, mas destacou o item *e*.
- *Professora 3*: Marcou os itens *d*, *e*, *f*.
- *Professora 4*: Marcou os itens *c*, *d*, *e*, *f*.

Os itens mais indicados são *d*, *e* e *f*, o que aponta para o interesse do professor em relacionar literatura com a situação de produção dos textos literários e com o mundo em que se situa o estudante, isto é, o mundo contemporâneo.

Confrontando as respostas das professoras com as respostas dadas pelos alunos em questão similar, nota-se que boa parte dos alunos (média de 34,2%) entende que as professoras valorizam mais as "características" de autores e movimentos literários, posição assumida explicitamente apenas pela professora 4.

É interessante notar também que, na questão 2, apenas uma professora se referiu à importância de ensinar literatura como meio de formação de leitores. Ao responderem à questão, entretanto, todas as professoras mencionaram esse compromisso do ensino de literatura.

Questão 6: Suponha que você queira introduzir um conteúdo em seu curso de literatura. Como você procederia, isto é, que passos daria se o conteúdo fosse:
  a) uma estética literária?
  b) um autor de textos de literatura?

As respostas são diferentes, mas convergem para duas posturas básicas: o assunto é introduzido ou pelo contexto histórico-social ou pelo próprio texto literário.

- *Professora 1*: Afirmou ser importante "saber quais são as estéticas literárias para tornar mais fácil e claro o movimento a ser apresentado"; sobre autores, pensa que é necessário "informar sobre a biografia do autor e as suas idéias trabalhadas no movimento literário".
- *Professora 2*: Tanto no trabalho com uma estética literária quanto no trabalho com um autor, começaria pelo contexto histórico e, em seguida, abordaria as "características literárias", relacionando-os.
- *Professora 3*: Em relação à estética literária, daria um texto representativo do período para o aluno ler e interpretar; em seguida solicitaria "uma paráfrase e uma ilustração sobre o tema tratado". Sobre o estudo de autor, pediria aos alunos uma pesquisa a ser feita no material didático.
- *Professora 4*: Quando possível, partiria de um filme ou um CD que tivesse relação com a estética literária; depois abordaria textos do período e, posteriormente, estabeleceria relações com o contexto histórico-social e faria comparações com outros períodos. Em relação ao autor, introduziria o assunto com textos de autoria dele.

ENSINO DE LITERATURA

Questão 7: Em suas aulas, como ocorrem geralmente as interações *em torno do texto* literário? Marque o item que melhor traduz seu pensamento.
  a) *Você pede aos alunos que leiam os textos do livro e resolvam as questões propostas; posteriormente corrige e comenta.*
  b) *Você lê e explica certos textos literários; o aluno presta atenção nas explicações.*
  c) *Você abre com a classe discussão sobre os textos literários, isto é, além de opinar sobre o texto, também ouve e discute a opinião dos alunos.*
  d) *Os alunos debatem o texto entre si e, posteriormente, a discussão é feita por toda a classe, sob sua orientação.*
  e) *Outros (especificar)*

As respostas de cada professora a essa questão coincidem plenamente com as respostas dos seus alunos. As professoras 1 e 3 assinalaram o item *a*. A professora 2 afirmou variar as estratégias, dependendo do texto, dos alunos e do tempo disponível. A professora 4 também afirmou variar a estratégia, dependendo do grau de novidade do assunto.

Questão 8: Para você, a contextualização histórica *do texto literário é:*
  a) *pouco importante.*   c) *muito importante.*
  b) *relativamente importante.*   d) *Outros (especificar)*

As professoras 1, 2 e 3 consideram a contextualização histórica "muito importante". A professora 4, porém, entende que para certos textos a contextualização é essencial, para outros nem tanto.

Confrontando esses resultados com as respostas dos alunos, notamos que apenas os alunos das professoras 2 e 4 (31% do primeiro grupo e 37% do segundo grupo) entendem que esse seja o aspecto mais valorizado por suas professoras.

Questão 9: Para você, estabelecer relações entre texto/autor e tradição literária *(tanto o que foi escrito antes quanto o que foi escrito depois do texto em estudo) é:*
  a) *pouco importante.*   c) *muito importante.*
  b) *relativamente importante.*   d) *Outros (especificar)*

Todas as professoras entrevistadas entendem que essas relações são muito importantes.

Questão 10: Para você, ensinar literatura pela seqüência cronológica das estéticas literárias *é:*
  a) *pouco importante.*   c) *muito importante.*
  b) *relativamente importante.*   d) *Outros (especificar)*

As professoras 2 e 3 não consideram tão importante a seqüência cronológica, embora a professora 2 reconheça que ela pode auxiliar. Já as professoras 1 e 4 a consideram "muito importante".

Questão 11: Com relação à leitura extraclasse, quais são as obras que você geralmente trabalha?
    a) As obras mais representativas da literatura brasileira e/ou portuguesa.
    b) As obras solicitadas pelos vestibulares mais importantes da capital.
    c) As obras que os alunos escolhem.
    d) As obras lançadas recentemente e comentadas pela imprensa e pela mídia.
    e) Outras (especificar)

Com exceção da professora 1, que indicou o item *a*, as demais afirmaram trabalhar as obras recomendadas pelo exame vestibular.

Questão 12: Como você geralmente explora a leitura de obras literárias?
    a) Na forma de provas.
    b) Na forma de discussão e prova.
    c) Na forma de debates.
    d) Na forma de trabalhos escritos.
    e) Na forma de seminários, realizados a partir de temas propostos pelo professor.
    f) Na forma de provas e trabalhos.
    g) Na forma de trabalhos criativos a partir da obra: representação teatral, criação e apresentação musical, desenhos, produção de textos, etc.
    h) Outros (especificar)

De modo geral, as respostas de cada professora coincidem com as respostas dadas por seus alunos em questão similar. A não-correspondência ocorre em relação à professora 1, que afirmou explorar as obras com trabalhos criativos, ao passo que seus alunos, embora tenham confirmado essa resposta da professora (33% das indicações), também citaram provas (22%) e trabalhos escritos (16%), entre outros.

Questão 13: Você se considera satisfeito com seu trabalho em literatura? Por quê?

Apenas a professora 4 se considera plenamente satisfeita com seu trabalho, pois, segundo ela, atinge os objetivos de ensinar história da literatura e formar leitores de textos literários. As demais professoras se sentem insatisfeitas. A professora 1 porque sente necessidade de "obter mais conhecimento e desenvolver mais entre os alunos". A professora 2 por duas razões: acha o conteúdo amplo demais para pouco tempo e há defasagens entre os alunos, pelo fato de alguns deles ficarem fora da escola durante anos. A professora 3, porque o conteúdo é extenso e o tempo curto e também porque as classes são muito numerosas.

Questão 14: Para você, o que seria um curso de literatura ideal?

Não há coincidência nas respostas. A professora 1 respondeu que o curso ideal seria "Se aprofundar cada vez mais na evolução e na capacidade do homem". Para a professora 2, o ideal seria uma sala com mais homogeneidade entre os alunos e ter tempo suficiente para trabalhar literatura, produção de texto e gramática conjuntamente. Para a professora 3, "um curso de literatura ideal deveria ter seis horas/aula semanais, com pequenos grupos que pudessem desenvolver pesquisa, trabalho criativo, apresentação". A professora 4 não apresentou nenhuma hipótese sobre um curso ideal, pois, satisfeita com os resultados, não consegue imaginar como poderia ser um curso de literatura diferente do que vem fazendo.

Conclusões parciais

As respostas das professoras, inclusive pelo fato de serem, na maioria, respostas a questões abertas, mostram semelhanças e diferenças.

Da mesma forma que nas respostas dos alunos, falta clareza em todas ou em quase todas as respostas referentes à natureza e à especificidade do objeto de ensino e, por conseqüência, aos objetivos desse ensino.

Com conceitos genéricos e imprecisos, que deixam de apreender a natureza verbal do objeto, as professoras associam literatura a "pensamento humano", a "tudo que existe na história da humanidade" e a "componente curricular", não deixando claro, por exemplo, o que distingue literatura de história, filosofia ou sociologia.

A imprecisão sobre o objeto de ensino pode estar relacionada com a falta de uma opção metodológica ou orientação teórica por parte das professoras. Não há clareza, na maior parte das respostas, quanto ao que seria uma metodologia de ensino de literatura. Uma das professoras citou autores de livros didáticos como referencial teórico, outra comentou as estratégias que utiliza, outra foi evasiva ao afirmar que segue a "corrente francesa". Os livros ou outros materiais didáticos produzidos para os estudantes do ensino médio parecem ser o grande referencial teórico de boa parte dos professores de literatura.

Como conseqüência da falta de precisão quanto à metodologia e ao objeto da disciplina, há também falta de clareza quanto aos objetivos do ensino de literatura; daí a incidência de respostas como "humanizar" ou "conscientizar o

Capítulo **1** • O QUE É APRENDER E ENSINAR LITERATURA HOJE

aluno", "definir o sentido da palavra cultura", "*conviver* com obras da literatura".

É claro que a literatura, como arte e enunciação discursiva ancorada em determinado contexto sócio-histórico, comporta um conjunto de aspectos sociais, ideológicos, psicológicos, estéticos, etc.; contudo, não se pode esquecer que sua natureza é eminentemente verbal e só por isso é estudada na disciplina Língua Portuguesa.

Entre quatro professoras, somente uma vê a literatura como uma arte construída a partir de signos verbais. Da mesma forma, apenas uma professora julga que o papel de um curso de literatura seja o de desenvolver habilidades para a leitura de textos literários.

Colocada em segundo plano a natureza verbal da literatura, o que o ensino de literatura passa a priorizar? Sem dúvida, aspectos históricos e culturais, importantes, é claro, mas importantes também em outras ciências humanas, como a filosofia, a história, a história da cultura, a história da arte, etc., que, por sua vez, também têm objetos específicos.

Das quatro professoras entrevistadas, duas afirmaram que partem do contexto histórico para introduzir um movimento literário ou um autor ainda não estudado e só posteriormente passam a explorar textos literários do autor ou da época estudada. Esse percurso é ilustrativo de uma concepção "culturalista" e transmissiva do ensino de literatura, isto é, uma concepção mais preocupada em *transmitir* aos alunos a cultura oficial do que em *construir* esse conhecimento por meio do contato direto com os objetos culturais.

Todas as professoras afirmaram relacionar os textos literários com sua situação de produção, bem como com os textos estudados e o mundo contemporâneo. Esses dados não são inteiramente confirmados pelo conjunto das respostas dos alunos. Parte delas aponta para a falta de contextualização histórica dos textos lidos e de relações mais constantes entre a literatura e a cultura contemporânea.

Cruzando os dados relativos à formação acadêmica das professoras com as respostas dadas por elas no questionário e ainda com as respostas dos alunos e o perfil das escolas em que trabalham, notamos que, das quatro, três apresentam uma qualificação acima do que geralmente os professores do ensino médio possuem.

A professora 1 é a que apresenta menor qualificação profissional e, a julgar por suas referências teóricas, possivelmente é a que se mostra mais presa aos manuais didáticos destinados ao ensino médio. Além disso, pelas respostas dos alunos, parece ser a que menos estimula interações a partir dos textos e das obras literárias, a que menos sugere trabalhos de pesquisa ou trabalhos criativos e a que mais tem problemas de relacionamento com os alunos.

Evidentemente, a formação do professor ou qualquer outro aspecto isolado não pode ser considerado determinante de resultados como esses. A professora 3, por exemplo, embora apresente três graduações e trabalhe numa escola parti-

43

cular renomada, é a que tem os alunos que, quanto ao gosto pela leitura e à aprendizagem de literatura, obtiveram o pior resultado.

Por outro lado, entendemos que esse conjunto de fatores relacionados com o professor — formação acadêmica, experiência, referenciais teóricos sólidos, atualização, metodologia interacionista, disponibilidade e envolvimento, interesse e gosto pessoal por leitura, capacidade de tornar os conteúdos significativos — pode resultar num curso de literatura eficaz, capaz de despertar o gosto pela leitura e formar leitores competentes. É o que ilustram tanto as experiências de uma das professoras que trabalham na rede pública (escola 2), com alunos com recursos limitados e contingente humano marcado por dificuldades relativas a tempo e dinheiro, quanto as de uma das professoras de escola particular (escola 4), com alunos com maior disponibilidade de tempo e recursos materiais.

Planejamentos e avaliações

Também foram solicitados aos professores entrevistados os planejamentos anual e bimestral do curso de literatura e algumas avaliações representativas do trabalho de avaliação em literatura. A dificuldade para obter esse material nos surpreendeu. Na escola 2, por exemplo, havia dúvida sobre se o planejamento estava pronto (lembramos que a pesquisa foi feita no mês de junho de 2002, época em que normalmente quase metade do ano letivo já transcorreu).

Alguns desses documentos foram entregues depois, em mãos ou por correio, mas, mesmo assim, nem todas as escolas entregaram o que foi solicitado. O professor da escola 1, por exemplo, enviou o planejamento de literatura daquele ano letivo; contudo, quanto às avaliações, entregou apenas um conjunto de provas de Português de 5ª a 8ª séries, feitas por alunos de outra escola onde leciona. O professor da escola 3 enviou apenas o planejamento anual e nenhuma avaliação.

Comentamos a seguir os planejamentos e as avaliações de cada escola.

Escola 1

O planejamento de literatura da escola 1 é tão sucinto que convém reproduzi-lo integralmente para efeito de análise.

Literatura

Conteúdo
- Revisão do movimento parnasiano
- Simbolismo português e brasileiro
- Pré-modernismo – autores e obras
- Modernismo português e brasileiro

Capítulo **1** • O QUE É APRENDER E ENSINAR LITERATURA HOJE

– Português – 1ª fase – Movimento de Vanguarda
Fernando Pessoa – heterônimos
– Brasileiro – 1ª fase – autores e obras
Semana de Arte Moderna
Movimento da vanguarda européia (sic)
2ª fase – autores e obras
3ª fase – autores e obras
– Contemporâneo (sic) – autores e obras

Objetivos
O estudo da literatura tem como objetivo proporcionar ao aluno o conhecimento da vida e da época dos autores e obras estudadas, compreendendo a relação entre elas (época e obra) e, principalmente, relacionar o texto literário com o mundo atual (o mundo em que vive), para que construa o seu espírito crítico e a consciência da importância do conhecimento para sua integração social e seu desenvolvimento interior.
Espera-se ainda que o aluno seja capaz de ler e criticar, com argumentos, textos que abordam a problemática social e política brasileira e mundial.

O planejamento para a 3ª série do ensino médio (turmas A, B, C e D) dá mostras de que foi feito de modo apressado, sem detalhamento dos conteúdos a serem desenvolvidos. Por isso, é, na verdade, um conjunto de anotações ou um pré-planejamento de um curso anual de literatura. Não há, por exemplo, esclarecimentos sobre quais correntes de vanguarda seriam estudadas, muito menos sobre os autores e os textos que seriam trabalhados. A seleção dos conteúdos é quase a mesma que convencionalmente os livros didáticos apresentam para a 3ª série do ensino médio — a diferença é que geralmente o Simbolismo é trabalhado na 2ª série. Quanto à falta de detalhamento desses itens, supõe-se que o professor tenha seguido a seqüência e a seleção propostas pelo material didático adotado (não mencionado no planejamento) ou que ele decidiria sobre isso posteriormente, ou, ainda, pretendia desenvolver o que fosse possível e, por isso, preferia não se comprometer detalhando o que poderia ser trabalhado.

Chama a atenção, no planejamento, a hierarquia dos itens elencados. Do ponto de vista teórico, o Modernismo, rigorosamente, conheceu duas fases: a fase heróica, de 1922 a 1930, e a da geração de 1930, também conhecidas, respectivamente, como primeira e segunda gerações modernistas. Do modo como os itens estão organizados no planejamento, compreende-se que tanto a geração de 1945 quanto a produção contemporânea façam parte do Modernismo, o que constitui um erro conceitual.

Quanto aos objetivos, a redação sofrível desse tópico dificulta a própria compreensão de quais seriam os objetivos reais do curso. Primeiramente, menciona-se o "objetivo de proporcionar ao aluno o conhecimento da vida e da época dos autores e obras estudadas". Supõe-se que o texto se refira à vida e à época dos autores estudados e à época das obras estudadas — portanto, não se prevê o estudo dos textos ou das obras literárias propriamente ditos.

Em seguida, um trecho prolixo — "compreendendo a relação entre elas (época e obra) e, principalmente, relacionar o texto literário com o mundo atual (o mundo em que vive)" —, além de não deixar claro quem é o sujeito da forma verbal *vive* (se o "texto literário" ou o "aluno", mencionado na primeira linha do parágrafo), faz referência à relação entre a obra literária e a época. Contudo, se a obra não será ela mesma trabalhada, imagina-se que essa relação, em vez de ser construída, seja *transmitida* pelo professor. A inclusão de "Contemporâneo" entre os conteúdos elencados mostra uma nítida influência das propostas dos PCN, porém não fica claro que relação haveria entre esse item e os outros, nem de que modo ela seria construída.

O parágrafo final cita como objetivo do curso "que o aluno seja capaz de ler e criticar, com argumentos, textos que abordam a problemática social e política brasileira e mundial". Se o planejamento não mostrou preocupação em possibilitar ao aluno chegar à condição de leitor de textos literários, como ele chegaria a ser capaz de ler e criticar textos com o teor mencionado? E de que tipo seriam esses textos: literários ou não literários? Além disso, por que o aluno leria apenas textos com o teor mencionado? Não estariam aí, diluídas e mal-assimiladas, as propostas dos PCN relativas à educação para a cidadania?

Quanto à avaliação, como o material relativo a ela não nos foi entregue, não pudemos examinar a coerência entre conteúdos e objetivos do planejamento e a avaliação proposta.

A falta de um planejamento bimestral que detalhasse o trabalho e a forma como o planejamento anual foi apresentado comprovam que, para boa parte dos professores, o planejamento escolar é apenas uma tarefa burocrática que visa satisfazer exigências da escola e de inspetores de ensino.

Escola 2

O planejamento da escola 2 é mais bem-elaborado que o da escola 1. Apresenta três partes: "Proposta da escola", "Objetivo geral" e "Conteúdo anual". Nessa última parte indica os conteúdos selecionados para cada bimestre, entre eles leituras extraclasse, vídeos, estratégias, instrumentos de avaliação e de recuperação.

Os conteúdos selecionados são os consagrados para a série e são apresentados de modo bastante genérico. Em relação ao 1º bimestre, por exemplo, lê-se apenas "Pré-Modernismo (I, II) – Contexto social, principais autores e obras"; ao 2º bimestre, "Modernismo 1ª e 2ª fases". Além de pouco detalhados quanto a autores, obras e textos a serem trabalhados, esses conteúdos são mal-distribuídos,

Capítulo **1** • O QUE É APRENDER E ENSINAR LITERATURA HOJE

levando-se em conta o número de autores e a importância que eles têm em nossa literatura. Por exemplo, por que tratar do Pré-Modernismo — cujas expressões máximas são Euclides da Cunha, Monteiro Lobato, Lima Barreto e Augusto do Anjos — durante todo o 1º bimestre (que, na verdade, tem dois meses e meio de aula), e de todo o Modernismo (1ª e 2ª gerações), que conta com expoentes de nossa literatura, como Manuel Bandeira, Mário de Andrade, Oswald de Andrade, Graciliano Ramos, José Lins do Rego, Rachel de Queiroz, Érico Veríssimo, Jorge Amado, Carlos Drummond de Andrade, Jorge de Lima, Murilo Mendes, Vinícius de Morais, Cecília Meireles, entre outros, em apenas um bimestre, o 2º?

As obras selecionadas para leitura extraclasse condizem com o conteúdo do programa e, em grande parte, estavam na lista de obras indicadas para o exame da Fuvest de 2002 ou haviam estado na lista de anos anteriores. São elas: *Macunaíma, Triste fim de Policarpo Quaresma, O primo Basílio, Brás, Bexiga e Barra Funda,* obras poéticas de Carlos Drummond de Andrade, obras poéticas de Manuel Bandeira, *As meninas, Venha ver o pôr-do-sol.*

O "Objetivo geral" apresentado no planejamento está reproduzido a seguir na íntegra.

> *Objetivo geral*: Priorizar no processo ensino-aprendizagem os recursos que conduzam o estudante a:
> – compreender os significados em lugar de adquirir conhecimentos factuais;
> – ser capaz de continuar o aprendizado;
> – preparar-se para o trabalho e exercício da cidadania;
> – ter autonomia intelectual e pensamento crítico;
> – inferir a teoria a partir da prática;
> – prática da leitura, da reflexão e da produção de textos, preparando o aluno, dando-lhe conhecimentos pessoais, contribuindo na sua capacidade de aprender e refletir sobre os problemas atuais.

Mais do que no planejamento da escola 1, são visíveis no planejamento da escola 2 as influências dos documentos oficiais mais conhecidos, como a LDB 9.394/96 e os PCNEM, cujas vozes se fazem sentir em vários dos itens desses objetivos, principalmente naqueles que se referem à aprendizagem significativa, à formação do estudante para o exercício da cidadania e da vida profissional e à continuidade dos estudos. Contudo, o último item, que trata das especificidades da disciplina de Língua Portuguesa, é vago. Faz referência à "prática da leitura" como meio de preparar o aluno e contribuir "na sua capacidade de aprender e refletir sobre os problemas atuais". Não há nenhuma referência às habilidades que devem ser desenvolvidas para que se alcance esse fim nem a textos que pudessem viabilizar esse trabalho.

ENSINO DE LITERATURA

Quanto às avaliações, foram-nos entregues cinco instrumentos de avaliação, quatro dos quais referentes a literatura e um a produção de texto. Das quatro avaliações referentes a literatura, apenas uma é identificada como "Avaliação bimestral de Língua Portuguesa", embora nela só haja questões de literatura.

Nessa avaliação, há dez questões, todas extraídas de exames vestibulares, das quais seis são testes de múltipla escolha. As outras quatro, embora sem indicação de ano, são conhecidas questões de antigos exames da Fuvest-SP e exigem respostas dissertativas simples e breves, como identificar o nome de um autor, citar nome de obras, reescrever um verso, etc. A seleção das questões evidencia a preocupação do professor em ter um instrumento de avaliação "fácil de corrigir". E também a falta de interesse em criar questões mais condizentes com os conteúdos, o enfoque e a metodologia adotada.

Os demais instrumentos de avaliação, pela diagramação, pelo tipo de corpo empregado e pela linguagem, aparentam ser um aproveitamento direto de atividades utilizadas originalmente em livros didáticos ou em vestibulares, embora não haja menção a fontes. Das três avaliações, uma delas — a que pode ter sido extraída de um exame vestibular — é toda organizada em torno do poema "José", de Carlos Drummond de Andrade, na forma de testes de múltipla escolha. Quanto às outras duas, uma delas apresenta um texto didático a respeito do Modernismo e um questionário de verificação da leitura. A outra é um conjunto de exercícios a respeito de textos literários e não literários.

A presença de questões extraídas de vestibulares é coerente com a preocupação da professora 2, que, no questionário respondido, manisfestava interesse em preparar os alunos para esse exame. Contudo, a preocupação em estabelecer relações entre o ensino de literatura e a contemporaneidade, apesar de mencionada no questionário, não se manifesta nas questões selecionadas para as avaliações. Aliás, não se vêem nessas avaliações questões elaboradas pelo próprio professor. Constituídas, como já se disse, de atividades extraídas de livros didáticos e exames vestibulares, as avaliações apontam para os conhecidos problemas da sobrecarga de trabalho dos professores da rede pública de ensino, ou dos professores em geral, das classes numerosas, do excesso de correções, dos baixos salários, das más condições de trabalho, etc.

Escola 3

O professor da escola 3 apresentou apenas o planejamento relativo ao 2º trimestre de 2002, embora tenhamos solicitado também o planejamento anual. O planejamento apresentado é organizado a partir de dois eixos básicos: língua oral e língua escrita. No eixo da língua oral, enfatiza a apropriação dos "mecanismos verbais utilizados para a apresentação oral" de conteúdos relacionados com Clarice Lispector e Guimarães Rosa. Apresentação oral, aqui, é tomada como gênero. Na parte dos "Conteúdos", são previstos seminários sobre *Primeiras estórias*, de Guimarães Rosa, e *A hora da estrela*, de Clarice Lispector.

No eixo da língua escrita, o planejamento compõe-se de duas partes: prática de leitura e produção de textos. Em "Prática de leitura", os objetivos específicos consistem no reconhecimento de características de autores das gerações de 1930 e 1945 e comparação entre autores de uma mesma geração ou de gerações diferentes. Essas preocupações traduzem-se lingüisticamente no emprego constante de formas verbais como *identificar* (três vezes), *reconhecer* (uma vez) e *comparar* (duas vezes).

Embora na questão 5 do questionário — a que trata das preocupações centrais do curso de literatura — a professora não tenha escolhido o item *c*, relativo ao interesse pelas características do período literário a que pertence o texto, e tenha indicado os itens "Compreender as relações entre o texto literário e a época em que ele foi escrito", "Relacionar o texto literário com o mundo de hoje" e "Desenvolver nos alunos a capacidade de compreender e interpretar textos literários", não se vê no planejamento nenhuma iniciativa voltada ao estabelecimento de relações entre o texto literário e o contexto ou a contemporaneidade. Além disso, a maioria das respostas dos alunos à questão 9 (37%) confirma como preocupação central das aulas de literatura "reconhecer nos textos características do período literário a que ele pertence".

O planejamento revela preocupação do professor em se mostrar atualizado em relação a algumas questões lançadas pelos PCN, como o trabalho com a oralidade e com os gêneros discursivos; contudo, a abordagem da literatura ainda é a convencional, centrada na cronologia histórica dos movimentos literários e no reconhecimento de características dos estilos de época e dos autores. Algumas atividades e exercícios propostos pelo livro didático são mencionados explicitamente no planejamento, o que nos leva a supor que haja adesão às propostas da obra e poucas atividades sejam elaboradas pelos próprios professores.

Como não nos foi fornecido nenhum instrumento usado para avaliação, esse item não pôde ser examinado.

Escola 4

A escola nos forneceu o planejamento anual e um planejamento trimestral (3º trimestre) de literatura da 3ª série do ensino médio, relativos ao ano de 2002. O planejamento anual apresenta seis seções: "Dados de identificação", "Objetivo da escola", "Justificativa da disciplina no curso", "Objetivos gerais da disciplina", "Objetivos gerais da série", "Programação" e "Bibliografia".

Entre outros objetivos gerais da disciplina, são apontados:

- desenvolver a capacidade dos alunos de ler textos literários "usando instrumentos da Teoria da Literatura em seu desenvolvimento atual, e a fazê-lo contextualizadamente, nas perspectivas diacrônica e sincrônica";

- "estabelecer relações entre textos artísticos, literários e de outras linguagens, dos séculos anteriores, com os atuais, em leituras interpoéticas e interdisciplinares".

Se tomássemos como referência apenas os conteúdos elencados no planejamento anual, diríamos que esses objetivos não seriam alcançados pelo trabalho do professor, pois são conteúdos que, além de convencionais para a série, constam de qualquer manual didático disponível no mercado e, por si sós, não apontam para um caminho inovador. Contudo, ao examinarmos o planejamento do 3º trimestre, notamos que o professor procura pôr em prática, ainda que parcialmente, os objetivos expostos acima.

O planejamento trimestral é organizado em cinco seções: "Conceituais", "O que o aluno deve aprender?", "Conteúdos procedimentais" (do professor e do aluno), "Conteúdo atitudinal" e "Avaliação". A própria organização do documento sugere o detalhamento com que ele foi concebido. Nele, são previstos não apenas os conteúdos a serem desenvolvidos, mas também os procedimentos esperados de professor e aluno durante o processo de ensino-aprendizagem, assim como os valores ou atitudes a serem desenvolvidos durante essas interações, o que é compatível com a filosofia cristã da escola.

Nesse planejamento, habilidades como ler, interpretar, comparar e debater textos literários são consideradas "conteúdos atitudinais", ou seja, transformam-se em objetos de ensino, mediados pelos conteúdos literários elencados. Além disso, as relações entre a literatura e outras artes e linguagens — valorizadas unanimemente por todas as professoras e todos os alunos entrevistados — são efetivamente previstas, por meio de apresentação e debate de filmes como *A hora da estrela* e *Primeiras histórias* (o filme baseado nos contos de Guimarães Rosa recebeu, na verdade, o nome *Outras histórias*), de audição e discussão da canção "A terceira margem do rio", de Caetano Veloso e Milton Nascimento, de audição de poemas de João Cabral de Melo Neto, da comparação entre a poesia de João Cabral e a pintura de Mondrian, entre a obra e o filme *O primo Basílio*.

Dos objetivos gerais mencionados, apenas o relativo à abordagem pela "perspectiva sincrônica e diacrônica" deixa a desejar. A opção metodológica é nitidamente a da história da literatura, e as relações estabelecidas ocorrem predominantemente no âmbito sincrônico, procurando-se variar a mídia (da literatura para o cinema, por exemplo, ou da poesia escrita para a poesia declamada). A abordagem simultaneamente diacrônica e sincrônica exigiria, além das relações estabelecidas, outros diálogos com a tradição literária e cultural. Contudo, apesar de o planejamento anual não fazer referência a atividades desse tipo, o planejamento trimestral é coerente com a prática da professora, que no questionário se diz satisfeita com a abordagem da literatura pela cronologia histórica.

As preocupações reveladas por esse planejamento quanto às relações da literatura com outras artes e linguagens ou com o mundo contemporâneo foram

Capítulo **1** • O QUE É APRENDER E ENSINAR LITERATURA HOJE

percebidas pelos alunos, que, na proporção de 33% da classe, reconheceram-nas como constantes nas aulas.

Quanto às avaliações, a escola 4 forneceu cinco instrumentos de avaliação, entre os quais duas verificações de leitura extraclasse, referentes às obras *Primeiras estórias*, de Guimarães Rosa, *Vidas secas*, de Graciliano Ramos, e *Morte e vida severina*, de João Cabral de Melo Neto. As questões dividem-se entre as que se referem a elementos do enredo e, assim, visam comprovar a leitura efetiva da obra, e questões que exigem interpretação de alguns episódios ou menção à relação entre certas ocorrências e a estética literária ou o contexto histórico-social. Trata-se, enfim, dos dois tipos básicos de questões que caem nos exames vestibulares, conforme iremos examinar no próximo capítulo.

As outras três avaliações dizem respeito ao Parnasianismo e ao Simbolismo, conteúdos programáticos do 2º ano do ensino médio, mas previstos no planejamento do 3º ano em caráter de revisão. Dessas três avaliações, duas contêm apenas testes de múltipla escolha e apenas uma apresenta questões abertas. Considerando-se a organização, a abordagem, o enfoque, o tipo de letra, etc., é possível que as três tenham sido montadas a partir de questões de exames vestibulares antigos, embora só uma delas explicite a fonte de cada uma das questões.

Com exceção das avaliações de leitura, não se vê nas demais avaliações a preocupação quanto ao estabelecimento de relações entre a literatura em estudo e a contemporaneidade manifestada pela professora nos planejamentos e na entrevista. Também muito pouco é explorada a situação de produção dos textos literários ou dos estilos de época. O que predomina é a preocupação com os conteúdos e, conseqüentemente, com a preparação dos alunos para o exame vestibular — idéia genérica e um tanto vaga que paira sobre a consciência dos professores como uma espécie de fantasma, já que os exames vestibulares têm mudado substancialmente nos últimos anos e, além disso, diferem bastante uns dos outros quanto a objetivos, prioridades, tipo e qualidade das questões.

Tal como nas avaliações da escola 2, aqui também se nota o não-envolvimento do professor na elaboração das questões (que, na verdade, provêm de provas de exames vestibulares). Essas avaliações carecem, assim, de marcas pessoais do trabalho do professor e de sua forma particular de conceber a literatura.

Apesar dos esforços do professor da escola 4 para dar um curso voltado à formação de leitores de textos literários, aberto às relações entre a literatura e outras artes e linguagens, observa-se no item *avaliação* que o professor — como fazem quase todos os professores de 3º ano do ensino médio de escolas particulares — se curva às tendências dos exames vestibulares de todo o país, e, embora trabalhando como se desse "tiros no escuro", procura atender à expectativa dos pais, dos próprios alunos e, geralmente, da direção da escola, que quase sempre ambiciona ver seus alunos na lista dos aprovados nas melhores universidades.

51

Conclusão sobre a pesquisa

Todos sabemos que, por mais objetividade que se queira dar aos dados apurados numa pesquisa, seja ela quantitativa, seja qualitativa, sempre há a possibilidade de haver falhas e distorções nos resultados. Diferentes fatores podem alterar ou "maquiar" os resultados de uma pesquisa. Trata-se de fatores que vão da abrangência e da clareza das questões formuladas, da disponibilidade e da sinceridade das pessoas convidadas para responder às perguntas, até aspectos de ordem subjetiva, como o interesse pessoal do pesquisador em provar um ponto de vista seu a respeito do tema ou o interesse do pesquisado em ocultar ou distorcer os fatos a fim de poupar ou denunciar algo ou alguém.

No caso desta nossa pesquisa, que envolve o trabalho de profissionais da área de educação, por mais que tenhamos pretendido lidar com esses diversos fatores de modo objetivo e neutro, não podemos garantir que ela esteja completamente isenta de distorções.

Os resultados devem ser tomados, pois, como *indicadores* de uma prática de ensino de literatura em algumas escolas da cidade de São Paulo, os quais, somados a resultados de outras pesquisas feitas em outros Estados, em caráter mais abrangente, podem confirmar ou negar essa prática.

De qualquer modo, os resultados apurados indicam as seguintes características dessa prática:

1ª) Falta aos professores de literatura clareza quanto à especificidade do objeto que ensinam. Sendo a literatura uma arte verbal, *o ensino de literatura deve necessariamente comportar o desenvolvimento de habilidades de leitura de textos literários.*

2ª) Com pequenas variações, a abordagem da literatura nas escolas pesquisadas tem sido a consagrada pela tradição: apresenta-se a cronologia histórica das estéticas literárias, a contextualização histórica (distanciada do texto), os autores e obras mais importantes (de acordo com o estabelecido pelo cânone), as características relevantes de cada período e de cada autor. A leitura efetiva de textos literários ocorre ocasionalmente e assume um caráter ilustrativo.

3ª) A formação profissional do professor é um dos fatores responsáveis pelo sucesso do curso de literatura, mas não é o único nem é o determinante.

4ª) O gosto pela leitura e a criação de hábitos de leitura é facilitado quando o aluno está em permanente contato com livros. Contudo, é falsa a idéia de que nas famílias de maior poder aquisitivo os jovens necessariamente gostem mais de ler. O sucesso do trabalho com leitura na escola depende não só do contato direto dos alunos com livros, mas também, e muito, do estímulo oferecido pelo professor e das interações estabelecidas em torno do livro. Modos variados de abordagem da obra — pesquisas, seminários, debates, criações artísticas na forma de teatro, vídeo e músicas, produção de textos, desenvolvimento de

Capítulo **1** • O QUE É APRENDER E ENSINAR LITERATURA HOJE

projetos (jornal, revista, programa de rádio) — geralmente estimulam mais o jovem do que a mera verificação de leitura por meio de provas.

5ª) Não são tão expressivas as diferenças entre o ensino de literatura na escola pública e na escola particular. Embora os alunos da escola particular tenham mais recursos para adquirir livros e mais tempo disponível para lê-los, o aluno da rede pública também se interessa pela leitura e lê os livros que a escola indica, ou outros, sempre que tem acesso a eles.

6ª) Os livros que circulam na esfera escolar acabam por transcender os limites desse universo e atingem a comunidade como um todo. A escola é responsável não apenas pela formação de leitores, mas também pela formação do gosto literário do público, que é difundido por intermédio dos alunos a toda a comunidade.

7ª) A despeito do senso comum de que os estudantes de hoje não gostam de estudar nem se interessam por projetos ou estudos complementares, a pesquisa mostra que o aluno, segundo ele declara, não suporta mais aulas unicamente expositivas, que o excluem do processo de aprendizagem. Sua preferência tem sido por aulas dialógicas, nas quais ele tenha voz e direito à construção do conhecimento, mesmo que isso implique maior trabalho e envolvimento de sua parte.

8ª) Exatamente como propõem os PCN, a expectativa do aluno é que o ensino de literatura se torne significativo para ele, ou seja, possibilite o estabelecimento de nexos com a realidade em que ele vive, bem como de relações com outras artes, linguagens e áreas do conhecimento.

9ª) A influência das propostas oficiais de ensino, principalmente dos PCN, faz-se sentir no discurso dos professores e dos planejamentos escolares, contudo nem sempre as propostas desses documentos são concretizadas. Há uma enorme distância entre o que se diz que é feito e o que efetivamente é feito e como é feito. As escolas particulares apresentam um planejamento mais detalhado permeado pelas novas propostas de ensino do que as escolas públicas, mas nem sempre a prática do professor de literatura tem sido inovadora. Há defasagem entre o que os planejamentos dizem sobre o que vai ser ensinado e o modo como isso vai ser feito e o que é cobrado, e como é cobrado, nas provas.

10ª) Os professores de literatura entrevistados mostram-se, na maioria, premidos pela sombra do "fantasma" do exame vestibular. Definem as leituras extraclasse a partir da lista de obras solicitadas pelos exames, elaboram provas a partir de questões de vestibulares antigos, mostram-se insatisfeitos com o tempo de que dispõem para administrar um vasto conteúdo, sentem-se cobrados por toda a comunidade escolar. Por força desses elementos, por vezes formulam provas com questões exclusivas de exames vestibulares, distanciando a avaliação de suas práticas concretas de ensino.

53

Capítulo 2

ENSINO DE LITERATURA: ENTRE A TRADIÇÃO TRANSMISSIVA E O TECNICISMO PRAGMÁTICO

No capítulo anterior, procuramos descrever, com base em pesquisa feita com professores e alunos da cidade de São Paulo, como têm sido as práticas de ensino de literatura. Vimos que, dos quatro professores entrevistados, apenas um acha que a literatura deva ter, no ensino médio, preeminência sobre o ensino de gramática ou de produção de texto.

No entanto, os *Parâmetros Curriculares Nacionais — Ensino Médio* (1999: 53), ao discutirem os problemas do ensino de língua portuguesa, fazem referência à dicotomia em relação à disciplina existente na LDB 5.692/71, que a dividia em "Língua e Literatura (com ênfase na literatura brasileira)". E, apesar da "ênfase" no tratamento da literatura, o que se nota entre a grande maioria dos estudantes que concluem o ensino médio, conforme expusemos na introdução deste trabalho, é o baixo rendimento de nossos alunos no âmbito da leitura.

Depois de anos de estudo de literatura, os jovens brasileiros deixam o ensino médio sem terem desenvolvido suficientemente certas habilidades básicas de análise e interpretação de textos literários, tais como levantamento de hipóteses interpretativas; rastreamento de pistas ou marcas textuais; reconhecimento de recursos estilísticos e de sua função semântico-expressiva; relações entre a forma e o conteúdo do texto; relações entre os elementos internos e os elementos externos (do contexto sócio-histórico) do texto; relações entre o texto e outros textos, no âmbito da tradição; relações entre texto verbal e texto não verbal, etc.

Para compreendermos as causas desse fracasso, devemos observar como têm sido as práticas escolares de ensino de literatura nas últimas décadas, especialmente depois que entrou em vigência a lei 5.692/71, marcada por uma concepção tecnicista de ensino e tomada aqui não como elemento determinante no processo de mudanças educacionais, mas como referência fundamental nesse processo.

A prática de ensino de literatura hoje

Decorridas três décadas desde a edição da lei 5.692/71, pode-se inferir que a maioria dos professores que hoje se encontram ativos em sua função ingressou no magistério durante a vigência dessa lei. Além disso, é provável que esses professores tenham realizado boa parte de seus estudos secundários ou universitários também durante a vigência dela. Por essa razão, a memória relativamente recente das práticas de ensino de literatura em nosso país foi construída durante a vigência de uma concepção tecnicista de ensino, como demonstraremos principalmente no capítulo 3.

Usamos aqui a expressão *prática de ensino* como o conjunto de concepções e ações que constituem a relação ensino-aprendizagem. Portanto, além de ser uma opção metodológica, a prática de ensino envolve um conjunto de valores (ideologia) e de ações cotidianas que se traduzem em posturas e procedimentos, tais como a definição ou a negociação de sentidos na abordagem do texto literário, a finalidade e as propostas da leitura extraclasse, as formas de avaliação, as relações do texto literário com outras áreas do conhecimento e com outros códigos e linguagens, etc.

A prática de ensino de literatura mais comum hoje, segundo mostra a observação de planejamentos escolares, manuais didáticos existentes no mercado e o relato direto de professores e alunos, consiste em, primeiramente, circunscrever o conteúdo a ser desenvolvido no ensino médio em dois domínios essenciais.

Logo nas primeiras aulas da 1ª série do ensino médio, a prática se volta para a construção de alguns conceitos básicos relativos à teoria literária e à teoria da comunicação, considerados ferramentas indispensáveis para lidar com o texto literário. Alguns desses conceitos, particularmente os da teoria da comunicação, foram introduzidos nos currículos escolares a partir da década de 1970, momento em que a lingüística estruturalista vivia o seu apogeu nas universidades brasileiras, influenciando assim a formação de professores, o conteúdo dos concursos públicos e a produção de manuais didáticos.

Esses conceitos, no geral, são os seguintes: da teoria literária: linguagem literária/linguagem referencial, gêneros literários, verso e prosa, noções de versificação, ponto de vista narrativo, etc.; da teoria da comunicação e da lingüística: os componentes do ato de fala (emissor, receptor, código, canal, mensagem, referente), funções da linguagem, signo/significante/significado, denotação e conotação, polissemia, etc.

Em segundo lugar, construídos esses conceitos e considerando-se que o aluno estaria preparado para lidar com um novo objeto, a prática se direciona para o texto literário de época, visto agora não mais esporádica e ocasionalmente, mas de modo sistematizado e de acordo com uma perspectiva histórica. A partir daí, então, tem início o estudo da história da literatura, que normalmente perdura até o fim do ensino médio.

Nesse caso, entende-se literatura como sendo, *grosso modo*, exclusivamente a literatura brasileira. A exceção ocorre quase exclusivamente em São Paulo, cujos principais vestibulares, aqueles que dão acesso a renomadas universidades públicas, incluem a literatura portuguesa em seus programas, o que demanda o trabalho com esse conteúdo nas escolas de ensino médio. Não há registro de estudos sistematizados de outras literaturas, seja em língua portuguesa (como as africanas), seja em outras línguas, exceto em escolas fundadas por representantes ou grupos estrangeiros, com a proposta de difusão cultural e lingüística.

Portanto, o vínculo existente entre o programa escolar e o programa do exame vestibular é direto. Este é, assim, quase sempre determinante das escolhas constantes no programa escolar, principalmente nas escolas da rede particular, em que há uma forte expectativa de toda a comunidade (famílias, alunos, professores, direção) quanto à aprovação dos alunos nas universidades mais renomadas, que são geralmente as públicas.

A abordagem historicista da literatura, que muitas vezes apresenta pouco de histórica, sustenta-se numa apresentação panorâmica dos movimentos literários ou estilos de época e dos principais autores e obras, ancorados numa linha do tempo. Os autores são os indicados pela tradição canônica; os textos escolhidos são os igualmente apontados como representativos do escritor, do movimento literário ou da geração a que ele está cronologicamente ligado.

Quanto à metodologia, nossa pesquisa indica que pelo menos metade dos entrevistados adota um conjunto de procedimentos, também adotados na maioria dos livros didáticos, que consiste nos seguintes passos: breve apresentação do movimento literário, com datas limítrofes e indicação de seus principais autores; principais fatos do contexto histórico; características do movimento literário em foco; apresentação dos principais autores, com aspectos da biografia de cada um e leitura (na íntegra ou em parte) de alguns de seus textos ilustrativos. Entre os entrevistados, um afirma preferir apresentar primeiro o texto literário para depois introduzir o contexto histórico e as características do movimento literário; e outro prefere introduzir o movimento literário por uma música ou um texto contemporâneos e só depois abordar um texto literário de época.

Quanto à forma de transmissão desses conteúdos, ela geralmente é feita de modo oral e expositivo pelo professor, que, às vezes, faz a mediação entre o autor do manual didático adotado e os alunos.

O aluno quase sempre participa desse processo de forma passiva, recebendo as informações do professor, o único na classe preparado para discorrer sobre o objeto, uma vez que tem uma visão do "conjunto" da literatura, isto é, da totalidade dos movimentos e autores, que é capaz de comentar aspectos curiosos da biografia dos autores, de estabelecer comparações entre autores e épocas e de inserir comentários sobre o que tem sido solicitado nos exames vestibulares e de que forma.

Quando muito, o aluno tem participação mais ativa somente na parte final desse processo, quando é solicitado a responder a algumas perguntas formuladas a propósito da leitura de um texto, propostas pelo professor ou pelo manual didático. E, mesmo assim, raramente essas questões exigem dele um esforço interpretativo maior, que visem, por exemplo, estabelecer relações entre as camadas fonética, sintática e estilística e o tema ou os traços pessoais do autor; ou relações entre o texto e sua situação de produção e de recepção. Geralmente, elas limitam-se a solicitar o reconhecimento do assunto principal do texto, de um ou outro recurso de expressão (metáfora, aliteração, etc.) e a identificação no texto das principais "características" do estilo de época enfocado.

Outros elementos envolvidos nesse processo, tais como aspectos da biografia do autor e do contexto histórico-social, também são solicitados, porém mais rara e ocasionalmente, uma vez que essas relações não se manifestam no texto de forma direta, e, sim, a partir de um conjunto de mediações.

Como se vê, o texto, que deveria ser o centro das atividades de uma aula de literatura, espaço para a negociação de diferentes leituras e construções de sentido, geralmente acaba por assumir um papel periférico quanto a essas possibilidades. Por extensão, na prática, o ensino de literatura no ensino médio não tem alcançado os objetivos propostos pelos programas escolares — entre outros, o desenvolvimento de habilidades leitoras dos alunos — e tem se limitado a promover a apropriação de um *discurso didático sobre literatura*, produzido e apresentado, em primeira instância, pelo professor e, em segunda instância, produzido socialmente por diferentes agentes: o livro didático, os programas universitários, as referências historiográficas disponíveis para consulta de professores, o programa do vestibular de algumas universidades, alguns *sites* da Internet, etc.

O manual didático a serviço do nivelamento da qualidade de ensino

Os livros didáticos de literatura que hoje circulam no espaço escolar ganharam as feições atualmente conhecidas no final da década de 1960 e início da década de 1970, momento em que se consolidou um perfil diferente de material didático no mercado escolar brasileiro, no caso, o manual didático.

Até então, o material didático mais utilizado nas aulas de Português eram as obras de referência, constituídas por uma gramática, uma antologia de textos literários e, eventualmente, um dicionário.

De acordo com as categorias criadas por Alain Chopin (1992) para descrever o material didático destinado à escola do século XVIII ao atual, as obras de referência são a antologia, o compêndio resumido, o dicionário, o atlas; enfim, obras "cuja utilização individual, na escola ou em casa, não se limita a uma série, mas se estende por todo um ciclo ou grau de ensino, ou por toda a escolarização do aluno". (BATISTA, 1999, p. 546).

Esse perfil opõe-se, portanto, ao dos manuais didáticos, que, segundo Chopin, são materiais que "se destinam sempre a uma disciplina, a um nível, a uma série ou a um grau e se referem a um programa preciso. O manual apresenta, então, ao aluno o conteúdo desse programa, segundo uma progressão claramente definida e sob a forma de lições ou unidades. Essas obras são sempre concebidas para um uso tanto coletivo (em sala de aula, sob a direção do professor) e individual (em casa)". (BATISTA, 1999, p. 545).

A consolidação do uso dos manuais didáticos está, naturalmente, relacionada com a reforma do ensino, particularmente com a promulgação da Lei de Diretrizes e Bases do Ensino de 1º e 2º graus, de 1971, que estendeu para oito anos a obrigatoriedade escolar compulsória de quatro anos (ensino fundamental) e imprimiu ao ensino médio um caráter profissionalizante.

Como conseqüência da medida, houve uma vasta ampliação do quadro de professores e, em virtude da necessidade de contratação imediata, certo afrouxamento nos critérios de seleção da mão-de-obra.

Valendo-se de dados de pesquisa realizada por Joly Gouveia, Antônio Augusto Gomes Batista sintetiza do seguinte modo as causas do rebaixamento da qualidade dos profissionais de ensino nesse período:

> Expansão numérica, feminização, incorporação de profissionais não capacitados por meio da via institucionalizada de acesso ao magistério e sem muita experiência. Aí estão alguns dos fatores que, em geral, tendem a indicar um processo de subprofissionalização e de proletarização da ocupação.
>
> (BATISTA, 1999, p. 560.)

O pesquisador João Batista Oliveira, por sua vez, demonstra que as alterações sofridas pelos materiais didáticos nesse momento revelam uma clara tendência, por parte dos editores, de adaptar esses materiais ao perfil do novo professor que ingressava na escola. Tomando como referência o documento "O livro didático no Brasil", apresentado pela Câmara Brasileira do Livro e transformado depois no documento Encontro de Secretários de Educação e Cultura (São Paulo: CBL, 1981, mimeo) — no qual era expressa a visão que os empresários, no ínicio da década de 1980, tinham a respeito do quadro educacional do país —, o pesquisador aponta o surgimento de mudanças significativas no livro didático, tais como o uso de cores, predomínio de propostas de atividades, "agilização e melhora no processo de correção dos exercícios escolares, muito dificultado pela grande sobrecarga de trabalho do professor" (Batista, 1999, p. 562).

Ainda apoiado nesse documento da Câmara Brasileira do Livro, João Batista Oliveira resume da seguinte forma a visão dos editores a respeito do "livro novo" e da nova realidade de ensino do país:

> Argumentos para adoção do "livro novo" e para a substituição de livros, segundo o mesmo documento, repousam sobretudo no elevado índice de *turn over* das escolas, nos fenômenos de urbanização e mobilidade social, na variabilidade dos currículos escolares e, em particular, na falta de condições do professor, geralmente mal treinado, para preparar e corrigir exercícios e desempenhar outras atividades didáticas.
>
> (Batista, 1999, p. 562.)

Os manuais escolares de Língua Portuguesa que se firmaram no mercado a partir desse momento respondem, portanto, às novas necessidades do público a que se destinam, uma vez que apresentam vários componentes compatíveis com essas necessidades.

Primeiramente, esses manuais reúnem num único volume os conteúdos de leitura, produção de texto e gramática. No ensino médio, a parte voltada à leitura possibilita também o estudo sistematizado de literatura.

Em segundo lugar, os manuais apresentam, já prontos, vários dos componentes necessários para o planejamento escolar, seleção de conteúdos, proposta metodológica, seleção de textos, exercícios sobre os textos, sugestões e orientações metodológicas e, às vezes, até formas de avaliação.

O professor, que antes podia dispor livremente das chamadas obras de referência, utilizando-as nas ocasiões e na seqüência que julgasse mais interessantes, passa agora a uma posição secundária no espaço da sala de aula, subordinado ao livro didático adotado e às opções feitas previamente pelo autor.

Se, por um lado, esses manuais facilitam as atividades pedagógicas e didáticas desse professor sobrecarregado e malpreparado, conforme observa o documento da Câmara Brasileira do Livro, por outro lado subtraem-lhe a identidade e a autonomia no processo de ensino-aprendizagem.

De certo modo, consideradas as condições de trabalho do professor no contexto do início da década de 1970, pode-se dizer que o magistério sofreu um sucateamento em diferentes níveis: inchaço e descaracterização do grupo como categoria profissional, achatamento salarial, desprestígio social e, por fim, perda de autonomia e de identidade no espaço de trabalho.

Além das inevitáveis influências dos manuais didáticos, o ensino de literatura no ensino médio passou também a sofrer as conseqüências da reforma do ensino.

ENSINO DE LITERATURA

Segundo Luiz Antonio Cunha (1979), a reforma do ensino médio de 1971 teve como função:

> [...] conter o crescente contingente de jovens das camadas médias que buscam, cada dia mais intensamente, o ensino superior como meio de obtenção de um requisito cada vez mais necessário, mas não suficiente, de ascensão nas burocracias ocupacionais.

E ainda:

> O deslocamento de parcela dos jovens que procuram o ensino superior para um mercado de trabalho supostamente carente de profissionais de nível médio foi a função atribuída ao novo ensino de 2º grau, generalizada e compulsoriamente profissional.
>
> (CUNHA, 1979, p. 285.)

Como resultado da reforma, a carga horária de várias disciplinas foi reduzida para dar espaço a disciplinas profissionalizantes: Turismo, Processamento de Dados, Secretariado, Enfermagem, Edificações, Eletrônica, Mecânica, etc.

Língua Portuguesa, que antes contava com uma carga horária de até 6 aulas semanais, passou a contar com uma carga de 3 ou 4 aulas semanais, chegando até, em algumas escolas, a uma carga de apenas 2 aulas semanais[1] para desenvolver todo o programa de literatura, língua e produção de texto.

Mediante esse quadro, algumas escolas fizeram opção por uma única das três modalidades do programa, quase sempre elegendo literatura (sob a alegação de que o aluno já havia estudado gramática no ensino fundamental), algumas vezes gramática e muito raramente produção de texto — e, mesmo assim, voltada quase exclusivamente à chamada "redação técnica", em que são estudados gêneros como ofício, carta comercial, relatório ou outros.

De qualquer modo, o tratamento dado à literatura ou às outras modalidades do programa de Língua Portuguesa tendia à simplificação, ao "básico" e ao mínimo exigido nos programas vestibulares, até porque a disciplina deixou de ter, para a maioria dos cursos profissionalizantes, uma importância destacada.

Os manuais didáticos começaram a seguir a mesma orientação. Passaram a procurar conciliar as três modalidades do programa num único volume para cada série — com a inclusão, além da parte teórica, de roteiros ou questionários de leitura e análise de textos, listas de exercícios gramaticais, propostas de produção textual — e ao mesmo tempo satisfazer as necessidades desse novo perfil de

---

[1] Esse quadro ainda persiste hoje em várias escolas do país, particularmente nos chamados cursos técnicos da rede particular de ensino.

aluno que chegava ao ensino médio pela primeira vez[2]. Essas mudanças proporcionaram aos manuais economia no tamanho e no custo, além de síntese e leveza, garantidas pelo projeto gráfico, pela inclusão de imagens, quadros sinóticos e outros recursos visuais.

Assim, os manuais de literatura, esquemáticos e apoiados em pressupostos da pedagogia transmissiva, com forte tendência à memorização, tendem a satisfazer uma realidade de ensino de literatura que conta com professores sobrecarregados e malpreparados, além de alunos com perfil semelhante, uma vez que muitos deles são estudantes de curso noturno e dispõem de pouco tempo e poucos recursos para a leitura.

Os cursos preparatórios para o vestibular

A universalização do ensino fundamental no Brasil facilitou a um número maior de estudantes o acesso ao ensino médio e, conseqüentemente, ao exame vestibular. Dado o número insuficiente de vagas nas universidades públicas para todos os candidatos, a disputa tornou-se ainda mais acirrada e, ao longo das últimas décadas, vimos, primeiramente na década de 1970, o aparecimento em massa dos cursos preparatórios para vestibular, conhecidos como *cursinhos* e, posteriormente, a fundação de muitas instituições privadas de ensino superior.

Poucos são os estudos acerca do impacto dos cursinhos na educação brasileira. Do nosso ponto de vista, as aulas dos cursinhos exerceram influência sobre as práticas de ensino da escola regular e provavelmente não apenas em relação à literatura, mas a todas as disciplinas.

No momento em que se deu a expansão e a consolidação desses cursos, os exames vestibulares eram constituídos, na maior parte do país, por testes de múltipla escolha[3]. Em virtude do volume de informações concernentes às diferentes disciplinas, esses cursos não estão nem nunca estiveram comprometidos com a formação do estudante, com o desenvolvimento de habilidades e competências essenciais e específicas de cada disciplina. Seu papel é tão-somente o de revisar os conteúdos desenvolvidos ao longo dos três anos do ensino médio, nas condições de que dispõe o aluno[4].

---

[2] Com a reforma do ensino fundamental, que estendeu para oito as séries obrigatórias, um enorme contingente de estudantes, que antes adentravam o mercado de trabalho ao término das quatro séries iniciais, passou a ter acesso direto ao ensino médio.

[3] A Fuvest, por exemplo, foi criada em 1975 e passou a coordenar os exames de seleção de acesso às universidades públicas paulistas a partir de 1976. Ela unificou o exame para todas as áreas — pondo fim, assim, à antiga divisão Cescem, Cecea e Mapofei — e instituiu no exame duas fases: a primeira, formada por questões de múltipla escolha, e a segunda, por questões dissertativas e uma redação.

[4] Em geral, os cursinhos oferecem quatro tipos diferentes de curso: o extensivo, com aproximadamente nove meses de aulas (de março à primeira semana de dezembro); as turmas de maio, com aproximadamente sete meses; o semi-extensivo, com aproximadamente cinco meses; e a revisão, com um mês e meio de aulas.

ENSINO DE LITERATURA

Nesse âmbito de extensão escolar, consideradas as condições de trabalho observadas, surgiram estratégias "para não cansar" o aluno, tais como a alternância de disciplinas e professores, evitando-se as "dobradinhas"; a organização das informações numa lousa "trabalhada", com esquemas feitos com giz colorido; o uso do microfone como forma de sobrepor a voz do professor a todas as outras vozes; e, finalmente, a concepção de um tipo diferente de aula, a "aula-*show*", em que o professor constantemente canta, declama ou representa, simula situações engraçadas para divertir a classe, conta anedotas ou histórias picantes e usa de vocabulário chulo como forma de transgredir os valores normalmente observados na escola regular.

A escola regular, nesse contexto, assume um papel curioso. Por um lado, é o *alter ego*, a principal e praticamente única referência dos cursos preparatórios. Grande parte de seus professores leciona ou já lecionou na escola regular e é nela inclusive que se construíram vários de seus modelos pedagógicos — particularmente o do material didático e o da aula expositiva. Por outro lado, a escola regular, no universo dos cursinhos, é vista não só como tradicional, mas também como qualitativamente fraca, uma vez que, sem a "ajuda" do cursinho, não consegue aprovar a maior parte de seus alunos em universidades renomadas.

Se, como mostrou nossa pesquisa, os professores do ensino médio freqüentemente reclamam da falta de tempo para abordar com maior profundidade as inúmeras obras e autores que constam do programa, imagine-se a situação dos professores de literatura dos cursos preparatórios, que, às vezes, precisam dar conta, por exemplo, de toda a prosa romântica em duas aulas de cinqüenta minutos cada uma.

O resultado não poderia ser diferente do esperado. Tanto o material didático (as apostilas) produzido pelos cursos preparatórios quanto a aula em si indicam uma opção clara pelo resumo, pelo esquema, pela visão do conjunto (e não do particular) e, muitas vezes, por causa desses mesmos elementos, pecam pela redução, quando não pela distorção.

Quadros sinóticos agrupando o conjunto de fatos históricos mais significativos da época estudada; conjunto de autores e obras mais importantes de determinado movimento literário; conjunto de características de determinado estilo de época ou de determinado autor; linha do tempo com marcos dos estilos de época, esquemas visuais, setas — eis algumas das ferramentas mais usadas nessas aulas, nas quais o texto, bem como o partilhamento e a negociação de seus sentidos, cede lugar ao discurso monofônico e sintético do professor, seja por meio da fala direta, seja por meio das apostilas.

À primeira vista, esses meios de "organizar" os conteúdos parecem tornar tudo mais simples e palatável, sem o peso e, muitas vezes, sem a aridez do contato direto com alguns textos literários. Inócuos, eles não desenvolvem habilidades

62

nem competências, mas tão-somente confirmam o já construído ou, para infelicidade dos alunos, o não construído durante os anos pregressos da vida escolar. A construção de algum tipo de habilidade e competência pode até eventualmente ocorrer, mas esse não é o compromisso desses cursos, voltados essencialmente para a informação.

A organização desse tipo de aula não se circunscreveu ao universo dos cursos preparatórios. Por influência direta de professores de cursinho que também lecionavam na escola regular, ou por influência das apostilas, passadas de um irmão a outro, de um primo a outro, ou de um amigo a outro, o certo é que, no final da década de 1970, a prática de ensino de literatura na escola regular confundia-se sobremaneira com a dos cursos preparatórios para vestibulares.

Os livros didáticos, alguns dos quais de autoria de professores que ainda eram ou tinham sido professores de cursinhos, também passaram a incorporar metodológica e visualmente algumas das "soluções" encontradas por aqueles.

Assim, aquilo que deveria ser apenas o complementar, o provisório e o circunstancial acabou se incorporando às práticas normais do ensino de literatura no ensino médio; o que eram apenas estratégias de revisão, meios de reunir e organizar informações foi, aos poucos, tornando-se a própria finalidade central do processo de ensino-aprendizagem de literatura.

Na escola regular tem-se consciência de que os cursinhos, de modo geral, não estão comprometidos com a construção nem de conhecimentos nem de competências e habilidades. Apesar disso, reconhece-se a capacidade desses cursos para aprovar estudantes nos exames vestibulares. Por conta disso, pondo em risco seu papel e sua identidade, a escola regular procura imitar os cursinhos em diversos procedimentos.

Uma das práticas de ensino correntes nos cursinhos e imitada pelas escolas é a divisão da disciplina Língua Portuguesa em três partes ou em três "frentes", como se diz no jargão escolar: literatura, gramática e redação. Indo contra a maré da interdisciplinaridade e da transdisciplinaridade, que se tornou moda nos últimos anos em várias escolas, essa divisão em frentes parte do princípio de que, voltando-se especificamente para uma parte dos conteúdos da disciplina, o professor vai se especializar e, assim, preparar melhor o aluno para o vestibular.

Outra influência dos cursinhos que se faz sentir em algumas escolas é a realização de simulados periódicos a partir da 2ª ou da 3ª série do ensino médio, a fim de "treinar" os alunos para os vestibulares. Em muitos casos, as notas obtidas nesses simulados constituem a nota principal do bimestre ou trimestre ou compõem a média do período.

Outras escolas preferem uma saída diferente — que, aliás, está se generalizando na maior parte das escolas particulares do país atualmente —, a criação do chamado "terceirão", ou seja, uma 3ª série que revisa todo o conteúdo do ensino médio, como se fosse um cursinho promovido pela própria escola, e com aulas no tempo regular. Com esse tipo de curso, o aluno supostamente estaria dispensado da exigência de fazer um cursinho depois de concluir o ensino médio, o que se torna um diferencial para a escola na disputa pelo mercado da rede particular. Por outro lado, essa iniciativa evidentemente obriga os professores a desenvolverem todo o conteúdo não em três, mas em dois anos, para revisá-lo em seguida em um ano, o que traz conseqüências consideráveis quanto ao grau de profundidade dos conteúdos e quanto ao modo de construção desses conhecimentos. Vamos ilustrar essa situação com um exemplo: se um professor necessita de doze aulas para construir determinado conhecimento pelo método indutivo, mas só dispõe de oito aulas (proporção equivalente à redução de três anos para dois), talvez opte pelo método dedutivo-expositivo, já que esse método costuma ser mais "rápido" e objetivo.

Outra prática que vem sendo empregada por várias escolas particulares é a adoção de apostilas de cursinhos vestibulares nas três séries do ensino médio ou somente na última série. Alguns cursinhos chegam, inclusive, a comercializar com as escolas as mesmas apostilas destinadas a estudantes do curso preparatório extensivo, cujos conteúdos são organizados em seis partes ou seis apostilas, de modo que cada série do ensino médio utilize duas dessas apostilas. Como se o aluno da 1ª série do ensino médio, com uma idade média de 15 anos, tivesse o mesmo grau de maturidade e o mesmo nível de desenvolvimento de habilidades e competências que tem o pré-vestibulando, com idade média igual ou superior a 18 anos...

Convém lembrar ainda que, por trás da adoção das apostilas de cursinhos, além dos interesses supostamente pedagógicos que existem nesse "namoro" das escolas particulares do ensino médio com os cursinhos, há também interesses econômicos, pois o lucro da comercialização desse material — que, no caso da adoção de livros, fica com o livreiro, representante comercial ou atravessador, cerca de 20% a 30% — vai para as mãos do dono da escola particular, que o utiliza para fazer reformas na escola, pagar o 13º salário dos funcionários, etc.

Assim, por caminhos sinuosos, os cursos preparatórios para o vestibular, com suas práticas de ensino centradas na revisão de conteúdos, e não na construção de habilidades, competências e conhecimentos, acabaram adentrando a sala de aula da escola regular e alterando o paradigma do que deva ser uma aula no ensino médio. Nesse contexto, o ensino de literatura foi deixando de ser dialético e dialógico — tanto no que refere à interação dos sujeitos em sala de aula quanto no que se refere à relação do texto com outros textos —, para se tornar um ensino burocrático, que privilegia a memorização de informações.

Como resultado, o que hoje se vê freqüentemente na 3ª série do ensino médio é a precariedade da situação de muitos alunos, que, embora tenham um vasto

A literatura nos exames vestibulares

conjunto de informações sobre literatura — são capazes, por exemplo, de situar os autores na linha do tempo dos movimentos literários, de citar as obras que introduziram novos estilos de época, características de movimentos, gerações e autores, etc. —, sentem-se completamente despreparados para, sozinhos, proceder a uma interpretação ou a uma análise de texto ou de obra literária. Às vezes, despreparados até para operações básicas como comparar dois textos do ponto de vista do tema ou da forma.

Do mesmo modo, raramente nesses três anos de estudo de literatura esses alunos se tornaram leitores assíduos de obras literárias, seja das produções contemporâneas, seja dos "clássicos". Muitas vezes o reencontro com a literatura só ocorre anos depois, quando o aluno está na universidade, ou mais tarde ainda, quando já é um profissional atuante no mercado de trabalho. Nesse caso, o reencontro tanto pode se dar por iniciativa pessoal, isto é, por gosto próprio, quanto como um elemento diferencial na competição com seus pares.

A literatura nos exames vestibulares

Há cerca de três décadas os exames vestibulares de todo o país propunham questões de literatura de caráter genérico. De modo geral, as questões versavam sobre autoria e tema das obras mais significativas da tradição literária, bem como sobre a filiação delas a determinada geração ou estética literária. Nesse tipo de exame, como reflexo direto de uma concepção de ensino, e provavelmente de uma prática de ensino observada nas escolas, o texto literário ocupava pouco espaço nas provas e geralmente servia de pretexto para o reconhecimento do autor do texto, ou do estilo de época ou gênero literário a ele relacionado.

Embora esse tipo de abordagem da literatura esteja aos poucos desaparecendo dos principais exames vestibulares do país, é possível encontrar questões com essa orientação tanto nos vestibulares do final da década de 1990 quanto nos vestibulares do início do século atual. Vejamos, primeiramente, alguns exemplos extraídos de exames vestibulares de 1996 e 1997:

> (UCSal-BA) As diversificadas obras de Gregório de Matos são representativas dos gêneros:
> a) dramático e lírico.
> b) sacro e épico.
> c) épico e lírico.
> d) lírico e satírico.
> e) satírico e dramático.

Como se vê, a questão acima envolve o conceito de gêneros e o reconhecimento desses gêneros na poesia de Gregório de Matos. Para responder a ela, não há necessidade de o vestibulando ter lido textos ou reconhecer a filiação desses

ENSINO DE LITERATURA

textos aos gêneros citados. Mesmo que não saiba distinguir um gênero do outro, ou que não consiga ler, compreender e interpretar textos do poeta baiano, o vestibulando, desde que tenha memorizado algumas das características da poesia do autor, certamente obtém êxito ao responder à questão.

> (UFMT-MT)_____usou um pseudônimo árcade para falar de seus amores na obra_____, em que aparece o desejo de uma vida simples e feliz, entre pastores, em contato com a natureza.
> Assinale a alternativa que preenche corretamente os espaços.
> a) Cláudio Manuel da Costa — *Cartas chilenas*
> b) Tomás Antônio Gonzaga — *Marília de Dirceu*
> c) Basílio da Gama — *O Uraguai*
> d) Santa Rita Durão — *Caramuru*
> e) Silva Alvarenga — *Glaura*

Como a anterior, essa questão, para ser respondida com acerto, prescinde da leitura de textos dos autores considerados. Ela avalia basicamente a capacidade do vestibulando de armazenar informações a respeito do movimento árcade no Brasil, estabelecer relações de autoria e reconhecer o tema de cada uma das obras citadas.

> (UFPA-PA) As preocupações com a nacionalidade brasileira surgiram de forma consciente nas obras da Literatura Brasileira durante a vigência do seguinte estilo de época:
> a) medievalismo.   d) impressionismo.
> b) simbolismo.   e) romantismo.
> c) dadaísmo.

> (U. Passo Fundo-RS) A perfeição da forma, os temas exóticos, a objetividade e a impassibilidade são algumas das características do movimento literário denominado:
> a) Arcadismo.   d) Simbolismo.
> b) Parnasianismo.   e) Modernismo.
> c) Romantismo.

A primeira das duas questões anteriores mistura categorias pertencentes a sistemas diferentes — emprega medievalismo em lugar de Trovadorismo; dadaísmo é corrente de vanguarda, e não estilo de época; o Impressionismo tem relação principalmente com a pintura e não com a literatura. Ela tem por objetivo avaliar apenas a correspondência entre um estilo de época (o Romantismo) com uma de

Capítulo **2** • ENSINO DE LITERATURA: ENTRE A TRADIÇÃO TRANSMISSIVA E O TECNICISMO PRAGMÁTICO

suas principais características (o nacionalismo). A segunda questão tem objetivo semelhante; nela o vestibulando deve apontar a relação entre um conjunto de características e certa estética literária (a parnasiana).

Tanto numa questão quanto na outra, as relações entre textos e recorrências de forma e de conteúdo podem ser conhecidas apenas no plano técnico, por meio da memorização de informações, uma vez que o vestibulando não é levado a ler textos nem a extrair deles esses traços.

> (UPE-PE) Leia com atenção as seguintes estrofes:
>
> I. "Nasce o Sol; e não dura mais que um dia:
>   Depois da luz, se segue a noite escura:
>   Em tristes sombras morre a formosura;
>   Em contínuas tristezas a alegria."
>
> II. "Destes penhascos fez a natureza
>   O berço em que nasci! oh quem cuidara,
>   Que entre penhas tão duras se criara
>   Uma alma eterna, um peito sem dureza!"
>
> III. "Boa noite, Maria! Eu vou-me embora.
>   A lua nas janelas bate em cheio.
>   Boa noite, Maria! É tarde... é tarde...
>   Não me apertes assim contra teu seio."
>
> Os versos acima são, respectivamente, de:
> a) Castro Alves, Gregório de Matos, Cláudio Manuel da Costa.
> b) Padre Antônio Vieira, Gregório de Matos, Castro Alves.
> c) Gregório de Matos, Cláudio Manuel da Costa, Castro Alves.
> d) Castro Alves, Santa Rita Durão, Gregório de Matos.
> e) José de Alencar, Basílio da Gama, Castro Alves.

Embora apresente três fragmentos de poemas bastante conhecidos na literatura brasileira, essa questão não promove a leitura nem o confronto dos textos. Sua finalidade é exclusivamente avaliar o conhecimento geral do vestibulando, que, supostamente, pelo ponto de vista da questão, deveria conhecer os textos mais famosos de nossa literatura, uma vez que esses fragmentos, em si, não oferecem elementos suficientes para o reconhecimento da autoria.

> (UCSal-BA)
>
> "Afastou-se inquieto. Vendo-o acanalhado e ordeiro, o soldado ganhou

67

coragem, avançou, pisou firme, perguntou o caminho. E Fabiano tirou o chapéu de couro.

— Governo é governo.

Tirou o chapéu de couro, curvou-se e ensinou o caminho ao soldado amarelo."

Focalizando o encontro dos personagens Fabiano e o Soldado Amarelo, o texto é parte da obra:

a) *Terras do Sem Fim,* de Jorge Amado.
b) *Bangüê,* de José Lins do Rego.
c) *Vidas secas,* de Graciliano Ramos.
d) *O tempo e o vento,* de Érico Veríssimo.
e) *O Quinze,* de Rachel de Queiroz.

O fragmento escolhido pelo exame é um dos mais significativos de *Vidas secas*. A partir dele, poderiam ser explorados vários aspectos importantes da obra ou do seu contexto de produção (geração de 1930), tais como o significado da autoridade para Fabiano, as formas de opressão no universo do sertanejo, o significado contextual da frase "Governo é governo", o problema da seca e da migração. Apesar disso, a questão, seguindo na mesma direção que as duas questões anteriores, limita-se a exigir a mera associação entre nomes de personagens e nome da obra e do autor.

Vejamos agora algumas questões extraídas de vestibulares mais recentes — dos anos de 2002 e 2003 —, que ainda mantêm esse tipo de orientação:

(UFSM-RS) Considere a afirmativa:

"Há nele um aspecto estritamente parnasiano, descritivo, arqueológico, que se desdobraria mais tarde na poesia patriótica de cunho épico à maneira de 'O caçador de esmeraldas'."

A qual autor se aplica a afirmativa transcrita?

a) Alceu Wamosy
b) Raimundo Correia
c) Alberto de Oliveira
d) Olavo Bilac
e) Alphonsus de Guimaraens

Para resolver essa questão, bastava que o vestibulando soubesse quem é o autor do poema "O caçador de esmeraldas". Ou seja, trata-se de uma questão que explora o conhecimento sobre autor e obra, mostrando, assim, uma

concepção claramente conteudista e enciclopédica do ensino de literatura.
Outros exemplos:

> (FMU-FIAM-FAAM) Outros artistas buscaram isolar-se como se vivessem numa "torre de marfim", procurando cultivar "a arte pela arte". Trata-se do_____ que ocorreu_____.
> a) Modernismo; no início do século XX
> b) Romantismo; no início do século XIX
> c) Realismo; em meados do século XIX
> d) Renascimento; no século XVIII
> e) Parnasianismo; nos fins do século XIX

> (FMU-FIAM-FAAM) Destacaram-se nessa escola os seguintes poetas:
> a) Olavo Bilac; Alberto de Oliveira; Álvares de Azevedo.
> b) Olavo Bilac; Alberto de Oliveira; Raimundo Correia.
> c) Alberto de Oliveira; Álvares de Azevedo; Gonçalves Dias.
> d) Álvares de Azevedo; Gonçalves Dias; Olavo Bilac.
> e) Gonçalves Dias; Olavo Bilac; Raimundo Correia.

Novamente, o que se avalia por meio dessas questões é tão-somente a capacidade do candidato de memorizar, de reter informações. Sabendo apenas que os parnasianos defendiam "a arte pela arte" e conhecendo o nome dos três poetas que formaram a "tríade parnasiana", o candidato acertaria as duas questões, sem nunca talvez ter lido um único poema do Parnasianismo.

Esse tipo de questão, felizmente, já não é tão freqüente nos exames vestibulares de hoje. Como na última década o texto tem sido muito valorizado nos estudos de linguagem em geral, o mais comum é a questão ser introduzida por um texto ou por um fragmento de texto literário. Contudo, nem sempre o texto é trabalhado; conseqüentemente, o objeto da avaliação não são as habilidades de leitura do candidato. Vejamos alguns exemplos de questões desse tipo.

O enunciado a seguir vem após a reprodução do conhecido trecho de *O cortiço*, de Aluísio Azevedo, no qual Rita Baiana dança no terreiro.

> (ITA-SP) Assinale a alternativa que reúne personagens femininas cuja sensualidade física é ressaltada por seus autores, à maneira do que consta no trecho de *O Cortiço*:
> a) Madalena, Capitu, Diadorim, Teresa Batista
> b) Helena, Amélia, Macabéa, Gabriela
> c) Lucíola, Teresa Batista, Gabriela, Dona Flor

d) Helena, Diadorim, Macabéa, Capitu

e) Aurélia, Gabriela, Helena, Madalena

O texto de Aluísio Azevedo, como se nota, não é explorado. É apenas pretexto para a apresentação de uma questão que exige memorização. O candidato deveria saber quais das personagens femininas citadas se destacam pela sensualidade física. Sobre esse tipo de questão cabe pelo menos uma pergunta: para que serve esse tipo de conhecimento literário? O acerto nesse tipo de questão comprova que o candidato lê e interpreta melhor do que os que erraram?

Ainda na mesma prova, outra questão é introduzida pelo seguinte enunciado:

> Leia os seguintes textos, observando que eles descrevem o ambiente natural de acordo com a época a que correspondem, fazendo predominar os aspectos bucólico, cotidiano e irônico, respectivamente.

Em seguida, a questão apresenta três textos: um fragmento de *Marília de Dirceu,* de Tomás Antônio Gonzaga; o poema "Bucólica nostálgica", de Adélia Prado; o poema "Cidadezinha qualquer", de Carlos Drummond de Andrade. Todos os textos aparecem com a identificação de seus autores, bem como com a indicação das fontes de onde foram extraídos.

Eis a solicitação feita a partir dos textos:

> Assinale a alternativa referente aos respectivos momentos literários a que correspondem os três textos:
> a) romântico, contemporâneo, modernista
> b) barroco, romântico, modernista
> c) romântico, modernista, contemporâneo
> d) árcade, contemporâneo, modernista
> e) árcade, romântico, contemporâneo

Nenhum trabalho efetivo de leitura é realizado com os textos. Para acertar a questão, aliás, os textos são absolutamente dispensáveis. Para chegar à resposta esperada, bastaria o vestibulando saber, por exemplo, que Tomás Antônio Gonzaga foi um poeta árcade e Carlos Drummond de Andrade um poeta modernista.

Por fim, examinemos uma última questão, introduzida por um cartum em que o então presidente Fernando Henrique Cardoso diz a Lula, Ciro Gomes, Anthony Garotinho e José Serra, candidatos à presidência da República: "Ao vencedor... as... batatas quentes!". O ex-presidente destampa três batatas com as inscrições: "recessão", "dólar alto" e "dívida".

A questão tem o seguinte enunciado:

Capítulo **2** • ENSINO DE LITERATURA: ENTRE A TRADIÇÃO TRANSMISSIVA E O TECNICISMO PRAGMÁTICO

(UMESP-SP) Machado de Assis criou uma personagem que demonstra como os critérios para definir a loucura são variáveis.

Essa personagem, autora da frase parodiada nos quadrinhos, é _____. E a frase aparece na obra_____.

a) Quincas Borba, *Memórias póstumas de Brás Cubas*.
b) Quincas Borba, *Quincas Borba*.
c) Rubião, *Quincas Borba*.
d) Simão Bacamarte, *O alienista*.

Evidentemente, o cartum assume um papel puramente decorativo na questão, uma vez que é inteiramente desnecessário para a formulação da pergunta sobre o que realmente se quer saber: a autoria da frase "Ao vencedor as batatas". Assim, trata-se de mais uma questão de memorização, que pode ser respondida com acerto a partir de qualquer resumo da obra ou de qualquer manual básico de literatura.

As questões examinadas atestam a clara tendência, ainda existente em alguns exames vestibulares da atualidade, de avaliar essencialmente a capacidade de memorização do candidato. E isso nos faz indagar sobre o tipo de aluno que as universidades brasileiras querem ter. O aluno que é capaz de reter um grande número de informações ou o que é provido de habilidades como analisar, comparar, interpretar, levantar hipóteses, inferir, transferir, explicar, argumentar, indispensáveis para um leitor competente de textos que circulam no meio acadêmico?

Questões como essas, bem como as antigas questões gramaticais voltadas para a mera análise descritiva da frase (classes gramaticais e funções sintáticas), contribuem para o surgimento do "fantasma" do vestibular, no qual tudo pode "cair", como se diz.

Diante da importância que socialmente se dá ao ingresso do estudante na universidade e das pressões sociais que o professor sofre em suas opções, até que ponto o professor do ensino médio pode, sozinho ou com seus colegas, pensar em uma prática de ensino (metodologia, seleção de conteúdos, estratégias) desvinculada das tendências do vestibular? Por outro lado, até que ponto essa orientação redutora do exame vestibular não é reflexo de práticas de ensino de literatura que ainda hoje perduram no ensino médio e talvez até no ensino superior, em diferentes pontos do país?

Esse círculo vicioso em que caiu o ensino de literatura, ao mesmo tempo que fomenta uma discussão sobre responsabilidades, serve também para justificar uma série de falhas das instituições de ensino nos níveis superior e médio.

Por um lado, demonstra o distanciamento dos professores universitários de Literatura Brasileira, Literatura Portuguesa e Teoria Literária — geralmente ab-

71

sorvidos por questões de natureza crítica — dos problemas que envolvem o ensino de leitura e de literatura na escola, assim como a inoperância de boa parte dos cursos de Prática de Ensino — que trabalham com estudantes ainda não absorvidos pelo mercado de trabalho e, portanto, sem os vícios deste — no sentido de questionar esse impasse, rever o papel da escola e apontar novas perspectivas de ensino nessa área do conhecimento.

Por outro lado, evidencia a posição conservadora de muitas escolas e professores, que se acomodam em uma prática de ensino arraigada, ou se sentem incapazes de fomentar uma discussão com a sociedade civil a respeito do papel do exame vestibular, bem como de seus objetivos e critérios. As decisões sobre a orientação teórico-metodológica das provas, bem como a elaboração destas, geralmente ficam por conta de uma equipe de professores selecionados, sem que haja uma discussão pública em torno dos critérios ou da perspectiva teórica adotada. Considerando-se as diferenças existentes entre os professores universitários quanto à formação, à ideologia, à linha teórica e à metodologia, fica fácil compreender por que os exames vestibulares são tão diferentes entre si, alguns incorporando, por exemplo, novos conceitos que vêm sendo discutidos no âmbito acadêmico, e outros repetindo as velhas fórmulas de ensino de décadas atrás.

Mudanças no vestibular e as listas de obras literárias

Na década de 1980, o exame vestibular da Unicamp (Universidade de Campinas, São Paulo), por razões não necessariamente pedagógicas, separou-se do vestibular da Fuvest. Ao ter, então, a oportunidade de criar seu próprio exame, introduziu um paradigma diferente de prova de Português.

As questões de língua, por exemplo, deixaram de lado o normatismo, os problemas de descrição gramatical, as nomenclaturas específicas que essa descrição exige e passaram a enfocar situações concretas e cotidianas de usos da língua: as variedades lingüísticas, os papéis sociais na interlocução, a adequação das variedades em vista da situação de produção ou do veículo de transmissão, os problemas de ambigüidade, as quebras lógico-sintáticas com reflexos na concordância, etc.

A prova de redação, em vez de uma proposta fechada de narrativa ou de dissertação, passou a trazer três propostas de produção: uma para texto narrativo, outra para texto dissertativo e outra para carta argumentativa. A prova de literatura, por sua vez, passou a ser formulada a partir de uma lista de livros previamente divulgada e periodicamente alterada, abrindo espaço para uma enorme variedade de autores e obras.

Nos anos subseqüentes, a experiência da Unicamp foi seguida pelos exames de seleção de diversas universidades brasileiras, que passaram então a exigir

Capítulo **2** • ENSINO DE LITERATURA: ENTRE A TRADIÇÃO TRANSMISSIVA E O TECNICISMO PRAGMÁTICO

dos candidatos inscritos a leitura de uma lista de oito a quinze obras representativas da literatura brasileira e, mais raramente, da literatura portuguesa. Hoje, a maior parte dos vestibulares do país que dão acesso a universidades públicas e a algumas universidades particulares renomadas fazem uso desse expediente. Curiosamente, mesmo os vestibulares que não indicam lista de obras costumam incluir em suas provas questões sobre obras constantes na lista de outros vestibulares.

A indicação de uma lista de obras literárias trouxe para a prática de ensino de literatura aspectos positivos e negativos. Entre os positivos, permitiu a inclusão de autores contemporâneos, reconhecidos pela crítica, mas na ocasião ainda pouco lidos pelo grande público, como José Saramago, Rubem Fonseca, Manoel de Barros, entre outros. Em alguns Estados, notou-se também a inclusão de autores regionais, considerados pela crítica local como "injustiçados" pelo fato de não integrarem normalmente as antologias escolares, como foi o caso de Qorpo Santo, de Amando Fontes e do próprio Manoel de Barros.

Além disso, contando com a leitura prévia das obras, as questões, de modo geral, passaram a apresentar maior profundidade de interpretação e análise. Esse é o caso, por exemplo, da seguinte questão, de 2003:

> (FUVEST-SP)
>
> "Eu condenara a arte pela arte, o romantismo, a arte sensual e idealista — e apresentara a idéia de uma restauração literária, pela arte moral, pelo Realismo, pela arte experimental e racional."
>
> Neste texto, Eça de Queirós explicita os princípios estéticos que iria pôr em prática no romance *O primo Basílio* e em outras obras, opondo nitidamente os elementos que ele condena aos elementos que ele aprova.
>
> a) Em *O primo Basílio*, qual a principal manifestação dessa condenação do "romantismo" e "da arte sensual e idealista"? Explique sucintamente.
> b) Nesse mesmo romance, como se realiza o projeto de praticar uma "arte experimental e racional"?

Trata-se de uma questão que, além de envolver a compreensão do texto citado, exige que o candidato identifique a aplicação das idéias do excerto — em essência, o projeto realista de Eça — na obra *O primo Basílio*. Mesmo que o aluno eventualmente tenha lido um resumo da obra entre os tantos existentes no mercado voltado para vestibulandos, a questão exige muito mais do que conhecer o enredo da obra ou lê-la superficialmente. Além de uma leitura atenta, exige reflexões sobre o que a obra representava em relação ao Romantismo e em relação à sociedade burguesa que ela retratava e denunciava.

73

ENSINO DE LITERATURA

Entretanto, apesar de a leitura prévia de uma lista de obras permitir incursões mais profundas no texto literário, nem sempre o resultado é qualitativamente bom. Muitas vezes a questão se mostra excessivamente presa a aspectos de enredo, como se com ela pretendesse verificar apenas se a obra foi ou não lida pelo candidato.

Vejam-se três exemplos desse tipo de questão:

(UNICAMP-SP) No final de *Morte e Vida Severina*, encontramos o seguinte trecho:

> (...) é difícil defender,
> só com palavras, a vida,
> ainda mais quando ela é
> esta que vê, Severina;
> mas se responder não pude
> à pergunta que fazia,
> ela, a vida, a respondeu
> com sua presença viva.

a) Essas palavras são dirigidas a Severino, o retirante, em resposta a uma pergunta feita por ele. Quem as pronuncia? Que pergunta tinha sido feita por Severino?
b) Qual o significado de "severina", adjetivando "vida"?
c) Relate o episódio em que se apóia a afirmação contida nos dois últimos versos do trecho citado.

(UFU-MG/1998) Em *Terras do Sem Fim*, Ilhéus é o símbolo da terra do cacau. Representa a "Pasárgada" com que todos sonham e desejam encontrar ou, simbolicamente, reviver. Nesse sentido aponte quatro símbolos (palavras) ideológicos que compõem o enredo e estabeleça entre eles uma relação através da qual a história é criada.

(FUVEST/2003) [A questão é introduzida por um fragmento de *Memórias de um sargento de milícias* que trata da condição do barbeiro como agregado.] A condição social de *agregado*, referida no excerto, caracteriza também a situação de:
a) Juliana, na casa de Jorge e Luísa (*O primo Basílio*).
b) D. Plácida, na casa de Quincas Borba (*Memórias póstumas de Brás Cubas*).
c) Leonardo (filho), na casa de Tomás da Sé (*Memórias de um sargento de milícias*).

Capítulo **2** • ENSINO DE LITERATURA: ENTRE A TRADIÇÃO TRANSMISSIVA E O TECNICISMO PRAGMÁTICO

d) Joana, na casa de Jorge e Luísa (*O primo Basílio*).

e) José Manuel, na casa de D. Maria (*Memórias de um sargento de milícias*).

Apesar de a primeira e a terceira dessas questões não serem representativas do tipo de exame que a Unicamp e a Fuvest vêm apresentando, elas são um exemplo de como a opção por uma lista restrita de obras pode resultar numa verificação simples de leitura, como se a mera constatação de que o aluno leu uma obra, ou um bom resumo, fosse suficiente para atestar habilidades de leitura requisitadas para acompanhar bem um curso universitário.

A primeira questão dispensa comentários; seu objetivo é a simples verificação de leitura. A segunda questão, entretanto, apesar da falta de clareza do enunciado, busca fazer uma integração entre a verificação de leitura, baseada em aspectos do enredo, e a interpretação de aspectos da obra *Terras do Sem Fim*.

A terceira questão, que poderia explorar a relação entre a figura do agregado e a estrutura social do Brasil no século XIX — a exemplo do que fez Roberto Schwarz em sua obra crítica *Ao vencedor as batatas* a propósito de *Dom Casmurro* —, limita-se à identificação de situação semelhante à citada. A resposta esperada consistia na identificação simples da condição de agregado vivida por Leonardo (filho), na casa de Tomás da Sé.

A questão poderia, por exemplo, apresentar um trecho do estudo crítico de Roberto Schwarz e contrapô-lo a um fragmento da obra de Manuel Antônio de Almeida. Ou poderia contrapor o trecho reproduzido de *Memórias de um sargento de milícias* a outro texto, mesmo que de uma obra não integrante da lista. Eis um belo tema que acabou desperdiçado, porque a prioridade da questão era, em essência, prestigiar o candidato que leu a obra, como se isso, por si só, atestasse sua capacidade leitora necessária à vida universitária.

Essa é uma questão que precisa ser mais amplamente discutida pelas universidades cujos exames vestibulares optam pela indicação de uma lista de obras literárias. Afinal, qual é o perfil do estudante que se pretende ter nas universidades brasileiras? Para ilustrar mais claramente nosso ponto de vista, imaginemos uma situação extrema: um ótimo aluno de Português, produtor competente de textos orais e escritos, leitor voraz de autores como Edgar Allan Poe, Baudelaire, Graciliano Ramos, Guimarães Rosa, Carlos Drummond de Andrade, Patativa do Assaré, Zeca Baleiro, Lenine, por alguma razão, pessoal ou ideológica, deixa de ler os livros indicados na lista do exame vestibular e nem mesmo lê os resumos das obras existentes no mercado. Que resultados ele teria na prova de literatura? Provavelmente seria reprovado e, conseqüentemente, impedido de entrar na universidade. As habilidades de leitura que ele, em sua vida pessoal, vinha desenvolvendo não teriam sido levadas em consideração. Estaria ele menos preparado para a vida universitária porque deixou de ler uma dúzia de livros? É

75

claro que não. Sua reprovação seria uma espécie de punição pelo fato de não ter lido aquelas obras, por não ter se detido naquele conteúdo específico. Em outras palavras, o exame se vale do mesmo expediente utilizado pela escola regular: premia os alunos bem-comportados, que fazem toda a lição, e pune os alunos relapsos, mesmo que brilhantes. Em vez de priorizar habilidades e competências, o exame vestibular tem priorizado conteúdos, mesmo que a pretexto de realizar uma prova mais profunda.

Outro aspecto negativo das listas é o pragmatismo e o imediatismo gerado por elas entre os alunos, que passam a ver nelas o único objeto de ensino merecedor de atenção nas aulas de literatura do ensino médio. Qualquer conteúdo que não esteja relacionado com a lista torna-se inviável ou ganha valor secundário (mesmo que se estejam estudando escritores como Machado de Assis, Drummond ou Guimarães Rosa). Até mesmo a leitura de autores contemporâneos que não integram a lista, ou obras cujo gênero poderia ser convidativo a determinada faixa etária (é o caso, por exemplo, da narrativa de mistério ou dos contos fantásticos para jovens de 14-15 anos, na 1ª série do ensino médio), tudo perde valor diante da preocupação de professores e direção, das famílias e dos próprios alunos de que é preciso começar a ler as obras da lista desde cedo, senão não se conseguirá dar conta delas até a conclusão do curso. Em algumas escolas, alguns professores do ensino médio defendem a necessidade de começar a leitura dessas obras no ensino fundamental (5ª a 8ª séries), para que não haja atropelos no ensino médio.

Na questão 11 da pesquisa apresentada no capítulo anterior, as respostas dos professores relativas aos critérios de seleção de obras para leitura extraclasse confirmam a subserviência das escolas à lista de obras para o exame vestibular: de quatro professores, três dizem adotar as obras indicadas pela lista do vestibular. Radicados na cidade São Paulo, é provável que se refiram à lista indicada pela Fuvest, ou pela Unicamp, ou pelas duas. Além disso, como se viu, quase todos utilizam questões extraídas de exames vestibulares passados nas provas que formulam, independentemente de diferenças existentes entre esses exames e suas práticas concretas de ensino.

A existência de uma lista indicativa de obras literárias, em si, não é ruim. Em tese, ela pode contribuir para balizar as escolhas de leitura extraclasse a serem feitas durante a permanência do estudante no ensino médio. Ruim é o pragmatismo que nasce dela. Se há dez livros indicados na lista, os alunos se indispõem a ler qualquer outra obra que não esteja nela incuída, ainda que se trate de uma obra necessária para sua formação como leitor ou como pré-requisito para lidar com obras mais sofisticadas.

Entre os professores, por força das circunstâncias, a realidade não é muito diferente. O professor, que deveria ser um agente cultural na escola, que deveria

Capítulo **2** • ENSINO DE LITERATURA: ENTRE A TRADIÇÃO TRANSMISSIVA E O TECNICISMO PRAGMÁTICO

estimular e seduzir os alunos para a leitura de obras de autores contemporâneos, inclusive as recém-publicadas, limita-se a ler ou reler as obras da lista. Sim, *reler*, pois, mesmo que um professor tenha lido, por exemplo, *São Bernardo* há dez anos, ele não se sentirá à vontade para liderar um processo de estudos desse romance sem ter lido novamente a obra. Há que se ressalvar, porém, que, dada a condição de parte do nosso professorado, constituída por professores malpreparados e malpagos, a lista pode ser um estímulo para que esse tipo de professor leia as obras de autores consagrados de nossa literatura, as quais, em tese, ele já deveria ter lido. No capítulo anterior, vimos que, de quatro professores, dois afirmavam que a última obra lida era um dos títulos indicados no exame vestibular da Fuvest.

Assim, a cada ano, ao ver a lista de obras indicadas para o exame, o professor de literatura se vê também mais distanciado de várias das aspirações que o levaram a ser um profissional da área: a possibilidade de cultivar a leitura como prazer e fruição estética para si e para os alunos; a possibilidade de estar a par das últimas publicações, nacionais e estrangeiras; a possibilidade de, estando "antenado" nos temas que circulam socialmente, trazer tais temas para a sala de aula por meio de obras que os abordem. Todas essas possibilidades, se não desaparecem, são colocadas em segundo plano, pois, dada a escassez de tempo livre do professor, a releitura das obras da lista e a preparação de roteiros de estudo ou de provas têm prioridade total.

É evidente que a iniciativa de indicar uma lista de obras tem como pressuposto a idéia de que, dessa forma, o estudante sairá do ensino médio tendo realizado a leitura completa de ao menos uma dezena de bons livros, representativos de nossa literatura. Isso é verdade, porém apenas em parte. Primeiramente porque é ilusão imaginar que um acervo de apenas dez obras garanta a formação de um leitor competente. Essa formação, é claro, envolve a leitura de um número bem maior de obras, inclusive de algumas que não são consideradas "clássicos" da literatura nem necessariamente as mais cotadas para um exame vestibular, como aquelas que estão em evidência no momento, e despertam no estudante um interesse particular.

Em segundo lugar porque certo número de alunos, representado pelos que antes da existência das listas faziam regularmente leituras extraclasse, por iniciativa pessoal ou por indicação do professor para fins de trabalho e/ou de avaliação, continua a fazê-lo, substituindo ou incluindo obras na lista. E outro número de alunos, representado pelos que antes não liam, manteve a mesma postura, tentando suprir a leitura com os meios que foram criados especificamente para atender à nova necessidade, como, por exemplo, o resumo das obras.

A escola regular, por exemplo, tem incluído os títulos da lista entre as leituras obrigatórias nas três séries do ensino médio ou, tendo em vista a mudança anual

77

ENSINO DE LITERATURA

ou periódica da lista, pelo menos nas duas séries finais. As atividades desenvolvidas a partir das obras variam, podendo incluir seminários, realização de provas de verificação de leitura e/ou de análise; produção de textos; debates abertos a partir de alguns temas propostos pelo professor; atividades criativas como teatro, declamação, apresentação musical, etc. Além disso, vários grupos de teatro amador e profissional têm adaptado essas obras para a linguagem teatral e, muitas vezes, vendem os espetáculos a preço popular diretamente para a escola, com o objetivo estrito de "contar a história" do livro que vai cair no vestibular. Como esses espetáculos são montados logo depois que sai a lista — às vezes, um único grupo teatral chega a representar quatro ou cinco obras da lista simultaneamente —, os resultados desse tipo de iniciativa quase sempre são catastróficos, pois o aluno nem lê a obra propriamente dita nem tem oportunidade de conhecer o que é o teatro de verdade.

Quando há adaptação da obra para o cinema, geralmente se assiste ao filme em caráter de "reforço" e às vezes são feitos estudos comparativos entre a obra e sua adaptação. Para alguns alunos, infelizmente, a versão cinematográfica é a única de que dispõem para fazer a prova de literatura.

Os cursos preparatórios para o vestibular têm seguido a mesma direção. Passaram a dedicar à lista de obras algumas de suas aulas, nas quais o professor, expositivamente, apresenta o resumo (no caso de obra ficção) e a análise de cada uma delas. Quando há adaptação para o cinema, os passos da escola se repetem. Em paralelo, os professores desses cursos também passaram a produzir materiais específicos de reforço, em geral apostilas, com resumos e análises das obras.

Considerando-se que, em certos Estados, como São Paulo, o principal vestibular já contou em alguns anos com 140 mil candidatos, não é de estranhar que professores, editoras e/ou editores independentes estejam interessados nesse mercado editorial.

O resultado não podia ser diferente: o aparecimento de vários livros, com resumos, roteiros de análise, testes simulados, questões relativas à obra já propostas em anos anteriores ou em outras universidades. Os autores desse material são professores que lecionam ou já lecionaram nos cursos preparatórios para o vestibular. As edições geralmente são independentes, mas também já foram encampadas por grandes editoras do país[5].

Se, por um lado, a inclusão de uma lista de obras no exame vestibular tem potencialmente condições de elevar o número de leitores de boas obras, por outro lado é difícil saber o quanto isso tem ocorrido na prática, uma vez que, para

---

[5] A Editora Ática, por exemplo, em 1991 publicou, em formato de livro, *Literatura para o vestibular*, uma coletânea de estudos de obras indicadas nas listas dos vestibulares da Fuvest e da Unicamp produzidos por professores do Curso Anglo Vestibulares (alguns dos quais também professores universitários).

muitos estudantes, é mais fácil comprar um livro que já contenha "tudo" (resumos e análises) do que ter de trilhar o caminho esperado, qual seja o da leitura das obras e, eventualmente, de apreciações críticas.

Ainda mais considerando-se o pouco hábito que geralmente têm da leitura de poesia ou de ficção (pelo menos da ficção canonizada pela tradição) e muitas vezes o mau preparo para a leitura de obras contemporâneas que apresentam altíssimo grau de sofisticação.

A exigência de leitura de obras contemporâneas, aliás, constitui um problema à parte. Sensíveis à crítica de que os vestibulares se voltam apenas para as obras do passado, distantes da realidade do aluno, era de esperar que alguns exames incluíssem em suas listas obras de autores contemporâneos ou, pelo menos, modernistas.

A inclusão de autores com esse perfil traz algumas implicações tanto econômicas quanto pedagógicas. Primeiramente, no plano do mercado editorial, a indicação de uma obra de um autor vivo tem condições de alavancar definitivamente sua carreira e garantir uma venda considerável da obra. Se lembrarmos que *Corpo,* a última obra que Carlos Drummond de Andrade (então o nosso maior poeta vivo) publicou em vida, em 1984, contou com apenas 5 mil exemplares na primeira edição, é de imaginar o que significa ter uma obra indicada por um exame vestibular que reúne 120 mil a 140 mil candidatos.

Em segundo lugar, no plano pedagógico, algumas das obras contemporâneas indicadas apresentam elevado grau de sofisticação e pressupõem leitores experientes, com um razoável cabedal de leituras no próprio campo da literatura, além de informações históricas, políticas, filosóficas, etc. Em obras como *Memorial do convento*, de José Saramago, *As meninas*, de Lygia Fagundes Telles, ou ainda *Campo geral*, de Guimarães Rosa, por exemplo, são comuns recursos como o discurso indireto livre, o fluxo de consciência, rupturas intencionais na seqüência narrativa, metalinguagem, abandono da pontuação convencional e emprego de arcaísmos ou de neologismos, entre outros.

Não só o aluno se ressente das dificuldades desse tipo de texto, acostumado que está com leituras lineares promovidas no ensino fundamental; também o professor muitas vezes fica desorientado, ou porque falta um material crítico sobre a obra solicitada[6] ou porque ele não se encontra em condições (falta de tempo, de preparo e até de condições financeiras, às vezes) de empreender uma pesquisa pessoal, lendo livros de crítica especializada. Em conseqüência, como os alunos, ele também acaba fazendo uso dos livros e apostilas produzidos especialmente para o exame vestibular, o que nivela de vez o repertório crítico na sala de aula.

---

[6] Evidentemente esse não foi o caso das obras de Guimarães Rosa e Graciliano Ramos, autores bastante comentados e analisados pela crítica; mas foi o caso de José Saramago e Lygia Fagundes Telles, por exemplo, ao menos na ocasião da indicação.

ENSINO DE LITERATURA

Se a lista de obras literárias restringe o trabalho de professores e alunos na abordagem da literatura, o mesmo ela faz com o trabalho dos professores que formulam as questões para o exame. A existência da lista obriga esses professores a elaborar questões cujo âmbito deve se limitar ao universo das obras, o que minimiza as possibilidades de cruzamento entre textos e autores, seja para enfocar uma questão temática ou formal, seja para abordar uma questão teórica sobre a tradição literária — a não ser, é claro, que os autores ou textos estejam incluídos na lista.

Outro aspecto importante decorrente da indicação de uma lista restrita de obras literárias e da exigência da formulação de questões quase que exclusivamente em torno delas é a definição de um programa de literatura para as três séries do ensino médio. Evidentemente, o programa não pode se reduzir a uma lista de uma dúzia de livros. Com raízes numa concepção culturalista e humanista de ensino, em tese ele deveria ser capaz de levar ao desenvolvimento das capacidades leitoras dos alunos, ao reconhecimento da natureza e da especificidade do texto literário, à reflexão sobre a relação da produção cultural e literária brasileira com a sociedade, com a história de nosso povo, bem como com a arte e a cultura de outras nações.

Entretanto, como conciliar a abrangência de um programa com esse perfil e o imediatismo e pragmatismo que a lista involuntariamente cria entre jovens de 15 anos? Dessas contradições nasce uma pergunta que vem sendo feita com muita freqüência hoje: o papel da escola é preparar o estudante para a vida ou para o vestibular?

Essa oposição evidentemente é falsa, uma vez que o vestibular faz parte da vida da maioria dos jovens que concluem o ensino médio e é um obstáculo que, vencido, pode abrir-lhes novas perspectivas profissionais e novos relacionamentos, alterando significativamente suas perspectivas profissionais e sociais, principalmente entre aqueles que provêm das camadas economicamente mais desfavorecidas da população. No entanto, apesar do reducionismo, a oposição "vestibular x vida" traz à tona o impasse a que chegaram várias instituições em relação às suas práticas de ensino.

No âmbito escolar, o "fantasma" do vestibular é visto como o vilão, uma vez que genericamente é considerado um exame superficial, de orientação mecanicista, que privilegia a memorização e a quantidade de informações, em vez de valorizar a capacidade do vestibulando de operar os conhecimentos construídos. A escola, contrapondo-se ao vestibular, geralmente se coloca num papel quixotesco, pois teoricamente estaria comprometida com a formação integral do indivíduo, com o desenvolvimento de valores, de habilidades e competências indispensáveis ao exercício da cidadania, mas se sente impossibilitada de mudar porque determinados conteúdos "caem" no vestibular.

Assim, em nome do "cai" no vestibular, justifica-se a prostração dos educadores diante da necessidade de mudar, a falta de atualização teórica, a falta de tempo nas escolas para debater uma nova concepção de ensino, o distanciamento de muitos professores universitários das questões relacionadas com o ensino de literatura para jovens, a inoperância e a omissão de muitos cursos de Prática de Ensino, que se limitam a fazer a crítica a uma situação de ensino (quando fazem) sem apontar novos caminhos. Enfim, o "fantasma" do vestibular inibe a iniciativa de milhares de profissionais que, direta ou indiretamente envolvidos com a formação de 3 milhões de jovens ao ano, teriam força política suficiente para abrir uma discussão com a sociedade e com as instituições de ensino superior tanto em torno de formas alternativas para o ingresso na universidade quanto em torno de um exame vestibular coerente com as novas propostas de ensino e com as orientações do MEC.

A relação entre escola e vestibular, marcada por sentimentos de atração e repulsa, não pode ser tomada como um problema insolúvel. Primeiramente porque há profissionais que já estão trabalhando a partir de uma perspectiva diferente, o que se faz notar em alguns exames do próprio vestibular, nas provas do ENEM, que também influenciam as escolas do ensino médio, e nos documentos oficiais publicados pelo governo, como os *Parâmetros Curriculares Nacionais*. Em segundo lugar, porque a comunidade envolvida com o ensino médio — milhares de instituições de ensino, milhares de professores, orientadores, diretores e cerca de 9 milhões de jovens, sem contar seus familiares — tem força política bastante para fomentar um amplo debate nacional em torno dos objetivos do ensino médio, do perfil desejável de estudante que ingressa no ensino superior, do perfil de prova que efetivamente avalia e seleciona adequadamente os candidatos, etc. Dessa discussão, evidentemente precisa participar o MEC, com o seu *feedback* de instituição que está propondo mudanças para o ensino médio desde a publicação das *Diretrizes Curriculares Nacionais para o Ensino Médio* (1998).

Ainda as listas: em busca de saídas

O objetivo desta obra não é tratar do problema das provas de literatura no exame vestibular, e sim apontar possíveis causas de uma prática de ensino de literatura enrijecida. Entre tais causas identificamos o exame vestibular e os diferentes tipos de controvérsias que há em torno dele, uma das quais é a indicação de uma lista de obras literárias.

A discussão em torno de uma lista, aliás, só resvala no problema maior que envolve o ingresso de estudantes do ensino médio nas universidades: a falta de vagas nas universidades públicas, a baixa qualidade de ensino de algumas universidades privadas, a falta de uma política nacional que integre o aproveitamento escolar do aluno durante o ensino médio com o ingresso na universidade — experiência que já vem sendo feita com sucesso, por exemplo, em Brasília.

De qualquer modo, enquanto esses fatores não forem equacionados e resolvidos pelos órgãos competentes, o exame vestibular cumprirá seu papel de escolher os candidatos supostamente mais capacitados para os estudos universitários. Enquanto isso ocorrer, convém minimizar as contradições e problemas existentes nessa forma de seleção, bem como as conseqüências que decorrem dela e afetam toda a comunidade escolar.

Nos tópicos anteriores, procuramos demonstrar que a indicação de uma lista de obras para o exame de literatura tem conseqüências positivas e negativas. E também que as habilidades essenciais de leitura não costumam ser avaliadas nos exames vestibulares, nos quais há uma clara preferência pela memorização de informações relativas à história literária.

Se o que se pretende avaliar no vestibular são, de fato, as capacidades leitoras dos candidatos, é necessário que as provas de literatura apresentem questões que explorem essas capacidades, independentemente de haver ou não uma lista de obras. Para que essas capacidades sejam avaliadas, é necessário que as provas reproduzam textos — fragmentos de prosa, poemas e crônicas inteiros —, a fim de que os alunos possam operá-los na situação concreta do exame.

A título de ilustração, vamos reproduzir uma questão do exame da Vunesp de 2003 que pode ser tomada como referência para esta discussão.

> Instrução: As questões de número 01 a 03 tomam por base um fragmento da crônica *Conversa de bastidores*, do ficcionista brasileiro Graciliano Ramos (1892-1953), e um trecho da narrativa *O burrinho pedrês*, do ficcionista brasileiro João Guimarães Rosa (1908-1967).

Conversa de bastidores

> [...]
>
> Em fim de 1944, Ildefonso Falcão, aqui de passagem, apresentou-me J. Guimarães Rosa, secretário de embaixada, recém-chegado da Europa.
>
> — O senhor figurou num júri que julgou um livro meu em 1938.
>
> — Como era o seu pseudônimo?
>
> — Voator.
>
> — Ah! O senhor é o médico mineiro que andei procurando.
>
> Ildefonso Falcão ignorava que Rosa fosse médico, mineiro e literato. Fiz camaradagem rápida com o secretário da embaixada.

— Sabe que votei contra o seu livro?

— Sei, respondeu-me sem nenhum ressentimento.

Achando-me diante de uma inteligência livre de mesquinhez, estendi-me sobre os defeitos que guardara na memória. Rosa concordou comigo. Havia suprimido os contos mais fracos. E emendara os restantes, vagaroso, alheio aos futuros leitores e à crítica. [...]

Vejo agora, relendo *Sagarana* (Editora Universal – Rio – 1946), que o volume de quinhentas páginas emagreceu bastante e muita consistência ganhou em longa e paciente depuração. Eliminaram-se três histórias, capinaram-se diversas coisas nocivas. As partes boas se afeiçoaram: *O burrinho pedrês*, *A volta do marido pródigo*, *Duelo*, *Corpo fechado*, sobretudo *Hora e vez de Augusto Matraga*, que me faz desejar ver Rosa dedicar-se ao romance. Achariam aí campo mais vasto as suas admiráveis qualidades: a vigilância na observação, que o leva a não desprezar minúcias na aparência insignificante, uma honestidade quase mórbida ao reproduzir os fatos. Já em 1938 eu havia atentado nesse rigor, indicara a Prudente de Morais numerosos versos para efeito onomatopaico intercalados na prosa. [...]

A arte de Rosa é terrivelmente difícil. Esse antimodernista repele o improviso. Com imenso esforço escolhe palavras simples e nos dá impressão de vida numa nesga de caatinga, num gesto de caboclo, uma conversa cheia de provérbios matutos. O seu diálogo é rebuscadamente natural: desdenha o recurso ingênuo de cortar ss, ll e rr finais, deturpar flexões, e aproximar-se, tanto quanto possível, da língua interior.

Devo acrescentar que Rosa é um animalista notável: fervilham bichos no livro, não convenções de apólogo, mas irracionais, direitos exibidos com peladuras, esparavões e os necessários movimentos de orelha e de rabos. Talvez o hábito de examinar essas criaturas haja aconselhado o meu amigo a trabalhar com lentidão bovina.

Certamente ele fará um romance, romance que não lerei, pois, se for começado agora, estará pronto em 1956, quando os meus ossos começarem a esfarelar-se.

(Graciliano Ramos, Conversa de bastidores. In: Linhas tortas)

O burrinho pedrês

[...]

Nenhum perigo, por ora, com os dois lados da estrada tapados pelas cercas. Mas o gado gordo, na marcha contraída, se desordena em turbulências. Ainda não abaixaram as cabeças, e o trote é duro, sob vez de aguilhoadas e gritos.

— Mais depressa, é para esmoer?! — ralha o Major. — Boiada boa!...

Galhudos, gaiolos, estrelos, espácios, combucos, cubetos, lobunos, lompardos, caldeiros, cambraias, chamurros, churriados, corombos, cornetos, bocalvos, borralhos, chumbados, chitados, vareiros, silveiros... E os tocos da testa do mocho macheado, e as armas antigas do boi cornalão...

— P'ra trás, boi-vaca!

— Repete Juca... Viu a brabeza dos olhos? Vai com sangue no cangote...

— Só ruindade e mais ruindade, de em-desde o *redemunho* da testa até na volta da pá! Este eu não vou perder de olho, que ele é boi espirrador...

Apuram o passo, por entre campinas ricas, onde pastam ou ruminam outros mil e mais bois. Mas os vaqueiros não esmorecem nos eias e cantigas, porque a boiada ainda tem passagens inquietantes: alarga-se e recomprime-se, sem motivo, e mesmo dentro da multidão movediça há giros estranhos, que não os descolamentos normais do gado em marcha — quando sempre alguns disputam a colocação na vanguarda, outros procuram o centro, e muitos se deixam levar, empurrados, sobrenadando quase, com os mais fracos rolando para os lados e os mais pesados tardando para trás, no coice da procissão.

— Eh, boi lá!... Eh-ê-ê-eh, boi!... Tou! Tou! Tou...

As ancas balançam, e as vagas de dorsos, das vacas e touros, batendo com as caudas, mugindo no meio, na massa embolada, com atritos de couro, estralos de guampas, estrondos e baques, e o berro queixoso do gado Junqueira, de chifres imensos, com muita tristeza, saudade dos campos, querência dos pastos de lá do sertão...

"Um boi preto, um boi pintado,
cada um tem sua cor.
Cada coração um jeito
De mostrar o seu amor."

Boi bem bravo, bate baixo, bota baba, boi berrando...

Dança doido, dá de duro, dá de dentro, dá direito... Vai, vem, volta, vem na vara, vai não volta, vai varando...

"Todo passarinh'do mato
tem seu pio diferente.

Capítulo **2** • ENSINO DE LITERATURA: ENTRE A TRADIÇÃO TRANSMISSIVA E O TECNICISMO PRAGMÁTICO

> *Cantiga de amor doído*
> *Não carece ter rompante..."*

Pouco a pouco, porém, os rostos se desempanam e os homens tomam gesto de repouso nas selas, satisfeitos. Que de trinta, trezentos ou três mil, só está quase pronta a boiada quando as alimárias se aglutinam em bicho inteiro — centopéia —, mesmo prestes assim para surpresas más.

(João Guimarães Rosa, O burrinho pedrês. In: Sagarana)

1. No artigo *Conversa de bastidores*, publicado em 1946, Graciliano Ramos revela haver votado em *Maria Perigosa*, de Luís Jardim, e não em *Contos*, de Viator (pseudônimo de Guimarães Rosa), no desempate final de um concurso promovido em 1938 pela Editora José Olympio. Sem desanimar com a derrota, Guimarães Rosa veio a publicar o seu livro, com modificações, em 1946, sob o título de *Sagarana*, que o revelou como um dos maiores escritores da modernidade no Brasil.

   Releia as duas passagens e, a seguir,

   a) interprete o que quer dizer Graciliano, no contexto, com a expressão "achando-me diante de uma inteligência livre de mesquinhez";

   b) localize, numa das cinco falas de personagens do fragmento de Guimarães Rosa, um exemplo que confirme a observação de Graciliano de que o autor de *Sagarana*, ao representar tais falas, "desdenha o recurso ingênuo de cortar ss, ll e rr finais".

2. O estilo narrativo de Guimarães Rosa, como o próprio Graciliano lembra em seu artigo, é caracterizado, entre outros aspectos, pelo alto índice de musicalidade, pelo recurso a procedimentos rítmicos e rímicos característicos da poesia, como, por exemplo, no nono parágrafo, que pode ser lido como uma seqüência de 16 versos de cinco sílabas (*As ancas balançam, / e as vagas de dorsos, / das vacas e touros, / batendo com as caudas, / etc.*) ou de 8 versos de onze sílabas (*As ancas balançam, e as vagas de dorsos, / das vacas e touros, batendo com as caudas, / etc.*). Depois de observar atentamente este comentário e os exemplos,

   a) indique, no trecho de *O burrinho pedrês*, outro parágrafo que possa ser integralmente lido sob a forma de versos regulares;

   b) estabeleça, com base em sua leitura, o número de sílabas de cada verso e o número de versos que tal parágrafo contém.

As questões, ao estabelecerem um diálogo entre dois textos, criam um rico leque de possibilidades, seja do ponto de vista da linguagem, seja do ponto de

ENSINO DE LITERATURA

vista das capacidades leitoras. No primeiro texto, Graciliano Ramos faz referência ao concurso literário de que participara como juiz e no qual reprovara o livro de contos de Guimarães Rosa. Comenta também os aspectos negativos dos originais apresentados por Rosa e os aspectos positivos do livro *Sagarana*, publicado a partir daqueles originais. O segundo texto é um fragmento de "O burrinho pedrês", um dos contos que integravam os originais do concurso e, hoje, é parte da obra *Sagarana*.

O exame vestibular da Vunesp não indica lista de obras para o exame de literatura, o que, para a nossa discussão, não faz a menor diferença.

A primeira questão, formulada em duas partes, exige do candidato, no item *a*, *interpretação* de uma afirmação de Graciliano Ramos. No item *b*, exige *compreensão* do comentário de Graciliano a propósito do recurso de cortar *ss*, *ll* e *rr* finais, *comparação* entre os dois textos, *transferência* dessa informação para o conto de Guimarães Rosa e *identificação* de um trecho em que tal procedimento é utilizado. Portanto é uma questão que opera com cinco habilidades diferentes, indispensáveis à leitura competente de textos literários e não literários.

A segunda questão apresenta um enunciado que envolve o conhecimento prévio do candidato e, embora explore dois textos em prosa, envolve aspectos relativos à leitura de poesia, uma vez que se refere a procedimentos rítmicos e rímicos utilizados no conto de Guimarães Rosa. No item *a*, embora a instrução tenha como núcleo a forma verbal *indique*, o candidato é solicitado a fazer mais do que uma simples operação de reconhecimento. Para identificar outro parágrafo em que tais procedimentos poéticos foram utilizados e fazer a escansão de trechos em prosa que potencialmente poderiam ser transformados em versos, ele precisa ter noções de versificação, especialmente de métrica e ritmo, além de sensibilidade de leitor de poesia, cultivada anos a fio, seja como autodidata, seja por meio de interação com leitores mais experientes. Logo, também essa questão opera com as habilidades de *identificar, comparar* e *transferir* conhecimentos prévios e informações novas.

O exame propunha sobre os textos ainda uma terceira questão, de gramática, que não comentaremos.

As questões comentadas são um exemplo, entre outros, do que pode ser feito em literatura. Dada a riqueza dos textos, a prova poderia explorá-los sob muitos outros ângulos. De qualquer modo, as duas questões propostas dão uma idéia do que uma prova de literatura nos exames vestibulares pode avaliar quanto às habilidades de leitura, independentemente de haver ou não indicação de lista de obras literárias. Os conhecimentos prévios do estudante — por exemplo, relativos a história literária, a estilística, a diferentes gêneros literários, a leituras de obras da literatura nacional ou estrangeira, a leitura da própria obra do qual o texto foi extraído — podem evidentemente auxiliar na leitura e na interpretação de um texto, bem como na construção de relações entre o texto e outros textos literários. Não concordamos com a idéia de que a prova de literatura, se baseada numa lista indicativa, deva se ater exclusivamente aos títulos da lista e priorizar questões sobre o enredo, isto é, questões que visam verificar se o aluno leu ou não leu a obra.

Para minimizar o problema do imediatismo e do reducionismo provocado pela lista de obras, talvez se devesse ampliar substancialmente o número de obras da lista, mais ou menos a maneira do que fazia a Fuvest no passado. O número de obras da lista deveria corresponder ao das obras mais representativas das literaturas em língua portuguesa (brasileira, portuguesa, moçambicana, angolana, cabo-verdeana e a do Timor Leste) e, eventualmente, algumas da literatura em outras línguas. Ora, por que o estudante deveria ler obras e autores menores de nossa literatura — por exemplo, *O moço loiro*, de Joaquim Manuel de Macedo, ou os poemas mórbidos de Junqueira Freire — quando poderia estar lendo, para ficar apenas no âmbito da literatura canônica, *Os sofrimentos do jovem Werther*, de Goethe, o poema "O corvo" ou as *Histórias extraordinárias*, de Edgar Allan Poe, *As flores do mal*, de Baudelaire, desde que numa boa tradução?

Essa lista, evidentemente, poderia ser revista periodicamente. Além disso, seria preciso deixar claro no manual do candidato que as provas poderiam incluir, além das obras indicadas, outros textos e obras que com elas dialogam, abrindo espaço, desse modo, para o estabelecimento de relações com outras manifestações artísticas e culturais, como a canção, o cinema, a televisão, o teatro e as artes plásticas.

Com esse caráter e essa perspectiva, a lista continuaria a cumprir o papel de orientar a comunidade escolar — alunos, pais, professores, coordenadores, diretores — sobre as obras de referência para a elaboração das provas de literatura, mas sem constituir uma camisa-de-força, tanto para professores e alunos quanto para a equipe que elabora as provas.

Conclusão

Neste capítulo, procuramos levantar algumas causas possíveis do que chamamos "engessamento" das práticas de ensino de literatura. Em síntese, são estas:

1ª) Como decorrência da lei 5.692/71 e da necessidade de instrumentalizar professores despreparados para o exercício eficiente da profissão, surge o manual didático na forma como o conhecemos hoje, isto é, um material constituído por um discurso didático-expositivo, atividades de leitura, estudos dirigidos e exercícios; enfim, um material que ignora ou menospreza o papel do professor no processo de ensino-aprendizagem.

ENSINO DE LITERATURA

2ª) O crescimento do número de candidatos ao ensino superior e a insuficiência de vagas nas universidades públicas acarreta o surgimento e a expansão dos cursos preparatórios para o vestibular, os cursinhos, cujas práticas de ensino — voltadas para a revisão de conteúdos, e não para o desenvolvimento de habilidades e competências — influenciam os manuais didáticos e as aulas da escola regular.

3ª) Embora o exame vestibular tenha mudado bastante na última década do século XX, em alguns exames vestibulares de hoje ainda há questões que privilegiam a memorização, reforçando a concepção de ensino de literatura centrada na relação entre autor e obra ou na memorização das características de determinado autor ou estilo de época. Dada a importância que o vestibular assume socialmente, esse perfil de exame influencia diretamente professores e autores de livros didáticos, seja na seleção dos conteúdos, seja na metodologia adotada.

4ª) Quanto à lista de obras literárias indicadas para o exame vestibular, se ela por um lado orienta o trabalho de professores e alunos em torno de obras reconhecidamente importantes de nossa cultura, por outro antecipa a preocupação com o exame vestibular, uma vez que já na 1ª série do ensino médio se começa a leitura das obras da lista, restringindo-se, assim, outras possibilidades de trabalho condizentes com a faixa etária, com a conquista do jovem para a leitura, com temas do momento, com o interesse e a trajetória pessoal de professor e alunos.

5ª) Considerando-se que o ingresso na universidade representa hoje, no Brasil, o meio mais procurado pelos jovens para ingressar na vida profissional e ascender socialmente, o exame vestibular acaba por atingir diretamente a vida de milhões de brasileiros, entre jovens e familiares, sem contar os milhares de profissionais da área de educação. Por essa razão, os exames vestibulares não podem depender apenas das decisões tomadas pelas equipes que elaboram as provas nas universidades. É necessário que a sociedade civil, juntamente com o MEC, crie um fórum de debates sobre o perfil de estudante que se pretende ter na universidade e, conseqüentemente, sobre os critérios de avaliação dos exames vestibulares. Com isso, não se pretende, evidentemente, interferir na autonomia das universidades brasileiras, mas criar um espaço democrático de discussão que auxilie os profissionais de educação, de ensino médio e superior, a encontrar saídas para o círculo vicioso que se criou em torno do eixo ensino médio—vestibular.

Capítulo 3

LITERATURA NA ESCOLA: ENTRE O TRADICIONAL E O OFICIAL

Nos capítulos anteriores observamos que entre as práticas cristalizadas de ensino de literatura está a abordagem historiográfica. Ensinar literatura brasileira, ou brasileira e portuguesa, com base na descrição de seus estilos de época, de suas gerações, autores e obras mais importantes tornou-se um expediente tão comum nas escolas, que para muitos professores é praticamente impossível imaginar uma prática de ensino diferente dessa. É o caso, por exemplo, da professora 4 que participou da pesquisa apresentada no capítulo 1, para quem é impensável uma metodologia de ensino diferente daquela que ela vem utilizando, ou seja, a abordagem historiográfica da literatura, com a descrição das séries literárias.

A fim de compreender como e quando se instituiu nas escolas brasileiras essa forma de abordar literatura, este capítulo se propõe a fazer um rápido levantamento histórico, tomando como base alguns documentos, como os planejamentos do Colégio Pedro II, no Rio de Janeiro; as duas últimas Leis de Diretrizes e Bases (1971 e 1996), com inclusão dos pareceres e resoluções que as acompanharam; e, finalmente, os últimos documentos publicados pelo MEC a fim de desenvolver, aprofundar e difundir as propostas da reforma de ensino da LDB 9.394/96: *Diretrizes Curriculares Nacionais para o Ensino Médio* (1998), *Parâmetros Curriculares Nacionais* (1999) e *Parâmetros Curriculares Nacionais + Ensino Médio* (2002).

A tradição retórico-poética x história da literatura

Em todo o período colonial e em boa parte do século XIX, os estudos literários tiveram destacada importância no currículo escolar e fizeram parte do modelo humanista de educação, introduzido no Brasil pelos jesuítas.

De acordo com Henri-Irenée Marrou (1973), o modelo humanista de educação tem raízes na Grécia antiga, onde surgiu por volta dos séculos III e II a.C. Prolongou-se durante a Antiguidade latina, encontrou acolhida na reforma educacional empreendida por Carlos Magno na França na Idade Média (século IX), ganhou força durante o florescimento do Humanismo italiano (séculos XIV e XVI),

89

no Renascimento (século XVI) e no Neoclassicismo (século XVIII), e chegou no século XIX com grande força aos currículos das escolas de quase todo o mundo ocidental.

Do ponto de vista pedagógico, compreende-se o modelo humanista de educação como aquele que se volta para a *formação integral* do ser humano, isto é, para a aquisição de uma *cultura geral* ou *universal*, que é ou pode ser comum a todos. Com disciplinas como latim, grego, artes, letras, além de gramática, retórica e poética, a educação humanista se opõe ao modelo de educação que se volta para a preparação profissional ou para o exercício de tarefas especializadas.

Até a expulsão dos jesuítas, em 1759, o ensino brasileiro dedicou durante o período colonial especial atenção às humanidades, optando claramente pelos modelos europeus de educação e ignorando as peculiaridades das crianças e dos jovens nascidos no Brasil, fossem índios, mestiços ou filhos de portugueses.

De acordo com Serafim Leite, estudioso da Companhia de Jesus, o programa escolar trazido pelos jesuítas em meados do século XVI seguia o programa do Colégio de Évora, no qual "dominavam os estudos gramaticais e literários, e os retóricos, naturalmente, fundados exclusivamente nos autores latinos" (BRANDÃO, 1988, p. 47).

O quadro a seguir, apresentado pelo estudioso, ilustra a forte presença humanista nos currículos escolares brasileiros da época:

> Retórica: o 6º livro da *Eneida* de Virgílio; o 3º livro das *Odes* de Horácio; Cícero, *De Lege Agraria*, e *De Oratore*; em grego, os *Diálogos* de Luciano.
>
> Humanidades: *De Bello Galico* de César, o 10º livro da *Eneida*, e Gramática grega.
>
> 1ª Classe de Gramática: o 5º livro da *Eneida*, a *Retorica* do P. Cipriano Soares, e o Discurso *Post Redittum* de Cícero.
>
> 2ª Classe de Gramática: Cícero, *De fficiis*; Ovídio, *De Ponto*.
>
> 3ª Classe de Gramática: Ovídio, *De Tristibus*, e *Cartas* de Cícero.
>
> 4ª Classe de Gramática: *Cartas Familiares* de Cícero e 2ª Parte de Gramática Latina.
>
> 5ª Classe de Gramática: Rudimentos da Gramática Latina, com uma seleção das Cartas de Cícero.
>
> (BRANDÃO, 1988, p. 48.)

Com a Independência do Brasil, a Constituição de 1823 determinava a "criação de escolas de primeiras letras em todas as cidades, vilas e lugarejos; a criação de escolas para meninas, nas cidades e vilas mais populosas; a garantia de instrução primária gratuita a todos os cidadãos". Apesar disso, a lei não era cumprida, e a educação esteve, durante quinze anos, nas mãos do considerado "econômico e eficiente" método Lancaster, que consistia em atribuir aos alunos "mais inteligentes" a tarefa de ensinar seus conhecimentos aos colegas.

Capítulo **3** • LITERATURA NA ESCOLA: ENTRE O TRADICIONAL E O OFICIAL

A primeira iniciativa concreta de organizar o ensino geral no Brasil pós-Independência se deu em 1837, com a fundação do Colégio Pedro II, inicialmente chamado Imperial Colégio Pedro II. Com um colégio que tinha o nome do próprio imperador e que às vezes era supervisionado pessoalmente por ele, pretendia-se criar uma escola secundária que fosse modelo não apenas para as escolas públicas, mas também para todas as escolas secundárias do país, inclusive para escolas particulares, existentes em grande número.

A presença humanista no programa escolar do Colégio Pedro II era evidente. Comenta Sidney Barbosa:

> O nível de ensino era realmente muito melhor do que outros congêneres, mas como sua função era oferecer a cultura básica necessária às elites dirigentes, seu ensino prendia-se excessivamente às letras, retórica e gramática, e às humanidades em geral, em detrimento das disciplinas científicas.
>
> (IN: PERRONE-MOISÉS, 1988, p. 64.)

Considerando-se o período de transição que o país vivia, dividido entre as referências culturais européias e as particularidades e necessidades próprias de nossa terra e de nossa gente, o programa do Colégio Pedro II é um reflexo do fenômeno da dependência cultural, apontado por Antonio Candido a respeito de certos autores de países colonizados:

> A penúria cultural fazia os escritores se voltarem necessariamente para os padrões metropolitanos e europeus em geral, formando um agrupamento de certo modo aristocrático em relação ao homem inculto. Com efeito, na medida em que não existia público local suficiente, ele escrevia como se na Europa estivesse o seu público ideal, e assim se dissociava muitas vezes da sua terra.
>
> (CANDIDO, 1989, p. 148.)

Assim, guardadas as diferenças entre o âmbito de produção literária e o âmbito educacional, a verdade é que o Colégio Pedro II punha em prática o projeto de D. Pedro II de oferecer à elite dirigente um programa escolar erudito, embora esse programa fosse pouco condizente com a realidade brasileira, até mesmo em relação a alguns setores burgueses que participavam de nossas elites.

Atualmente, com as competentes pesquisas de Roberto Acízelo de Souza e Marcia de Paula Gregorio Razzini, é possível ter uma visão ampla da vida escolar e das práticas de ensino observadas no Colégio Pedro II no século XIX e em parte do século XX. Embora voltados a objetos de pesquisa diferentes — Souza observando a luta entre retórica e poética e historicismo literário, e Razzini observando a presença e a importância da *Antologia nacional* (1895-1969) no ensino de Por-

ENSINO DE LITERATURA

tuguês e de literatura na escola secundária brasileira —, os dois estudos dão a conhecer informações importantes sobre a época, como a organização das disciplinas, os planejamentos, o tempo escolar, o material didático utilizado, a legislação vigente e até os professores responsáveis pelas disciplinas.

Embora nossa pesquisa tenha objetivos diferentes dos de Souza e Razzini, os dados colhidos e documentados por esses pesquisadores serão aqui tomados como referência do ensino de Português no país a partir da segunda metade do século XIX.

Em meados do século XIX, o ensino secundário compunha-se de sete séries, desenvolvidas em sete anos. As quatro primeiras correspondem à segunda fase do ensino fundamental (5ª a 8ª séries) e as três últimas ao que hoje denominamos ensino médio.

O quadro a seguir permite uma rápida visualização dessas mudanças nas três séries finais do ensino secundário da época:

Série / Ano	5º ano	6º ano	7º ano
1850-1857		Retórica	Retórica
1858-1859		Retórica	Retórica e Poética
1860-1861		Retórica e Poética	Retórica e Poética
1862-1869		Retórica	Poética Literatura Nacional
1870-1876		Retórica e Poética	História da Literatura em geral e especialmente da portuguesa e da nacional
1877-1878	Retórica e Poética		Literatura
1879-1880		Retórica, Poética e Literatura Nacional	Português e Literatura Geral
1881-1891		Retórica, Poética e Literatura Nacional	Português e História Literária
1892-1894		História da Literatura Nacional	
1895		Literatura Nacional	
1896-1897			História da Literatura Nacional
1898			História da Literatura Geral e da Nacional
1899/1900	Literatura	Literatura	

(SOUZA,1999, p. 32.)

Apesar de o item "Literatura Nacional" só ter sido incluído oficialmente a partir de 1862 (e isso tanto no levantamento de Souza quanto no de Razzini), se examinarmos o próprio programa, que integra os anexos de *O império da eloqüência*, de Souza, veremos que esse conteúdo já constava do programa de 1860 e, segundo o pesquisador, já vinha timidamente se manifestando desde o biênio anterior (1858-1859), informação confirmada pelos estudos de Razzini.

Como foge ao interesse desta obra o exame minucioso desses programas, examinaremos pelo menos o programa de Português de 1860, marco inicial da presença da história da literatura nos programas de ensino do Colégio Pedro II[1].

Sexto Anno
Rhetorica e Poetica

1. Definição, natureza e vantagens da Rhetorica.
2. Divisão, assumpto e meios que emprega a Rhetorica para chegar a seus fins.
3. Partes do discurso.
4. Gráos do ornato — Pinturas e conceitos.
5. Tropos e figuras.
6. Estylo.
7. Genero demonstrativo.
8. Idem deliberativo.
9. Idem judiciario.
10. Elocução. — Suas virtudes e vicios.
11. Definição, origem e utilidade da Poesia.
12. Versificação.
13. Genero lyrico
14. Idem Didactico.
15. Influencia da Escola Classica.
16. Idem da Romantica.
17. Critica Litteraria.
18. Gosto, bello e sublime.

Livros — Nova Rhetorica Brasileira de Antônio Marciano da Silva Pontes; em sua falta — Nova Rhetorica de Victor Le Clerc traduzida pelo Dr. Paula Menezes; e Lições Elementares de Poetica Nacional por F. Freire de Carvalho.

---

[1] A exemplo de Roberto Acízelo de Souza, mantivemos a grafia e a pontuação originais constantes no programa.

Setimo Anno
Rhetorica e Poetica

Exercicios de composição, tanto em prosa como em verso, analyse critica dos classicos portuguezes; discursos, narrações, declamações, historia da litteratura portugueza e nacional.

Em quanto não houver hum compendio proprio, o Professor fará em preleções um curso de litteratura antiga e moderna, especificamente da portugueza e da brasileira.

Versará o exame oral nas generalidades da litteratura, e o escripto na analyse de algumas obras que tiverem sido apreciadas durante o anno.

Litteratura Nacional

1. Origem da Lingua Portugueza.
2. Noção e divisão da sua litteratura.
3. Desenvolvimento e progresso durante as duas primeiras épocas.
4. Poetas lyricos.
5. Idem de Didaticos.
6. Idem Epicos.
7. Idem Dramaticos.
8. Moralistas e Historiadores.
9. Viajantes e Romancistas.
10. Poetas Epicos Portuguezes.
11. Idem Lyricos Brasileiros.
12. Historiadores, Biographos, e Oradores Portuguezes.
13. Chronistas Brasileiros
14. Poetas lyricos Portuguezes
15. Idem Brasileiros
16. Dramaticos Portuguezes
17. Idem Epicos Brasileiros
18. Idem Idem Portuguezes
19. Historiadores, Biographos e Monographos Portuguezes
20. Idem Brasileiros
21. Oradores Portuguezes
22. Idem Brasileiros
23. Influencia da Escola Petrarchista sobre a litteratura Portugueza.
24. Idem da Gongoristica.
25. Causas da decadencia da litteratura Portugueza.
26. Idem do seu renascimento no 18º século.
27. Influencia da Arcadia e da Academia Real das Sciencias.

28. Escola Franceza e reacção archaista.
29. Natureza e reforma de Garret.
30. Idem do Sr. Magalhães.

Livro — Postilla do Professor.

(SOUZA, 1999, p. 164-6.)

No biênio anterior ao descrito, embora o programa não especificasse o conteúdo a ser desenvolvido, na parte de Rhetorica e Poetica há uma breve menção à "historia da litteratura portugueza e nacional", o que nos faz supor que se tratava de um programa experimental que depois resultou no programa visto acima.

Como se nota no programa de 6º ano de 1860, os conteúdos estão inteiramente relacionados com a tradição do ensino de retórica e poética, incluindo temas como "Estilo", "Tropos e figuras" e "Gosto, belo e sublime", entre outros.

No 7º ano, entretanto, a parte de Retórica e Poética perde visivelmente espaço para a parte de Literatura Nacional, que chama atenção pela extensão de seu conteúdo e pelo fato de incluir autores tanto da literatura portuguesa quanto da literatura brasileira. Além disso, surpreende a atualidade dos autores mencionados, como Almeida Garret e Gonçalves de Magalhães, poetas que, poucos anos antes, tinham fundado o Romantismo em Portugal e no Brasil, respectivamente.

A seleção e a organização dos conteúdos dessa parte do programa permitem notar que há uma clara preocupação em *historiar* a literatura em língua portuguesa, organizando-a com base em dois critérios: o histórico-cronológico e os gêneros literários. Itens como "Poetas lyricos", "Idem Epicos", "Idem Dramaticos" e "Chronistas portuguezes" privilegiam os gêneros literários, e itens como "Influencia da Escola Petrarchista sobre a litteratura Portugueza", "Causas da decadência da litteratura Portugueza", "Natureza e reforma de Garret", entre outros, privilegiam temas da história literária.

Se comparamos os itens, observamos que, apesar de haver interesse em enfocar autores que se destacaram num mesmo gênero, de um item para outro há uma clara seqüência histórico-cronológica, como se nota do item 23 ao 27: "Influencia da Escola Petrarchista sobre a litteratura Portugueza", "Idem da Gongoristica", "Causas da decadencia da litteratura Portugueza", "Idem do seu renascimento no 18º século" e "Influencia da Arcadia e da Academia Real das Sciencias", ou seja, os itens fazem referência a um panorama que vai do final do século XVI até o século XVIII.

No período de 1870-1876, a disciplina explicita no seu nome a abordagem histórica que a caracterizava desde o início: "Historia da Litteratura em geral e especialmente da portugueza e da nacional".

No programa do 7º ano de 1877, além de Retórica e Poética, tratadas como disciplinas independentes, ainda constavam outras três disciplinas: Literatura, História da Literatura Portuguesa e História da Literatura Brasileira.

Em Literatura, o programa é aberto com a explicitação de objetivos:

> Noções sobre as litteraturas estrangeiras que mais ou menos influíram para a formação ou aperfeiçoamento da portugueza: estudo detido das diferentes phases desta e da luso-brazileira.
>
> (Souza, 1999, p. 174.)

Esses objetivos revelam a preocupação do programa em resgatar as origens da literatura em língua portuguesa e compreender o processo de sua formação.

Os conteúdos dessa parte do programa eram as principais manifestações da literatura ocidental. Começavam pelas literaturas bíblica, grega e latina e, posteriormente, enfocavam as principais produções das literaturas francesa, espanhola, italiana, inglesa e alemã dos séculos XII a XIX.

Os programas de literatura portuguesa e de literatura brasileira, por sua brevidade, convém reproduzi-los na íntegra:

Historia da Litteratura Portugueza

21. Resumo da historia da lingua portugueza.
22. Divisão da historia da litteratura portugueza. 1ª época: seculo XII – XIV.
23. 2ª época: seculo XV.
24. 3ª época: seculo XVI.
25. 4ª época: seculo XVII.
26. 5ª época: seculo XVIII.
27. 6ª época: seculo XIX.

Historia da Litteratura Brazileira

28. Caracter nacional da litteratura brazileira; divisão de sua historia. 1ª época: seculo XVI – XVII.
29. 2ª época: seculo XVIII.
31. 3ª época: seculo XIX.

Livros para a aula: *Manual da historia da litteratura portugueza* por Theophilo Braga.
Selecta nacional por F. J. Caldas Aulete, 2ª parte (Oratoria).
Poesias selectas por Midosi.

> O compendio de litteratura estrangeira e brazileira que for approvado pelo Governo.
>
> (Souza, 1999, p. 174-5.)

Essa descrição é relevante para esta pesquisa, uma vez que apresenta semelhanças com o ensino de literatura que tem sido praticado em nosso país a partir da década de 1970. Entre as semelhanças, nota-se primeiramente a ênfase na visão panorâmica da literatura, enfocando-se os cânones da tradição literária. Além disso, a produção de cada país era organizada em *épocas*, assim como hoje é organizada em estilos de época ou movimentos literários. Por último, há semelhança também quanto à divisão dos períodos literários. Façamos uma comparação entre a organização dada à literatura portuguesa e a periodização mais comum encontrada nos manuais de literatura do final do século XX:

Trovadorismo: séculos XII-XIV

Humanismo: século XV

Classicismo: século XVI

Barroco: século XVII

Arcadismo: século XVIII

Romantismo: século XIX

A ausência de nomes específicos, como os existentes hoje, para designar cada uma dessas "épocas" se justifica pelo fato de esses nomes serem relativamente recentes na história da cultura e da literatura. Nos séculos imediatamente anteriores ao século XIX, não havia distanciamento histórico suficiente para nomear esses períodos da literatura; além disso, o interesse em classificar, distinguir e nomear os objetos de estudo é um fenômeno tipicamente positivista, que surgiu no final do século XIX e se firmou no século XX.

O programa de literatura brasileira também guarda forte semelhança com a periodização atualmente praticada nas escolas, com a diferença de que a produção da 1ª época (séculos XVI – XVII) é dividida hoje em duas partes: o Quinhentismo e o Barroco.

As indicações de livros trazem informações importantes quanto ao tipo de material didático utilizado na época: três coletâneas — uma de oratória, uma de poesia e outra de literatura estrangeira — e um manual de história da literatura portuguesa, de Teófilo Braga (historiador português de orientação positivista), que é mais adequado a cursos de ensino superior do que a cursos do ensino secundário. E, por meio dessas indicações, também se fica sabendo da interferência do governo na escolha e indicação de materiais didáticos, exatamente como ocorre hoje com o Plano Nacional do Livro Didático, o PNLD, sistema de avaliação de materiais didáticos criado pelo MEC.

Embora o ensino de gramática não seja o objeto central deste trabalho, convém registrar algumas mudanças ocorridas no ensino dessa disciplina, uma vez que, além de ela ser ensinada pelo mesmo professor que lecionava literatura, o ensino das duas disciplinas passou por processos de mudanças semelhantes.

Por ser considerado conhecimento primário ou básico, o ensino de gramática, até o ano de 1861, segundo Souza e Razzini, era ministrado apenas no primeiro ano. Dava-se prioridade à literatura, então vista como um conhecimento superior ou uma espécie de coroamento dos estudos de letras, razão pela qual ocupava as séries mais adiantadas.

Em toda a década de 1860, o ensino de gramática permaneceu restrito à série inicial, mas, no 6º ano, acrescentava-se a disciplina "Gramática Filosófica", que, apesar do nome, incluía conteúdos da gramática normativa. A partir de 1870, a gramática começou a integrar o programa de várias séries.

Nos programas anteriores a 1881 não há detalhamento dos conteúdos de gramática e nos de 1878 e de 1879 não há indicações relativas a aulas de Português nos primeiros anos do curso, segundo Razzini. No de 1880, há apenas a seguinte indicação para "Portuguez": "Grammatica philosophica, analyse e exercicios de redacção verbal e escripta".

Em 1881, entretanto, com a reforma do ministro Barão Homem de Melo, houve um aumento da carga horária da disciplina, que passou então a ser denominada "Portuguez e Historia Literaria". A parte de "Portuguez" (ou gramática) do programa elenca 29 conteúdos, entre os quais "Glottologia", "Classificação das linguas", "Historia da lingua portugueza" e aqueles que se tornaram "clássicos" nos manuais didáticos das últimas décadas, muitos deles relacionados com a parte de morfologia: "Phonologia", "Do substantivo", "Do adjectivo", "Do pronome", "Da preposição", "Da conjunção", "Elementos de composição", "Elementos de derivação", "Themas e raízes", "Elementos historicos que entram na composição do portuguez", entre outros.

Ao término do elenco de conteúdos de "Portuguez" e de "Historia Litteraria", o programa incluía um texto de duas páginas que descrevia os procedimentos a serem adotados pelo professor ao ministrar a disciplina. No início do texto se lê:

> O professor de Portuguez e Litteratura geral (historia litteraria) dividirá o tempo lectivo, de modo que o estudo de uma materia não seja sacrificado ao de outra. No ensino do Portuguez, entrará em materia por traços geraes de glottologia; *em seguida applicará as theorias da grammatica geral ao caracter, genio e physionomia da lingua vernacula sem se deter em discussões metaphysicas e polemicas, dando assim á grammatica o cunho de uma sciencia e não mais de uma arte;* [...]
>
> (SOUZA, 1999, p. 183. Destaque nosso.)

Primeiramente, chama atenção o fato de as duas partes que compõem a disciplina (língua e literatura), apesar de ministradas pelo mesmo professor, serem tratadas como disciplinas independentes, com objetivos, conteúdos e materiais distintos — exatamente como vem ocorrendo nas últimas décadas na maior parte das escolas e dos manuais didáticos.

Além disso, vale notar o interesse dos autores da reforma em dar ao estudo da língua um caráter científico, e não artístico, em consonância com a onda positivista vigente no fim do século XIX. O interesse pela classificação morfológica e pela formação histórica da língua tem semelhanças com o que ocorreu com os estudos literários, que aos poucos deixaram de lado o interesse pela retórica e pela poética e passaram a se ocupar do estudo da história da literatura, envolvendo aspectos relacionados com suas origens, formação e organização em épocas ou estilos de época.

Se, antes, os estudos de retórica e de poética incluíam uma parte prática, isto é, levavam o aluno a produzir textos orais e escritos nos quais punham em prática os conhecimentos adquiridos a partir de textos-modelo, o estudo da história literária pressupõe outro tipo de relação com o conhecimento. Primeiramente, a teoria de aprendizagem subjacente que se depreende do programa é a transmissiva, isto é, o professor expõe a história da literatura, cabendo aos alunos o papel de ouvir e anotar. Os textos literários propriamente ditos deixaram de ser o objeto central das aulas para se tornarem elementos de confirmação das "verdades" que o professor diz, como se nota na descrição de procedimentos feita neste outro fragmento do programa de 1881:

> No curso de Litteratura geral (historia litteraria) o professor, depois de ligeiras noções sobre a origem e vulgarisação da escriptura, percorrerá todas as phases historicas das linguas antigas e modernas, succintamente das desconhecidas aos alumnos, mais detidamente das estudadas no Collegio e com o maximo desenvolvimento possivel da portugueza; e fará o resumo da historia litteraria das diversas nações, dando noticia de escriptores e personagens que tenham exercido alguma influencia no mundo das lettras, occupando-se da analyse e apreciação das principais obras individuaes, collectivas, nacionaes, anonymas, etc., das academias, theatros, jornaes e revistas, etc. dos factos que de certo modo interessem á curiosidade dos litteratos.
>
> (Souza, 1998, p. 184.)

Como se observa, é o professor quem "percorrerá todas as fases históricas das línguas", quem "fará o resumo da história literária" e a análise e apreciação das principais obras. É preciso lembrar que, nessa época, a situação desses professores era bastante diferente da situação em que se encontra nosso magistério neste início de século. Os professores do Colégio Pedro II geralmente eram profissionais destacados de outras áreas — como medicina, direito, jornalismo, entre outras — e aprovados em concurso para lecionar na conceituada escola, o que lhes servia como espécie de deferência intelectual e profissional.

A escolha do material didático também estava vinculada a esse quadro de supervalorização da figura do professor. Em sua posição de cátedra, o professor podia tanto produzir suas próprias "postillas", já que nenhum outro profissional fora capaz de imaginar um curso com as características que defendia, quanto adotar uma obra já publicada, mas evidentemente compatível com o grau de profundidade que pretendia.

De qualquer modo, fica claro que o aluno não participava do processo de construção do conhecimento, tanto por causa da extensão dos conteúdos de literatura, quanto por causa da metodologia do ensino, que não promovia a análise e apreciação propriamente dita das obras consagradas pelo cânone, mas tão-somente uma breve e sucinta apreciação crítica do sábio professor, provavelmente apoiada nas vozes da crítica literária da época.

Se dermos um salto no tempo e observarmos os conteúdos de literatura do programa do Colégio Pedro II de 1929, notaremos que, depois de um vasto elenco de 39 itens, que inclui a literatura de dez países, há uma observação com os seguintes dizeres:

> *Observação importante* — Sempre que for possível, far-se-á em sala a leitura commentada de trechos característicos dos autores estudados, ou no original, ou em anthologia adrede publicada.
>
> (Souza, 1999, p. 220.)

Essa observação comprova o caráter meramente ilustrativo dado ao texto literário nas aulas e confirma também a hipótese de que a análise e a apreciação do professor não passavam de uma leitura comentada, que privilegiava a leitura pessoal dele, em detrimento da participação dos alunos — exatamente como ocorre em grande parte das aulas de literatura neste início do século XXI, seja no ensino médio, seja no ensino superior.

Ainda no texto de 1881, também se faz menção à parte de produção de texto, nomeada como "redacção:

> Quanto à redacção, cujos exercícios são recommendados pelo Regulamento vigente, deverá ser ella grammatical, philologica e litteraria, e o professor fará executar de viva voz na aula o trabalho que os alumnos promptificarem por escripto em casa, e velará para que elles se esmerem

Capítulo **3** • LITERATURA NA ESCOLA: ENTRE O TRADICIONAL E O OFICIAL

> nas relações logicas das palavras e das phrases, na pureza, propriedade,
> correcção e clareza das mesmas, e na belleza da dicção.
>
> (Souza, 1998, p. 184.)

Não há no programa uma parte específica destinada à produção de texto; contudo, como se vê, ela é tratada como um conteúdo à parte, espécie de síntese das outras partes do programa, uma vez que inclui aspectos da gramática, da filologia, da literatura, da retórica e da poética. Fazia-se a leitura oral do texto, e a correção e a avaliação eram feitas predominantemente de modo oral, ao contrário da tendência vigente em nosso país nas últimas décadas, que valoriza em especial o texto escrito.

Fica claro, portanto, que, pelo menos desde 1881, as práticas de ensino de língua portuguesa já eram muito próximas das práticas de ensino que há décadas têm estado presentes nas escolas brasileiras e que temos chamado de práticas "cristalizadas" de ensino, seja com relação à divisão entre literatura, gramática e produção de texto, seja com relação à abordagem histórica e/ou descritiva da literatura e da língua, seja com relação à periodização da literatura em épocas ou estilos de época, seja ainda com relação aos métodos de ensino, ao papel do aluno e do professor no processo de aprendizagem, ao descompromisso com a formação de leitores competentes, aos objetos de ensino, etc.

A vitória da historiografia literária

Como foi visto no item anterior, pelo menos desde 1858 o programa de língua portuguesa incluía conteúdos de história da literatura, embora a disciplina, com esse nome, tenha sido introduzida somente em 1870. A partir desse ano, como aponta Souza (1998), a retórica e a poética conviveram com a historiografia literária durante um período de mais duas décadas, após o qual foram definitivamente eliminadas do programa escolar como disciplinas e substituídas pela "História da Literatura Nacional". Um dos motivos que explicam a supressão dessas disciplinas do programa escolar, ocorrida em 1982, foi a eliminação delas, em 1890, dos chamados "Exames Preparatórios"[2], espécie de vestibular da época.

A partir de então, alguns conteúdos de retórica e poética passaram a ser estudados em aulas de gramática ou de produção de texto. Nesse mesmo ano,

---

[2] Até 1931, não era necessária a conclusão do ensino secundário para ingressar no ensino superior. Apesar disso, o curso secundário do Colégio Pedro II no século XIX subordinava-se inteiramente aos conteúdos e à bibliografia indicados pelos Exames Preparatórios, o que não difere do quadro atual. Português só foi incluída como disciplina obrigatória desses exames em 1869; a partir de então, a disciplina passou a ser mais valorizada e a ganhar mais espaço nos programas do Colégio Pedro II.

a *História da literatura brasileira,* de Sílvio Romero, publicada em 1888, foi adotada como livro obrigatório nas aulas de literatura, condição em que permaneceu até 1898.

A introdução da história da literatura nos programas do Colégio Pedro II, em 1860, não foi um fato isolado, mas resultado dos esforços de seus dirigentes e professores para modernizar o ensino de Português, atualizando-o em relação ao que já vinha sendo praticado no âmbito da literatura, da crítica e da historiografia literária.

A opção pela abordagem histórica da literatura, naquele contexto, figurava como uma iniciativa inovadora, atendendo, assim, ao desejo pessoal de D. Pedro II, que pretendia modernizar não apenas a educação no país, mas também o próprio Estado.

Muitos dos professores do colégio — como Gonçalves Dias, por exemplo — eram vultos de renome nesses meios culturais. Era natural, então, que levassem para a sala de aula temas caros ao projeto romântico, como a questão da identidade nacional ou da independência cultural e literária, entre outros, principalmente considerando-se que o público do Colégio Pedro II era constituído por jovens oriundos das camadas privilegiadas da sociedade brasileira.

Naquele momento, pela falta de materiais didáticos que atendessem a essa nova demanda e também pela falta de uma tradição de ensino de história da literatura, o material didático utilizado era em parte produzido pelos próprios professores, o que significava, para muitos deles, uma possibilidade de projeção intelectual. Esse material resultava em "compêndios", "lições", "manuais", "postilas", "tratados", muitos deles nascidos de teses que reuniam lições de retórica e poética, antologia de textos literários e história da literatura, defendidas em concurso para uma vaga efetiva no próprio colégio.

Durante anos, a *História da literatura brasileira*, de Sílvio Romero, e o *Curso de história da literatura portuguesa*, de Teófilo Braga, foram os livros básicos de ensino de literatura no Colégio Pedro II. Pode parecer estranho aos profissionais da educação de hoje que obras originárias da pesquisa acadêmica, não produzidas, portanto, com fins didáticos, fossem transpostas para o âmbito escolar, sem mediações, apesar de Sílvio Romero ter preparado uma versão escolar de sua *História...* Contudo, se atentarmos para o momento em que isso ocorreu, podemos supor que a razão da adoção não foi somente a destacada qualidade da obra ou a falta de materiai didático mais adequado aos fins didático-historicistas da disciplina. Vivia-se, naquele momento, o declínio do Império e o início da República. O fim da retórica e da poética dos programas literários refletia o triunfo do cientificismo positivista nos diferentes domínios do saber.

A novidade, entretanto, não significou ruptura. A inclinação romântica pela observação, pela documentação, pela datação e divisão cronológica dos fatos é

Capítulo **3** • LITERATURA NA ESCOLA: ENTRE O TRADICIONAL E O OFICIAL

um princípio que o positivismo, no final do século XIX, retomaria e levaria ao extremo com as idéias sobre meio e raça defendidas por Taine.

No Colégio Pedro II, a literatura integrava os programas escolares do ensino secundário como disciplina específica, com exceção do período que vai de 1912 a 1925, em virtude da reforma do ministro Rivadávia Correia e do decreto 8.660, de 5/4/1911, que eliminou as cadeiras de Lógica e de Literatura para dar lugar às cadeiras de Higiene e Instrução Cívica. Ocorre que, como Literatura Brasileira deixou de ser conteúdo obrigatório dos Exames Preparatórios, que davam acesso à universidade, a disciplina acabou sendo eliminada do curso secundário.

Em 1925, a reforma do ministro João Luís Alves determinou que o curso secundário passasse a ter seis anos e que fossem introduzidas várias cadeiras, entre elas a de Literatura Brasileira, que voltou a ser exigida no exame vestibular para Direito.

Nas décadas seguintes, a interferência do Estado na condução do ensino e de suas práticas foi notável. Resumiremos, a seguir, os fatos mais importantes:

- 1938 — Criação do Conselho Nacional do Livro Didático, com o papel de examinar e avaliar livros didáticos. A partir de então, a escola ficou proibida de adotar um material didático que não apresentasse na capa um número de registro e o aviso "Livro de uso autorizado pelo Ministério da Educação e Saúde" (RAZZINI, 2000, p. 263).
- 1942 — Reforma de Gustavo Capanema, que instituiu aulas de Português para todas as séries.
- 1943 — Portaria ministerial que expandiu o programa de Português nos cursos Clássico e Científico do ensino secundário.

No programa de 1951, a história das literaturas portuguesa e brasileira pode ser observada a partir da 2ª série do curso colegial. No de 1961 é mencionada a "análise literária de textos das diversas fases da literatura brasileira e portuguesa".

Como se pôde notar nesse rápido painel do ensino de literatura de meados do século XIX a meados do século XX, os conteúdos de história da literatura firmaram-se nos programas escolares desde 1858, tornando-se disciplina escolar a partir de 1870. Desde então, como as demais disciplinas, a história da literatura esteve sujeita a diferentes influências, como as das reformas de ensino empreendidas pelo Estado e a dos materiais didáticos adotados. Com períodos de valorização e expansão, ou de retração ou exclusão do programa escolar, a historiografia literária consolidou-se e legitimou-se como conteúdo, como disciplina e como prática de ensino de literatura por excelência. Qualquer proposta de ensino que enseje quebrar esse paradigma encontrará, com certeza, muitas dificuldades e resistências por parte dos professores.

ENSINO DE LITERATURA

As LDBs recentes e os *Parâmetros Curriculares Nacionais*

Se a historiografia literária nos currículos escolares remonta a uma tradição de mais de um século, poderíamos nos perguntar como a legislação educacional mais recente vem lidando com essa questão; por exemplo, se menciona, referenda ou questiona essa tradição.

Apesar de a análise da legislação educacional brasileira — tanto a que está em vigor quanto a de décadas passadas — fugir aos objetivos desta obra, compreendemos que convém ao menos examinar o modo como o ensino de Português veio e vem sendo encarado por ela. Por isso, sem a pretensão de esgotar o assunto, passaremos a comentar, pela perspectiva dos interesses desta obra, as duas últimas Leis de Diretrizes e Bases (LDBs), a lei 5.692, de 1971, e a lei 9.394, de 1996, bem como algumas de suas resoluções e pareceres. Além disso, examinaremos três documentos que têm sido referência para o ensino médio, desde o final da década de 1990: as *Diretrizes Curriculares Nacionais para o Ensino Médio*, os *Parâmetros Curriculares Nacionais* (PCN) e os *Parâmetros Curriculares Nacionais + Ensino Médio* (PCN+).

A escolha desses documentos se justifica por duas razões: a lei 5.692/71, pelo fato de ter promovido a polêmica reforma educacional que foi empreendida durante o regime militar e cujas conseqüências ainda se sentem hoje; a lei 9.394/96 e suas respectivas resoluções e pareceres, por ser a LDB vigente; e os *Parâmetros Curriculares...*, por serem a principal referência para a atual reforma do ensino no curso secundário.

A lei 5.692/71

Publicada em 1971, durante o governo do general Emílio Garrastazu Médici, a lei 5.692 foi concebida no auge do regime militar (1964-1985), ou seja, no período de maior intolerância política, que contou com a decretação do AI-5, a instituição da censura aos meios de comunicação e às artes, a cassação de professores universitários e políticos, perseguições e exílios.

Entre outras determinações, a lei ampliava a obrigatoriedade escolar de quatro para oito anos no ensino fundamental (antigo 1º grau); unia História e Geografia numa única disciplina, Estudos Sociais; no ensino médio (antigo 2º grau), dividia as disciplinas em dois grupos, um de educação geral e outro de habilitação profissional (havia mais de 130 habilitações possíveis), inviabilizando por "falta de espaço" o ensino de Filosofia.

Observemos o primeiro artigo da lei:

> Art. 1º O ensino de 1º e 2º graus tem por objetivo geral proporcionar ao educando a formação necessária ao desenvolvimento de suas

104

Capítulo **3** • LITERATURA NA ESCOLA: ENTRE O TRADICIONAL E O OFICIAL

potencialidades como elemento de auto-realização, qualificação para o trabalho e preparo para o exercício consciente da cidadania.

(MEC, 1971, p. 5.)

Como se nota, a lei tinha por meta atingir três objetivos. O primeiro deles, "o desenvolvimento de suas potencialidades como elemento de auto-realização", mantém a tônica de leis anteriores, segundo as quais a educação é um processo libertador, capaz de levar o indivíduo à realização pessoal. Suas bases são a concepção humanista de educação, calcada na "formação integral" do indivíduo, exatamente como se lê no artigo 21 do capítulo III da lei: "O ensino de 2º grau destina-se à formação integral do adolescente" (MEC, 1971, p. 8).

O segundo deles, a qualificação para o trabalho, é perfeitamente compatível com o momento econômico que o país vivia. No final da década de 1960 e início da década de 1970, vivia-se o chamado "milagre econômico", resultado de uma política que, contando com investimentos estrangeiros no setor industrial, arrocho salarial e controle da inflação, levou a um amplo crescimento da produção, do mercado consumidor e, conseqüentemente, da demanda de mão-de-obra qualificada. A finalidade central da reforma educacional era pôr em prática o acordo MEC-Usaid, firmado entre o Ministério da Educação e Cultura e o United States Agency for International Development, dos Estados Unidos, que garantia ao Brasil assistência técnica e cooperação financeira para a implantação de uma reforma educacional. Tratava-se, portanto, de uma reforma tecnocrática, autoritária, desvinculada de um amplo debate na sociedade e inteiramente submissa à política que os Estados Unidos praticavam em relação à América Latina.

O terceiro dos objetivos, o "exercício consciente da cidadania" — expressão que depois do regime militar se tornou quase um lugar-comum no discurso pedagógico oficial — tinha um sentido particularmente interessante nessa lei e naquele contexto histórico-social. Ele devia ser lido não de acordo com o conceito que as sociedades democráticas geralmente têm de cidadania — que envolve necessariamente o respeito à liberdade de expressão e aos direitos fundamentais do homem —, mas de acordo com o ponto de vista dos militares que detinham o poder, segundo o qual seria "consciente" o cidadão que respeitasse as leis e as instituições e trabalhasse para o bem comum sem contestar a ordem estabelecida. Foi nesse espírito de "ordem e progresso" que se justificou a introdução das disciplinas Educação Moral e Cívica no ensino fundamental, Organização Social e Política do Brasil no ensino médio e Estudos de Problemas Brasileiros nos cursos superiores.

As referências da lei ao ensino de Português são breves e ocorrem uma única vez, no artigo 4º, parágrafo 2º:

105

ENSINO DE LITERATURA

> § 2º No ensino de 1º e 2º graus dar-se-á especial relevo ao estudo da língua nacional, como instrumento de comunicação e como expressão da cultura brasileira.
>
> (MEC, 1971, p. 6.)

Sem maiores detalhes, a lei faz referência apenas à "língua nacional", concebida aqui como "instrumento de comunicação" e "expressão da cultura brasileira". Compatível com a concepção funcionalista de língua que vigorava entre os estudos de linguagem da época, o documento via a língua como instrumento de comunicação, motivo pelo qual a disciplina voltada ao ensino de português passou a se chamar Comunicação e Expressão. O ensino de literatura, não explicitado, pode ser subentendido na referência à cultura brasileira, o que nos leva a crer que se tratasse especificamente de literatura brasileira.

As disciplinas são organizadas em dois blocos: as que formam o núcleo comum e obrigatório e as complementares ou optativas. O detalhamento dessas decisões foi feito na resolução nº 8, de 1º/12/1971, assinada pelo presidente do Conselho Federal de Educação, Roberto Figueira Santos. O artigo 1º desse documento assim determina:

> Art. 1º O núcleo-comum a ser incluído, obrigatoriamente, nos currículos plenos do ensino de 1º e 2º graus abrangerá as seguintes matérias:
>
> a) Comunicação e Expressão;
> b) Estudos Sociais;
> c) Ciências.
>
> § Para efeito da obrigatoriedade atribuída ao núcleo comum, incluem-se como conteúdos específicos das matérias fixadas:
>
> a) em Comunicação e Expressão — a Língua Portuguesa;
> b) nos Estudos Sociais — a Geografia, a História e a Organização Social e Política do Brasil;
> c) nas Ciências — a Matemática e as Ciências Físicas e Biológicas.
>
> (MEC, 1971, p. 17.)

Ao expor os objetivos desse núcleo comum, o documento assim se refere, no artigo 3º, à disciplina Língua Portuguesa:

> a) em Comunicação e Expressão, ao cultivo de linguagens que ensejem ao aluno o contato coerente com os seus semelhantes e a manifestação harmônica de sua personalidade, nos aspectos físico, psíquico e espiritual, ressaltando-se a Língua Portuguesa como expressão da Cultura Brasileira;
>
> (MEC, 1971, p. 18.)

Capítulo **3** • LITERATURA NA ESCOLA: ENTRE O TRADICIONAL E O OFICIAL

O emprego de expressões como "contato coerente", "manifestação harmônica de sua personalidade", "Língua Portuguesa como expressão da Cultura Brasileira", com letras maiúsculas, revela que o ponto de vista do enunciador é o de que o processo de aprendizagem deve transcorrer de modo linear e harmônico, sem conflitos. Além disso, o que seria um "contato coerente" do aluno com os seus semelhantes? E um contato incoerente? A língua era vista como expressão da cultura brasileira, mas seria essa a única razão de estudá-la? Além disso, somente à língua caberia o papel de expressar nossa cultura? Esses elementos revelam uma concepção positivista e nacionalista de língua, educação e cultura, compatível com a ideologia do regime político então vigente.

No artigo 5º do mesmo documento, o enunciador especifica as disciplinas que deviam constituir o núcleo comum do ensino médio:

> II — No ensino de 2º Grau, sob as formas de Língua Portuguesa e Literatura Brasileira, História, Geografia, Estudos Sociais, Matemática e Ciências Físicas e Biológicas, tratadas predominantemente como disciplinas e dosadas segundo as habilidades profissionais pretendidas pelos alunos.
>
> (MEC, 1971, p. 18.)

Nesse artigo do documento, a menção feita a "Língua Portuguesa e Literatura Brasileira", de modo desdobrado, evidencia uma dicotomia entre língua (gramática) e literatura e exclui indiretamente a literatura portuguesa. Essa dicotomia — que não é nova, pois já existia nos planejamentos escolares do Colégio Pedro II no século XIX, conforme mostramos anteriormente — legitimou e acentuou a tendência existente nas escolas durante a década de 1970, marcada pelo espírito tecnicista, de dividir conteúdos e professores de uma mesma disciplina, a fim de "especializar" (e inevitavelmente fragmentar) ainda mais o ensino. Assim, em Língua Portuguesa, por exemplo, surgiram os professores de gramática, os de literatura e os de redação, muitos deles com materiais didáticos e avaliações específicos. Em outras disciplinas, não foi diferente. Em Matemática, por exemplo, surgiram os especialistas em geometria e em álgebra; em Física, os especialistas em mecânica e em ótica; em História, os especialistas em história geral e história do Brasil, e assim por diante. As pressões do exame vestibular e as aulas dos cursinhos, que dividem cada uma das disciplinas em várias "frentes", conforme vimos no capítulo 2 desta obra, acentuaram ainda mais a fragmentação dos conhecimentos e o enfoque tecnicista de ensino.

Outro documento relacionado com a lei 5.692/71, o parecer nº 853/71, de 12/11/1971, fecha o conjunto das determinações e especificações pretendidas pela reforma educacional. O objetivo central desse parecer era detalhar a natureza, o relacionamento, a ordenação e a seqüência dos conteúdos que deviam ser incluídos no núcleo comum.

107

Dividindo os conteúdos em duas partes, a de educação geral e a de formação especial, o documento assim se posiciona em relação ao papel de cada uma delas:

> A parte de educação geral destina-se a transmitir uma base comum de conhecimentos indispensável a todos na medida em que espelhe o Humanismo dos dias atuais. [...] Além de sua função específica, a parte geral tende por natureza a levar a mais estudos e, assim, definir o primeiro atributo da nova escolarização, que o Grupo de Trabalho chamou de *continuidade*. A parte especial, por sua destinação, caracteriza a *terminalidade*. Conforme os termos expressos da lei (Art. 5º, § 1º, letras *a* e *b*, a educação geral será exclusiva nos anos iniciais de escolarização e predominará sobre a especial até o fim do ensino de 1º grau. A formação especial surgirá após estes "anos iniciais", de certo modo em segundo plano, e crescerá gradativamente até predominar sobre a educação geral no ensino de 2º grau."
>
> (MEC, 1971, p. 25-6.)

Esse fragmento do parecer chama a atenção por duas razões: primeiramente, pela afirmação inicial de que a educação geral devia "espelhar" o humanismo daqueles dias. É contraditória essa afirmação, se considerarmos que a finalidade da reforma de ensino em questão era justamente reduzir a importância do modelo humanista do currículo anterior, que se voltava para a "formação integral" do estudante, e abrir espaço à profissionalização dos jovens, a fim de atender à demanda do mercado. Além disso, a que humanismo o documento se refere? Poder-se-ia falar em humanismo numa sociedade regida pela censura e pelo medo, na qual os direitos fundamentais do homem eram desrespeitados?

Em segundo lugar, é explícito no documento o desejo de que a formação especial, profissionalizante, predominasse sobre a educação geral. Nesse contexto, caberia a pergunta: qual seria o espaço da literatura num curso com enfoque predominantemente tecnicista?

Ainda nesse parecer, ao detalhar os objetivos da lei, o documento assim se refere ao ensino de língua portuguesa:

> A Língua Portuguesa, portanto, será encarada como o instrumento por excelência de comunicação no duplo sentido de transmissão e compreensão de idéias, fatos e sentimentos e sob a dupla forma oral e gráfica, o que vale dizer: leitura, escrita e comunicação oral. Nesta última encontra-se um dos elementos mais evidentes de conexão entre a Língua e os Estudos Sociais, encarados como um mecanismo de integração do educando ao meio. Também não se há de esquecer, neste particular, a importância cada

Capítulo **3** • LITERATURA NA ESCOLA: ENTRE O TRADICIONAL E O OFICIAL

vez maior que assume nos dias atuais a linguagem falada, ao impacto dos meios de comunicação "audiovisual", a ponto de que, se já não vivemos uma cultura predominantemente oral, pelo menos as duas vias tendem a equilibrar-se.

(MEC, 1971, p. 30.)

Primeiramente, chama a atenção a concepção de língua expressa no texto, vista como um "instrumento de comunicação" de mão dupla, isto é, que serve para transmitir e compreender idéias, fatos e sentimentos. Nenhuma referência é feita à linguagem ou às linguagens de modo geral, embora essa referência conste na resolução nº 8 de 1º/12/1971, conforme citação anterior. Além disso, de acordo com a visão funcionalista subjacente ao texto, também não é feita nenhuma alusão ao papel interativo e transformador da linguagem ou à capacidade desta de agir sobre o outro e sobre o próprio sujeito.

Cabe também destacar a importância que se dá à linguagem oral e aos meios de comunicação audiovisuais. Considerando-se que a televisão se popularizou no país na década de 1960 e que na década seguinte muito se discutia sobre cultura de massa, era natural que a oralidade fosse destacada no documento. Contudo, nenhuma perspectiva de trabalho sistematizado e concreto com a oralidade, por menor que seja, é apontada.

Além disso, é estranha a dúvida que paira na afirmação "se já não vivemos uma cultura predominantemente oral". Apesar da significativa conquista de espaço, nesse momento, feita pelos programas televisivos — jornais, filmes, novelas, programas de humor —, todos esses textos, embora veiculados oralmente, têm como suporte uma preparação previamente escrita, seja um roteiro de filme ou de novela, seja um conjunto de notícias. É estranho que, num documento oficial do MEC, não se reconheça na sociedade moderna a influência da escrita sobre os textos orais.

Mais adiante, o documento situa o papel da literatura:

> Ao lado de sua função instrumental, o ensino da Língua Portuguesa há de revestir, como antes se assinalou, um indispensável sentido de "expressão da Cultura Brasileira". As situações criadas e os textos escolhidos para leitura, em articulação com as outras matérias, devem conduzir a uma compreensão e apreciação da nossa História, da nossa Literatura, da Civilização que vimos construindo e dos nossos valores mais típicos. Isto, evidentemente, não há de conduzir a exclusivismos estreitos. Assim como a nossa História é parte da História Universal, a Literatura Brasileira não poderá ser estudada com abstração de suas raízes portuguesas e sem inserir-se no complexo cultural europeu de que se origina. Seja como for, é preciso não esquecer que "atrás

109

de uma língua há um país, nesse país existem homens, e o que se pretende é conduzir a eles" (M. Laloum).

(MEC, 1971, p. 30.)

Esse trecho é particularmente importante para os objetivos desta obra, já que permite inferir o enfoque supostamente pretendido para o ensino de língua portuguesa e de literatura brasileira. O texto menciona a "compreensão e *apreciação da nossa História, da nossa Literatura*, da Civilização que vimos construindo" (destaque nosso) e afirma ainda que "a Literatura Brasileira não poderá ser estudada com abstração de suas raízes portuguesas". Nesses trechos, é evidente o pressuposto culturalista e historicista com que são vistas a língua e a literatura, dando continuidade à tradição historicista cujas origens remontam ao século XIX.

A lei 9.394/96

Publicada durante o governo de Fernando Henrique Cardoso, a lei 9.394/96 traduz o conjunto das preocupações que, na década de 1990, envolviam a sociedade brasileira: espírito de participação democrática, formação para a cidadania e qualificação profissional para atender às exigências do mercado de trabalho no contexto da globalização.

A lei organiza o currículo escolar em duas partes: uma base nacional comum e uma parte diversificada:

> Art. 26. Os currículos do ensino fundamental e médio devem ter uma base nacional comum, a ser complementada, em cada sistema de ensino e estabelecimento escolar, por uma parte diversificada, exigida pelas características regionais e locais da sociedade, da cultura e da economia e da clientela.

(MEC, 1996, p. 28.)

No artigo 35, item II, é ressaltado o interesse em preparar o educando "para o trabalho e a cidadania", para "continuar aprendendo, de modo a ser capaz de se adaptar com flexibilidade a novas condições de ocupação ou aperfeiçoamento posteriores". Embora a lei 9.394/96 revele preocupação com a formação e a qualificação profissional do estudante, os objetivos e a ênfase que ela dá a esses aspectos são diferentes dos observados na lei 5.692/71. A nova lei prevê na parte diversificada conteúdos relacionados com as especificidades regionais, culturais e econômicas de cada comunidade escolar. Portanto, sem eliminar o caráter eventualmente profissionalizante desses conteúdos, a parte diversificada se abre também para interesses de outra natureza, como os culturais.

Preocupada com a formação integral dos estudantes, a reforma educacional tornou obrigatório o ensino de arte e restituiu à História e à Geografia a independência disciplinar.

No que se refere ao ensino de Português no ensino médio, as referências à disciplina, feitas em duas únicas ocasiões, são vagas:

> Art. 36. O currículo do ensino médio observará o disposto na Seção I deste Capítulo e as seguintes diretrizes:
>
> I — destacará a educação tecnológica básica, a compreensão do significado da ciência, das letras e das artes; o processo histórico de transformação da sociedade e da cultura; a língua portuguesa como instrumento de comunicação, acesso ao conhecimento e exercício da cidadania;"
>
> [...]
>
> § 1º Os conteúdos, as metodologias e as formas de avaliação serão organizados de tal forma que ao final do ensino médio o educando demonstre:
>
> [...]
>
> II — conhecimento das formas contemporâneas de linguagem.
>
> (MEC, 1996, p. 32-3.)

A referência ao ensino de literatura está na menção às "letras" e ao "processo histórico de transformação da sociedade e da cultura"; a referência ao ensino de língua é feita explicitamente no trecho "língua portuguesa como instrumento de comunicação", na qual há ainda uma concepção funcionalista da linguagem.

A lei é detalhada por vários pareceres e resoluções, como, entre outros, os pareceres 05/97, 15/98 e 01/99, as resoluções 3/98 e 2/99 e as *Diretrizes Curriculares Nacionais para o Ensino Médio*, aprovadas em 1º/6/1998, documento que melhor desenvolve os objetivos e os fundamentos teóricos da reforma educacional.

De modo geral, os documentos partem do pressuposto de que vivemos numa sociedade que passa por rápidas transformações sociais, econômicas e culturais, como decorrência da globalização e da revolução tecnológica. Mediante esse quadro, reconhecem a necessidade de formar um estudante para essa nova realidade, mas sem priorizar a formação estritamente profissionalizante. Aliás, essa formação pode e deve ser contemplada, porém depois de dada atenção à formação geral do educando.

Assim, de acordo com o ponto de vista expresso nesses documentos, o profissional dos novos tempos deve ser qualificado não apenas quanto aos requisitos técnicos, mas também quanto à capacidade de se adaptar a novos contextos sociais e profissionais, de interagir e se comunicar com outras pessoas, de lidar com as tecnologias de ponta e de expressar uma visão democrática, solidária e ética da vida em sociedade.

O objetivo de que o aluno "aprenda a aprender", por exemplo, é expresso no artigo 35, item II, da LDB:

> II — a preparação básica para o trabalho e a cidadania do educando, para continuar aprendendo, de modo a ser capaz de se adaptar com flexibilidade a novas condições de ocupação ou aperfeiçoamento posteriores.
>
> (MEC, 1996, p. 32.)

Considerando a velocidade, a quantidade e a baixa qualidade de informações que circulam no mundo contemporâneo, a lei critica a fragmentação do saber e estimula a prática de um ensino que aproxime e integre as áreas do conhecimento e, assim, promova um verdadeiro "resgate do humanismo". Para isso, sugere um ensino contextualizado e interdisciplinar, voltado para o exercício da cidadania, no qual o aluno seja efetivamente o protagonista do processo de aprendizagem.

Nesse contexto, a linguagem ou as linguagens passam a ser vistas como um importante meio tanto para a construção de significados e conhecimentos quanto para a constituição da identidade do estudante. Além disso, a linguagem verbal passa a ser por excelência a ferramenta natural da interdisciplinaridade.

Os Parâmetros Curriculares Nacionais — Ensino Médio

A fim de detalhar os objetivos da reforma educacional nas diferentes áreas e orientar os professores quanto às especificidades de sua disciplina, o governo federal divulgou em 1997, depois de várias versões, os *Parâmetros Curriculares Nacionais* (PCN) destinados ao ensino fundamental. Rompendo com os velhos paradigmas da educação, a proposta dos PCN se articula em torno de quatro pilares fundamentais propostos pela Organização das Nações Unidas para a Educação, a Ciência e a Cultura (Unesco)[3]: *aprender a conhecer* (autonomia e continuidade dos estudos), *aprender a fazer* (aplicação dos conteúdos escolares

---

[3] Essas balizas da reforma educacional brasileira são claramente explicitadas nos *Parâmetros Curriculares Nacionais + Ensino Médio*:

> São quatro os saberes propostos pela Unesco (Organização das Nações Unidas para a Educação, a Ciência e a Cultura) que funcionam como pilares da educação nas sociedades contemporâneas:
> - aprender a conhecer;
> - aprender a fazer;
> - aprender a viver com os outros;
> - aprender a ser.
>
> Objetivos tão amplos certamente não serão atingidos com um ensino conteudista e fragmentado. Por isso, o conhecimento que se quer proporcionar ou construir deve ser reflexivo e crítico nas três áreas propostas pelos PCNEM e no estrato que as transcende: a cultura, termo aqui empregado em sentido amplo.
>
> (MEC, 2002, p. 23.)

em situações concretas da vida social), *aprender a viver com os outros* (desenvolver atividades em grupo, respeitar as diferenças do outro, desenvolver atitudes e valores como tolerância e pluralismo) e *aprender a ser* (identidade, autonomia, responsabilidade social).

A publicação desse documento coincidiu com a implantação do Programa Nacional do Livro Didático (PNLD), isto é, um programa criado pelo MEC com a finalidade de avaliar e comprar, para utilização nas escolas públicas, manuais didáticos destinados ao ensino fundamental. Assim, tanto a publicação dos PCN quanto a avaliação dos livros didáticos fomentaram o debate em torno da reforma educacional, interferindo diretamente na vida escolar. A fim de se sentirem participantes da reforma e atualizadas em relação às mudanças, as escolas públicas e particulares incluíram na pauta de suas reuniões pedagógicas a discussão dos *Parâmetros*, bem como passaram a acompanhar os resultados das avaliações que o MEC fazia dos materiais didáticos inscritos no PNLD. Assim, promover um ensino "de acordo" com os *Parâmetros* passou a equivaler, para professores, coordenadores, diretores, autores de obras didáticas e editores, a um ensino moderno e de qualidade.

Sob a coordenação de Zuleika Felice Murrie, os *Parâmetros Curriculares Nacionais — Ensino Médio* (PCNEM), na área de "Linguagens, Códigos e suas Tecnologias", foram divulgados em 1999, no contexto de efervescência dessas discussões, mas tiveram um impacto bem menor do que o documento similar destinado ao ensino fundamental. Uma das razões dessa menor repercussão pode ter sido a brevidade do documento, que apresenta uma concepção supostamente inovadora de ensino de língua e literatura, mas não a desenvolve, não criando, assim, condições para que as escolas e os professores repensem suas práticas pedagógicas a partir de critérios objetivos. Outra razão, menos relevante, pode ser o fato de que, naquele momento, o MEC não havia ainda estabelecido uma política para a compra de materiais didáticos para o ensino médio, o que reduziu a intensidade dos debates sobre o referido documento.

Situando o ensino de língua portuguesa na área de "Linguagens, Códigos e suas Tecnologias", o documento manifesta claramente uma concepção enunciativo-discursiva da linguagem, chegando a fazer a citação explícita de Mikhail Bakhtin. Contudo, ao tratar do papel das linguagens, assim se posiciona:

> Utilizar-se das linguagens como meio de expressão, informação e comunicação em situações intersubjetivas, que exijam graus de distanciamento e reflexão sobre os contextos e estatutos de interlocutores; e saber colocar-se como protagonista no processo de produção/recepção.
>
> (MEC, 1999, p. 23.)

ENSINO DE LITERATURA

Como se nota, a ênfase quanto ao papel social das linguagens recai na concepção de que a linguagem é um "meio de expressão, informação e comunicação", conceito muito próximo de uma concepção funcionalista da linguagem. O dialogismo e a interação, idéias-base do pensamento bakhtiniano, estão apenas sugeridos vagamente pelas expressões "situações intersubjetivas" e "contextos e estatutos dos interlocutores". Aliás, que professor do ensino médio, não sendo estudante ou recém-saído de pós-graduação, poderia compreender o sentido de expressões como essas, usuais na análise do discurso? Considerando-se a novidade dessas idéias e o distanciamento da maior parte dos professores em relação às recentes pesquisas lingüísticas feitas na universidade, o documento, como enunciação, estaria levando em conta o contexto em que se insere e o estatuto dos interlocutores, isto é, professores das redes pública e particular? E mais: no restrito universo de quatorze páginas destinadas aos "Conhecimentos de Língua Portuguesa", o documento, em si, estaria oferecendo subsídios suficientes para estimular o professor a fazer uma revisão profunda tanto de seus métodos de ensino quanto do currículo escolar?

Evidentemente não. Como resultado, a insatisfação dos professores em relação aos PCNEM tornou-se quase uma unanimidade. Primeiramente, por conta da insuficiência teórica e prática do documento; em segundo lugar, porque faz críticas ao ensino de gramática e de literatura sem deixar claro como substituir antigas práticas escolares por outras, em consonância com as novas propostas de ensino; em terceiro lugar, porque, na opinião de muitos professores, a literatura — conteúdo considerado a "novidade" no âmbito da disciplina no ensino médio — ganhou um papel de pouco destaque no documento, isto é, o papel de ser apenas mais uma entre as linguagens que se incluem na área de "Linguagens, Códigos e suas Tecnologias": língua estrangeira, educação física, educação artística e informática.

As referências feitas diretamente à literatura na parte específica de "Conhecimentos de Língua Portuguesa" são duas:

> [...] A confusão entre norma e gramaticalidade é o grande problema da gramática ensinada pela escola. O que deveria ser um exercício para o falar/escrever/ler melhor se transforma em uma camisa-de-força incompreensível.
>
> Os estudos literários seguem o mesmo caminho. A história da literatura costuma ser o foco da compreensão do texto; uma história que nem sempre corresponde ao texto que lhe serve de exemplo. O conceito de texto literário é discutível. Machado de Assis é literatura, Paulo Coelho não. Por quê? As explicações não fazem sentido para o aluno.
>
> (MEC, 1999, p. 34.)

Os conteúdos tradicionais de ensino de língua, ou seja, nomenclatura gramatical e história da literatura, são deslocados para um segundo plano. O estudo da gramática passa a ser uma estratégia para compreensão/ interpretação/produção de textos e a literatura integra-se à área de leitura.

(MEC, 1999, p. 38.)

Como se vê, o documento levanta questionamentos importantes, mas não os desenvolve. Uma leitura superficial do texto poderia até levar à conclusão de que o MEC propõe a inclusão de Paulo Coelho entre os nomes consagrados da literatura brasileira, o que provavelmente não era a intenção de quem o redigiu. Além disso, de acordo com o segundo excerto, a história da literatura é considerada um "conteúdo tradicional", sem que tenha havido uma justificativa para tal afirmação. Acresça-se ainda o fato de que, se a história da literatura se desloca para segundo plano e a literatura se integra à leitura, então em que consistiria o novo ensino de literatura? O documento não deixa claro o que fazer com os textos literários nem que textos literários deveriam compor uma antologia a ser trabalhada em aula. O professor infere que deve deixar de lado a história da literatura e promover "leituras" de textos literários, mas sob quais critérios de seleção e organização?

No quadro "Competências e habilidades a serem desenvolvidas em Língua Portuguesa", que integra os PCN, são mencionadas apenas duas habilidades mais diretamente relacionadas com literatura. São elas:

• Analisar os recursos expressivos da linguagem verbal, relacionando textos/contextos, mediante a natureza, função, organização, estrutura, de acordo com as condições de produção, recepção (intenção, época, local, interlocutores participantes da criação e propagação das idéias e escolhas, tecnologias disponíveis).

• Recuperar, pelo estudo do texto literário, as formas instituídas de construção do imaginário coletivo, o patrimônio representativo da cultura e as classificações preservadas e divulgadas, no eixo temporal e espacial.

(MEC, 1999, p. 47.)

A habilidade constante no primeiro item é coerente com uma concepção enunciativa da linguagem, mas serve à abordagem de textos em geral, literários e não literários, verbais e não verbais.

A habilidade expressa no segundo item — "Recuperar [...] as formas instituídas

ENSINO DE LITERATURA

de construção do imaginário coletivo, o patrimônio representativo da cultura [...]" — deixa certamente o professor em dificuldade quanto a saber se vem ou não atingindo os objetivos a ela relacionados. Se, pelo modo como tem ensinado literatura, não os tem alcançado, então o que poderia fazer? O documento oferece poucos subsídios para esse fim.

Quanto à parte "[Recuperar] as classificações preservadas e divulgadas, no eixo temporal e espacial", do final desse item, o que seriam as "classificações preservadas e divulgadas"? Classificar um autor ou uma obra como barrocos ou românticos seria uma forma de recuperar essas classificações? Em caso afirmativo, então em que consistiria a novidade da proposta, já que o ensino de literatura tradicionalmente se tem voltado para a classificação de autores em períodos literários e para o reconhecimento de "características" dos movimentos literários?

A falta de um rumo claro em relação ao ensino de literatura, somada à pouca importância dada pelo documento à literatura na escola, chegou até mesmo a suscitar certa repercussão entre escritores brasileiros. Claudio Willer, Moacyr Scliar e João Ubaldo Ribeiro, por exemplo, manifestaram-se na imprensa contra a orientação dos PCN[4]. Claudio Willer, na condição de presidente da União Brasileira dos Escritores (UBE), assim questionou o papel e o espaço da literatura no currículo escolar, segundo a orientação dos PCNEM:

> Aberrações como a difusão de coletâneas de "literatura para o vestibular" e a utilização de fichas de leitura, instrumentos para desestimular o estudante, são anteriores a esses Parâmetros Curriculares. No entanto, estes demonstram que sempre é possível piorar. Na sua versão mais recente, no capítulo sobre Linguagens, Códigos e suas Tecnologias no Ensino Médio, a literatura deixa de existir, não apenas como disciplina, mas como campo autônomo do conhecimento, a pretexto de corrigir o modo como, citando esse documento, a disciplina na LDB nº 5.692/71 vinha dicotomizada em Língua e Literatura (com ênfase na literatura brasileira). [...] Pelo visto, diante das dificuldades para ensinar literatura e resolver problemas metodológicos associados a esse campo (por exemplo: deve-se ensiná-la como série histórica ou adotar algum paradigma, e, nesse caso, qual?), escolheram a solução mais cômoda: eliminá-la.
>
> (*Jornal da USP*, 11 a 17/3/2002.)

---

[4] Ivanda Maria Martins Silva, na tese *Interação texto-leitor na escola*, defendida na Universidade Federal de Pernambuco em 2003, cita a publicação, na *Tribuna* de 20/2/2002, de um artigo dos referidos escritores.

Também surgiram críticas aos PCNEM no meio acadêmico, feitas particularmente por professores envolvidos com o ensino de literatura na universidade[5].

Percebendo as manifestações de insatisfação em relação ao documento, procedentes de diferentes esferas educacionais e sociais, o MEC providenciou a publicação dos *Parâmetros Curriculares Nacionais + Ensino Médio* (PCN+), com o subtítulo de *Orientações educacionais complementares aos Parâmetros Curriculares Nacionais*. Carlos Emílio Faraco figura no documento como coordenador de área e Maria Paula Parisi Lauria como redatora da parte específica da área de "Linguagens, Códigos e suas Tecnologias".

Retomando princípios e objetivos expostos nos PCNEM e nas *Diretrizes Curriculares Nacionais para o Ensino Médio*, o documento reafirma a orientação cognitivista dos documentos anteriores ao destacar a importância das competências e habilidades para o desenvolvimento do estudante, a partir de três eixos essenciais: "Representação e Comunicação", "Investigação e Compreensão" e "Contextualização Sociocultural". Também é visível no documento a clara finalidade de explicar ou desenvolver alguns trechos dos PCNEM, o que dá, às vezes, a impressão de que o autor do texto se esforça para "traduzir" alguns trechos obscuros ou mais técnicos dos PCNEM para uma linguagem acessível à maioria dos professores.

Os PCN+ elencam seis conteúdos a partir dos quais devem ser desenvolvidas as competências e habilidades dos estudantes. São eles:

Conceitos

1. Linguagens: verbal, não verbal, digital
2. Signo e símbolo
3. Denotação e conotação
4. Gramática

---

[5] As professoras Neide Rezende, da Faculdade de Educação da USP, e Maria Helena Nery Garcez, professora de Literatura Portuguesa da Faculdade de Filosofia, Ciências e Letras da USP, no número citado do *Jornal da USP* também fazem críticas aos PCNEM. Neide declarava, no jornal: "no ensino médio, os PCNs 'não são parâmetros de nada. São genéricos e tocam de forma muito ruim no ensino da literatura. As escolas se reúnem, tentam entender o que não é possível entender'. A professora da Faculdade de Educação diz que está em jogo um novo modelo de ensino da literatura, que antes se prendia muito a épocas e autores, sem que o aluno entrasse em contato direto com os textos. Esse é um modelo fragmentado do século 19, que poderia ser mais apropriadamente considerado ensino da história da literatura". Na mesma matéria, ainda se lê, a respeito das opiniões de Maria Helena: "'Embora os PCNs tenham pontos muito positivos na questão do ensino de português, que não é só língua mas também literatura, esse ensino ficou muito falho. [...] Toda a ênfase dos PCNs é para uma educação em que se privilegiem as manifestações criativas dos estudantes em representações, composições musicais, canto, dramatizações, etc. Tudo isso é bom? Obviamente, sim. Mas caímos no extremo oposto de negligenciar e de dar pouca ênfase nos estudos literários que fazem refletir, assumir posições analíticas, críticas, amadurecer, em suma'".

ENSINO DE LITERATURA

5. Texto

6. Interlocução, significação, dialogismo

Competências e habilidades associadas aos conceitos

A esses conceitos está associada, sobretudo, a construção das competências e habilidades deste primeiro eixo. O professor poderá encontrá-las na página 135 dos PCNEM. Aquelas competências equivalem, em termos de área, a:

1. Utilizar linguagens nos três níveis de competência: interativa, gramatical e textual.
2. Ler e interpretar.
3. Colocar-se como protagonista na produção e recepção de textos.
4. Aplicar as tecnologias da comunicação e da informação em situações relevantes.

(MEC, 2002, p. 39.)

Como se nota claramente na relação de conteúdos, os referenciais teóricos que orientam essa seleção provêm de três modelos teóricos diferentes. Conceitos como *signo, símbolo* e outros que aparecem no desenvolvimento do texto (como *índice* e *ícone*) são originários da semiótica de Pierce. Os conceitos de *denotação* e *conotação*, do terceiro item, fazem parte das tentativas de fundação de uma semiologia, como propunha Saussure, e se prendem a concepções estruturalistas de linguagem; e, finalmente, as noções de *interlocução* e *dialogismo* pressupõem uma concepção enunciativo-discursiva da linguagem, de clara influência bakhtiniana.

A aproximação de diferentes linhas teóricas de pesquisa não é, em si, um problema. O problema passa a existir quando essas teorias apresentam enfoques ou soluções acentuadamente diferentes para o mesmo fenômeno. É o caso, por exemplo, de como a semiologia e a análise do discurso bakhtiniana vêem o problema da construção do sentido. Para a semiologia, *denotação* é o sentido comum do signo, o sentido automático, do dicionário, ao passo que *conotação* é o sentido possível, figurado, *co-textual*, isto é, o sentido que se constrói no contexto imediato.

No próprio documento, os PCN+, há uma explicação para o fenômeno da conotação:

A conotação é a parte do sentido de uma palavra (ou de outro signo) que não corresponde ao significado estrito. Resulta da atribuição de novos significados ao valor denotativo do signo e constitui-se de elementos

Capítulo **3** • LITERATURA NA ESCOLA: ENTRE O TRADICIONAL E O OFICIAL

subjetivos, variáveis de pessoa para pessoa, de contexto para contexto.

(MEC, 2002, p. 39.)

A teoria bakhtiniana, por sua vez, trabalha com a oposição entre *significação* e *tema* e vê a construção do sentido do signo por uma perspectiva histórica, social, concreta, que está para além do verbal.

Se a semiologia olha sobretudo para o signo, observando a multiplicidade de sentidos que ele pode apresentar, denotativa e conotativamente, em oposição a outros signos do mesmo sistema lingüístico, Bakhtin vê a produção de sentido do signo como um processo que apresenta, por um lado, elementos estáveis de construção do sentido (significação) e, por outro, elementos que só podem ser definidos na situação concreta de cada enunciação (tema). Explica Bakhtin:

> [...] o tema da enunciação é determinado não só pelas formas lingüísticas que entram na composição (as palavras, as formas morfológicas ou sintáticas, os sons, as entoações), mas igualmente pelos elementos não verbais da situação. Se perdermos de vista os elementos da situação, estaremos tão pouco aptos a compreender a enunciação como se perdêssemos suas palavras mais importantes. O tema da enunciação é concreto, tão concreto como o instante histórico ao qual ela pertence. Somente a enunciação tomada em toda a sua amplitude concreta, como fenômeno histórico, possui um tema.
>
> (VOLOSHINOV, BAKHTIN, 1926/1976, p. 114-5.)

Assim, de acordo com esse ponto de vista, o sentido final de um enunciado (o tema) depende não apenas do que é dito, mas também de outros elementos que participam da situação de produção do enunciado, ou seja, o momento histórico em que se dá a interação, quem são os interlocutores que dela participam, que julgamentos um tem sobre o outro, com que finalidade e em que gênero discursivo o texto é produzido, o papel da entonação, dos gestos, da expressão facial, etc.

Aproximar, portanto, como fazem os PCN+, um conceito como *dialogismo*, que pressupõe uma visão mais ampla a respeito do processo de interação por meio da linguagem, de um conceito como *conotação*, nascido de uma concepção estruturalista que se limita a olhar para o horizonte do signo ou do sistema lingüístico, revela, além de falta de rigor teórico, falta de clareza para definir os rumos pretendidos para o ensino de Língua Portuguesa no ensino médio.

As incoerências teóricas do documento fazem-se sentir em vários outros pontos. Sem pretender esgotar esses problemas, comentaremos apenas alguns deles, que nos chamaram mais a atenção.

119

ENSINO DE LITERATURA

Ao propor que a escola trabalhe com situações que estimulem o protagonismo do estudante, o documento cita um exemplo:

> • na produção de um texto narrativo — como um relato, por exemplo — o aluno deve ser incentivado a colocar-se na situação de quem reconta um fato ocorrido com ele.
>
> (MEC, 2002, p. 61.)

Nesse ponto, o documento parece não só misturar duas teorias sobre produção textual, como também confundir tipo de texto com gênero discursivo. Primeiramente, porque apresenta a proposta de que o aluno "se coloque" na situação de quem reconta um fato para escrever um texto narrativo (note-se que o *relato*, o gênero, aparece apenas como exemplo; supostamente poderia ser qualquer outro gênero). Se fosse outro gênero narrativo, como o conto maravilhoso, ainda assim o aluno deveria colocar-se na situação "de quem reconta um fato ocorrido com ele"?

Segundo, porque, de acordo com a proposta de produção textual organizada a partir de gêneros, o aluno não deve *imaginar-se* numa determinada situação de produção; ele *faz parte* dela, ou seja, ao produzir uma notícia, o aluno é um repórter, mesmo que de um jornal escolar; ao produzir um relato, o aluno relata um fato realmente vivido; ao produzir poemas, ele é de fato um poeta aprendiz. O que geralmente se discute nessa concepção de ensino é como divulgar a produção de textos dos alunos, uma vez que eles não dispõem dos mesmos meios de divulgação dos escritores profissionais.

Embora incentive o ensino de produção textual a partir de uma teoria de gêneros (lembramos que a obra *Estética da criação verbal*, de Mikhail Bakhtin, na qual é desenvolvido o conceito de gênero textual ou discursivo, é incluída na bibliografia dos PCN+), o documento ainda mistura elementos de duas concepções de ensino bastante diferentes. Por exemplo, ao tratar dos procedimentos para o desenvolvimento da competência textual, propõe:

> Como os textos ganham materialidade por meio dos gêneros, parece útil propor que os alunos do ensino médio dominem certos procedimentos relativos às *características de gêneros específicos*, conforme sugerem as Matrizes Curriculares de Referência do Saeb:
> • reconhecer características típicas de uma narrativa ficcional (narrador, personagens, espaço, tempo, conflito, desfecho)
>
> (MEC, 2002, p. 78.)

Os elementos indicados entre parênteses, como sabemos, fazem parte do tradicional modelo de produção textual centrado no tripé narração-descriçãodissertação. Não que esses elementos não possam ser observados em gêneros específicos; isso é até possível, desde que, antes, sejam observados outros aspectos, estes, sim, essencialmente constitutivos do gênero, tais como tema, modo composicional, estilo, além de outros aspectos da situação de produção, como a identidade e o papel dos interlocutores, o suporte, etc.

No que se refere ao ensino de literatura, especificamente, o documento também deixa dúvidas. Embora os PCN+ reafirmem de modo geral o ponto de vista dialógico da linguagem literária expresso nos PCNEM, parece-nos que o novo documento recua em relação a algumas posições assumidas no documento anterior. É o caso do ensino de história da literatura, que, de acordo com os PCNEM, deveria ocupar papel secundário, dando maior espaço para a formação de leitores de literatura.

Nos PCN+, entretanto, o enfoque da questão parece ser diferente. Observemos, a seguir, cinco referências ao ensino da história da literatura (destaque nosso):

> Entender as manifestações do imaginário coletivo e sua expressão na forma de linguagens é compreender seu processo de construção, no qual intervêm não só o trabalho individual, mas uma emergência social historicamente datada. *O estudo dos estilos de época, por exemplo, em interface com o dos estilos individuais, adquire sentido nessa perspectiva:* a de que o homem busca respostas — inclusive estéticas — a perguntas latentes ou explícitas nos conflitos sociais e pessoais em que está imerso.
>
> (MEC, 2002, p. 52.)

> *O aluno deve saber, portanto, identificar obras com determinados períodos*, percebendo-as como típicas de seu tempo ou antecipatórias de novas tendências.
>
> (Idem, p. 65.)

> A língua, bem cultural e patrimônio coletivo, reflete a visão de mundo de seus falantes e possibilita que as trocas sociais sejam significadas e ressignificadas. *No domínio desse conceito está, por exemplo, o estudo da história da literatura*, a compreensão do dinamismo da língua, a questão do respeito às diferenças lingüísticas, entre outros.
>
> (Idem, p. 66.)

> A formação do aluno deve propiciar-lhe a compreensão dos produtos culturais integrados a seu(s) contexto(s) — compreensão que se constrói tanto pela *retrospectiva histórica quanto pela presença desses produtos na contemporaneidade.*
>
> (Idem, p. 69.)

> [Considera-se mais significativo que] o ensino médio dê especial atenção à formação de leitores, inclusive das obras clássicas de nossa literatura, do que mantenha a tradição de abordar minuciosamente todas as escolas literárias, com seus respectivos autores e estilos.
>
> (Idem, p. 71.)

Com exceção do último excerto, todos os outros pressupõem a inclusão da história da literatura no programa escolar, admitindo inclusive procedimentos antes questionados, como "identificar obras com determinados períodos". O último excerto é o único que aponta restrições às práticas atuais de ensino de literatura e, mesmo assim, em que aspectos consistiria a mudança? A novidade parece residir em apenas duas palavras: *minuciosamente* e *todas*. De resto, não há novidade. O documento admite trabalhar com a história da literatura, porém sem que haja a obrigatoriedade de abordar *minuciosamente todas* as escolas literárias e seus respectivos autores. Admite também trabalhar com as "obras clássicas" da nossa literatura, a despeito das críticas feitas pelos PCNEM a respeito do cânone literário, conforme trecho reproduzido anteriormente:

> [...] A história da literatura costuma ser o foco da compreensão do texto; uma história que nem sempre corresponde ao texto que lhe serve de exemplo. O conceito de texto literário é discutível. Machado de Assis é literatura, Paulo Coelho não. Por quê? As explicações não fazem sentido para o aluno.
>
> (MEC, 1999, p. 34.)

Essas explicações do documento também não fazem sentido para o professor. Tanto os PCNEM quanto os PCN+ não deixam claro o modo como o professor deve proceder em relação ao cânone literário. O que fazer com a obra de Paulo Coelho? Que resposta dar à pergunta de um aluno, citada nos PCNEM: "Drummond é literato, porque vocês afirmam que é, eu não concordo. Acho ele um chato. Por que Zé Ramalho não é literatura? Ambos são poetas, não é verdade?" (Idem).

De acordo com a proposta dos PCN+, continuaremos a ler apenas Drummond, autor de uma "obra clássica", o que em si é ótimo, porém não incluiremos as obras de Paulo Coelho nem as canções de Zé Ramalho, não por razões de ordem teórica ou pedagógica ou qualitativa, mas por absoluta falta de clareza quanto ao que fazer com elas.

Os PCN+ propõem organizar os conteúdos de língua portuguesa em torno de *temas estruturadores*, que são:

- Usos da língua.
- Diálogo entre textos; um exercício de leitura.
- Ensino de gramática: algumas reflexões.

Capítulo **3** • LITERATURA NA ESCOLA: ENTRE O TRADICIONAL E O OFICIAL

- O texto como representação do imaginário e a construção do patrimônio cultural.

(MEC, 2002, p. 71.)

Pode-se perguntar: quais desses temas estruturadores têm relação com literatura? Evidentemente, dizem respeito a literatura o segundo e o quarto temas. Vejamos como eles são detalhados no documento:

Diálogo entre textos: um exercício de leitura	
Competências específicas	
Unidades temáticas	Competências e habilidades
Função e natureza da intertextualidade	Analisar os recursos expressivos da linguagem verbal, relacionando texto e contexto.
Protagonista do discurso; intertextualidade	Confrontar opiniões e pontos de vista sobre as diferentes manifestações da linguagem verbal.

O texto como representação do imaginário e a construção do patrimônio cultural	
Competências específicas	
Unidades temáticas	Competências e habilidades
O funcionamento discursivo do clichê	Recuperar, pelo estudo do texto literário, as formas instituídas de construção do imaginário coletivo.
Preconceito; paródia	Analisar diferentes abordagens de um mesmo tema.
Identidade nacional	Resgatar usos literários das tradições populares.

(MEC, 2002, p. 73-4.)

No primeiro quadro, é evidente o enfoque na *intertextualidade*, citada duas vezes como unidade temática. No campo das "Competências e habilidades", entretanto, o item "Analisar os recursos expressivos da linguagem verbal, relacionando texto e contexto" é muito genérico e não diz respeito necessariamente ao discurso literário.

Diante disso, supõe-se que o segundo quadro seja aquele que vai tratar das especificidades do ensino de literatura, até porque, no campo das "Competências

123

ENSINO DE LITERATURA

e habilidades" a palavra *literário* é empregada duas vezes. No entanto, um rápido exame das unidades temáticas atesta a falta de rumo da proposta. Seria possível estruturar um curso de ensino de literatura a partir dos temas: funcionamento discursivo do clichê, preconceito, paródia e identidade nacional? A que clichê se refere o documento? Estaria chamando genericamente as recorrências temáticas e formais da literatura de *clichês*? A que tipo de preconceito se refere: literário, cultural, lingüístico? Ou se refere às obras que abordam esse tema? O procedimento intertextual e interdiscursivo da paródia deve ser considerado tema? Identidade nacional seria um tema restrito apenas às tradições populares?

Entre as competências e habilidades são apontadas, efetivamente, duas habilidades: comparar ("confrontar") e analisar. Como ficam as outras habilidades que a disciplina pode e deve desenvolver por meio de seus objetos de ensino, como *identificar, resumir, levantar hipóteses, transferir, deduzir, inferir, justificar* e *explicar*? Além disso, que competências a disciplina deveria construir a partir do desenvolvimento das habilidades? Recuperar "as formas instituídas de construção do imaginário coletivo" e os "usos literários das tradições populares" são habilidades ou competências? O que significa "recuperar, pelo estudo do texto literário, as formas instituídas de construção do imaginário coletivo"? E de que modo fazer isso? Será que uma habilidade como "analisar os recursos expressivos da linguagem verbal, relacionando texto e contexto" daria conta de uma empreitada desse porte?

Por fim, a proposta de tratar a questão da identidade nacional por meio do resgate dos "usos literários das tradições populares" não é clara. O documento se refere aos usos que a literatura oficial fez das tradições populares (por exemplo, a relação entre *Macunaíma*, de Mário de Andrade, e as lendas e tradições da cultura popular brasileira) ou a usos literários (recursos de expressão literários) presentes nas manifestações artísticas populares (por exemplo, o emprego de redondilhas e decassílabos nos repentes e desafios nordestinos ou de temas da cavalaria medieval nas canções do compositor baiano Elomar)?

São louváveis a iniciativa dos PCN+ e os esforços de seus autores no sentido de esclarecer e aprofundar as propostas dos PCNEM. Contudo, como foi demonstrado, os dois documentos carecem de maior discussão e de revisão, a fim de ajustar pressupostos teórico-metodológicos ou de esclarecer alguns pontos ainda obscuros.

Enfim, o que se nota no confronto entre as propostas dos PCN e as dos PCN+ quanto ao ensino de literatura é que há vários pontos divergentes entre os dois documentos. Essas divergências podem ser assim sintetizadas:

- Os documentos não apresentam exatamente a mesma posição em relação ao ensino de história da literatura. Se para os PCN a história da literatura deve ficar em segundo plano, nos PCN+ ela é desejável, porém sem o compromisso de cobrir todas as estéticas literárias e todos os autores de cada um desses momentos.

- Os documentos não deixam clara sua posição acerca do cânone literário. Os PCN criticam a falta de discussão nas salas de aula em torno do cânone, mas não propõem de forma objetiva a revisão das obras consagradas nem a inclusão de autores "esquecidos" pela história da literatura. Os PCN+, por sua vez, propõem a leitura de obras clássicas de nossa literatura e não retomam nem aprofundam a discussão sobre o cânone.
- O trabalho com o texto literário e a formação de leitores tornam-se o centro das atividades nas aulas de literatura. Apesar disso, os PCN+ valorizam o reconhecimento da estética literária a que pertence o texto. São valorizadas as estratégias de contextualização, isto é, voltadas ao exame das relações entre o texto e o contexto de sua produção.
- Ambos os documentos estimulam a abordagem intertextual e dialógica da literatura, supondo movimentos de leitura que aproximem textos de uma mesma época ou de épocas diferentes. O confronto entre linguagem verbal e linguagens não verbais também é visto positivamente.

Conclusão

Neste capítulo, procuramos identificar o momento em que a história da literatura passou a fazer parte do currículo escolar e tornou-se uma disciplina, substituindo a Retórica e Poética. Além disso, tomando como referência o Colégio Pedro II, procuramos conhecer um pouco as práticas de ensino de literatura utilizadas no período de aproximadamente um século, entre 1850 e 1950. Por fim, examinamos leis e documentos oficiais relativamente recentes, a fim de observar o papel que a literatura e o ensino de literatura devem cumprir, de acordo com o ponto de vista neles expressos.

Como conclusão, podemos afirmar que a historiografia literária, como meio de abordagem e condução do ensino de literatura na escola, constitui uma tradição de ensino de mais de 150 anos. As razões desse sucesso da historiografia serão analisadas e aprofundadas no próximo capítulo.

Amparada pelo contexto positivista da época e pela própria legislação vigente, a historiografia literária tornou-se nesse período a única referência para inúmeras gerações de professores, que aprenderam e ensinaram literatura a partir desse tipo de abordagem, sem sequer pensar na possibilidade de existência de outras abordagens.

A reforma de ensino promovida pela lei 5.692/71, inspirada numa concepção nacionalista e tecnicista de ensino, favoreceu a permanência da historiografia literária na escola, geralmente trabalhada com ênfase na memorização de períodos, autores, obras, datas, etc. Conforme vimos no capítulo 2 desta obra, foi nesse contexto que surgiu o manual didático, na forma como o conhecemos hoje

— com textos, estudos dirigidos e exercícios preparados diretamente para o aluno —, ignorando eventual contribuição do professor, supostamente despreparado para ministrar as aulas por meio de iniciativas próprias.

O conjunto de documentos publicados a partir da lei 9.394/96, que inclui os pareceres, as *Diretrizes Curriculares Nacionais para o Ensino Médio*, os *Parâmetros Curriculares Nacionais — Ensino Médio* e os *Parâmetros Curriculares Nacionais + Ensino Médio*, aponta para um caminho diferente, de busca do conhecimento significativo para o aluno, de intercâmbio de conhecimentos entre as várias disciplinas, de participação social e compromisso com a cidadania, de integração do estudante ao mundo globalizado e tecnológico, entre outras metas.

Apesar disso, na área específica de Língua Portuguesa, falta aos documentos que deveriam fomentar o debate sobre a reforma de ensino na disciplina — os PCNEM e os PCN+ — maior desenvolvimento das propostas ou maior clareza sobre conteúdos e metodologia a serem adotados. No caso dos PCN+, inclusive, apesar de seus objetivos e de sua importância, há o agravante de que, já decorridos vários anos desde sua divulgação no *site* do MEC, é reduzidíssimo o número de professores que conhecem a existência desse documento.

Nos últimos dez anos, durante todo o governo Fernando Henrique Cardoso e nos dois primeiros anos do governo Lula, a ênfase na educação foi dada principalmente ao ensino fundamental, o que se manifestou em iniciativas concretas do governo como a compra de livros didáticos e os esforços para difundir os *Parâmetros Curriculares Nacionais*.

A partir de 2004, entretanto, o MEC manifestou interesse em melhorar o nível de ensino das escolas públicas e deu um passo importante: submeteu à avaliação os manuais didáticos inscritos no programa — o PNLEM — e comprou livros para os alunos das regiões Norte e Nordeste do país. Já é hora de o ensino médio fazer sua reforma. E, no caso específico do ensino de literatura, é hora não só de buscar práticas de ensino mais condizentes com o mundo em que vivemos e com o exercício da cidadania, mas também de resgatar a importância e a auto-estima da disciplina, perdidas desde a publicação dos PCNEM.

Capítulo 4

HISTORICIDADE E HISTORIOGRAFIA LITERÁRIAS

Histórico é, ao contrário do que diz a convenção, o que ficou, não o que morreu.
(Alfredo Bosi)

Como se viu no capítulo anterior, a introdução da história da literatura nos programas escolares ocorrida no século XIX rompeu com a milenar tradição clássico-humanista de ensino, centrada nos estudos da retórica e da poética, e há mais de 150 anos vem orientando os estudos de literatura na escola. Quais teriam sido as causas desse sucesso da historiografia no contexto escolar? Que desdobramentos sofreu a historiografia literária ao longo dos séculos XIX e XX e que reflexos no ensino de literatura praticado na escola esses desdobramentos tiveram? A historiografia é um método ruim para ensinar literatura na escola hoje? Por quê? Que historiografia literária a escola tem ensinado?

Neste capítulo, procuraremos responder a essas perguntas e, ao mesmo tempo, expor alguns aspectos do pensamento de Antonio Candido, Mikhail Bakhtin e Hans Robert Jauss que, a nosso ver, podem contribuir para um redirecionamento do ensino de literatura, conforme proposta que apresentaremos no último capítulo.

Historicidade romântica e historiografia literária

Na cultura ocidental, desde o surgimento do cristianismo, predominou uma concepção teológica de história, de base judaico-cristã. Essa concepção atravessou a Idade Média e o Renascimento e passou a ser contestada apenas no século XVIII, quando foi submetida à crítica da razão pelos filósofos iluministas. Apesar disso, no século XVIII ainda se sustentava a concepção de que a história seria produto da vida de pessoas ilustres, isto é, reis, filósofos, sábios, cujas ações poderiam melhorar o homem e a sociedade.

No século XIX, durante o período romântico, essa concepção foi substancialmente modificada. O Romantismo, como expressão artística e cultural da burguesia — classe que, acreditando ser possível mudar os rumos de sua história, acabou por mudar também os rumos da história —, inverteu a visão de história, não a concebendo nem como realização da vontade divina nem como obra de pessoas ilustres, mas como resultado de idéias e forças sociais.

A concepção universalizante de história também se modificou. Os românticos, no século XIX, em vez de civilização, preferiam pensar em cultura, isto é, nas particularidades de uma raça[1] ou de uma nação. Assim, cada povo teria sua própria história, bem como uma história peculiar de sua raça, de seu espírito de nacionalidade e de sua cultura, seja nas formas eruditas de expressão artística (nas quais se inclui a literatura), seja nas manifestações culturais populares de tradição oral (o folclore).

Segundo J. Guinsburg, "o Romantismo é um fato histórico e, mais do que isso, é o fato histórico que assinala, na história da consciência humana, a relevância da consciência histórica" (GUINSBURG, 1978, p. 14). Daí o desejo do homem romântico de organizar os fatos históricos e classificá-los, prenunciando o espírito analítico do positivismo, no final do século XIX.

A visão historicista da realidade que nasceu com o Romantismo se integrou aos estudos do desenvolvimento dos povos. Afirma Guinsburg:

> Ela passa a fazer-se valer com efetividade, não só balizando o movimento histórico por uma datação mais precisa, como plasmando-o em "etapas", "períodos", "idades", o que reúne em estruturações temporais de certa organicidade, e mais ou menos comandadas por denominadores comuns, as ações e os sucessos que fulcram a vida das nações e dos grandes complexos históricos no seu âmbito geocultural [...].
>
> (GUINSBURG, 1978, p. 18.)

Para Roberto Ventura, o surgimento da história da literatura no contexto romântico está diretamente relacionado com a formação dos Estados nacionais e com a necessidade destes de fortalecerem-se como tal, o que implicava a valorização da língua e de suas manifestações como produtos culturais. Afirma o estudioso:

> Influenciados pelo historicismo, os filólogos conceberam a história da literatura como processo complexo, determinado por fatores externos e internos, concorrendo com os historiadores políticos, ao procurar mostrar a individualidade "ideal" de uma nação por meio do encadeamento dos fenômenos literários.
>
> (VENTURA, 1995, p. 39.)

---

[1] Preferimos aqui empregar o termo *raça*, em lugar de *etnia*, por ter sido o termo originalmente empregado durante todo o século XIX, seja no contexto das discussões em torno das relações entre raça e formação das nações (Romantismo), seja no das relações entre raça e meio natural e social (Naturalismo).

Capítulo **4** • HISTORICIDADE E HISTORIOGRAFIA LITERÁRIAS

No contexto europeu, a nova ordem social trazida pela Revolução Francesa exigia dos intelectuais a busca de uma identidade nacional, cujas raízes se encontravam naturalmente no passado, particularmente na Idade Média. É o que explica, por exemplo, o interesse do Romantismo português não apenas por temas medievais, cujo ponto alto são os romances de Alexandre Herculano, mas também o interesse pela expressão máxima do Renascimento português, Luís de Camões, figura basilar da cultura e da identidade nacional lusitanas.

No Brasil, o surgimento do Romantismo e de seu pendor historicista coincidiu com o momento em que as questões da identidade nacional estavam sendo exaustivamente discutidas, em razão da recente independência política. Como diz Alfredo Bosi, "o assunto prioritário da geração de intelectuais ativos entre os anos da Independência e os meados do século XIX passava forçosamente pela construção da nova identidade nacional" (BOSI, 2000, p. 14).

Para nós, brasileiros, não se tratava apenas de mudar os rumos da ciência histórica, mas de construir nossa própria historiografia. No terreno da literatura, tudo estava por fazer: nossas referências mais importantes ainda eram as lusitanas, não havia uma historiografia literária de autores nacionais nem uma crítica organizada e atuante. Não tínhamos definido sequer nossos cânones literários, e o incipiente público começava a exercer timidamente o papel que, de acordo com a perspectiva de literatura como sistema, proposta por Antonio Candido, seria decisivo para a definição da identidade e da autonomia da literatura nacional.

Assim, o nacionalismo e o historicismo românticos impunham-se entre nós como um caminho mais ou menos natural, que encontrou acolhida tanto na produção literária propriamente dita quanto em áreas afins, como a crítica e a historiografia literárias. A escola, como sempre, caminhava na contramão da história. Distanciando-se da grande discussão que se fazia naquele momento, praticava um ensino essencialmente retórico, aderindo oficialmente ao historicismo literário somente quatro décadas depois, conforme vimos no capítulo anterior.

No âmbito da *produção literária*, a vertente nacionalista do Romantismo brasileiro encontrou no romance sua mais importante manifestação. Dividindo o Brasil em três espaços — a cidade, o campo e a floresta, que deram origem, respectivamente, aos romances urbano, regional e histórico-indianista —, os escritores, em busca da "individualidade ideal" de que fala Ventura, procuraram documentar e descrever as especificidades da paisagem, do homem, da língua e da cultura nacionais como expressão do caráter nacional.

Evidentemente, a pesquisa de traços nacionais não se limitou ao romance e estendeu-se para outros gêneros, como a poesia e o teatro. A poesia da primeira geração romântica, aliás, foi fortemente marcada pela pesquisa histórica, pela busca das raízes raciais, culturais e lingüísticas da nacionalidade, o que resultou, por

129

exemplo, na contribuição decisiva de Gonçalves Dias, seja como poeta indianista ou dramaturgo, seja como pesquisador de etnografia e línguas indígenas.

Por sua vez, a *crítica* romântica nacional, tentando desvencilhar-se da forte tradição clássica balizada pela retórica e pela poética, empreendia, segundo Antonio Candido, "um esforço decisivo no setor do conhecimento da nossa literatura, promovendo a identificação e avaliação dos autores do passado, publicando as suas obras, traçando as suas biografias, até criar o conjunto orgânico do que hoje entendemos por literatura brasileira — um cânon cujos elementos reuniu, para que Sílvio Romero o definisse" (CANDIDO, 1975, v. 2, p. 328).

Já a *historiografia literária* nacional nasceu no Brasil sob a égide de D. Pedro II e do seu interesse em "consolidar a cultura nacional de que ele se desejava o mecenas. Dando todo o apoio ao Instituto Histórico e Geográfico Brasileiro, criado nos fins da Regência (1838), o jovem monarca ajudou quanto pôde as pesquisas sobre o nosso passado, que se coloriram de um nacionalismo oratório, não sem ranços conservadores" (BOSI, 1975, p. 109).

Os primeiros trabalhos historiográficos publicados, apesar de imbuídos do compromisso de fazer uma história da literatura brasileira que fosse não apenas o registro dos eventos do Império, mas também a expressão de um projeto de construção ideológica, eram produzidos precariamente, sem recursos, sem rigor metodológico e às vezes se confundiam com biografias mal-acabadas. Além disso, era comum que o historiador literário, geralmente professor do Colégio Pedro II ou sócio do Instituto Histórico, ao abordar a literatura contemporânea (o Romantismo vigente), incluísse na coletânea seus pares, colegas de cátedra, de agremiação ou revista literária.

Assim, tendo em vista, por um lado, o nacionalismo romântico e seu afã historicista de organizar e classificar e, por outro lado, a visão romântica de tratar cada literatura de acordo com as particularidades de cada povo e de cada nação, não fica difícil compreender por que os programas de literatura do Colégio Pedro II, a partir de meados do século XIX, incluíam conteúdos de história da literatura em língua portuguesa e, nos anos seguintes, a história da literatura de diferentes países que "mais ou menos influíram para a formação ou aperfeiçoamento da portuguesa", conforme vimos no capítulo anterior a propósito do planejamento de 1877 daquele colégio.

Além disso, é esclarecedor o comentário de Guinsburg a propósito da tendência do historicismo romântico de partir, organizar e ordenar o tempo em etapas, períodos e idades, o que coincide plenamente com o modo como era abordada a literatura no programa de 1860 do Colégio Pedro II e com o modo como vem sendo abordada ainda hoje, seja nas aulas do ensino médio, seja nas do ensino superior, seja nos manuais didáticos de literatura para o ensino médio, seja nas obras da historiografia literária moderna destinadas a pesquisadores e ao ensino superior.

Marisa Lajolo, em ensaio que, entre outros objetivos, visa compreender as relações entre literatura e história da literatura no Brasil pós-1822, afirma:

> A história da literatura parece incrustar-se nas instituições do Estado moderno, vínculo este que, na história da história da literatura européia, desemboca e traduz-se no processo de inclusão das literaturas nacionais e modernas no currículo escolar.
>
> (Lajolo, 1995, p. 28.)

Assim, a história da literatura surgiu no Brasil, no século XIX, vinculada a duas esferas e em cumprimento a dois objetivos básicos: na esfera acadêmica, participando do projeto nacionalista romântico de definir e documentar as expressões da identidade nacional; na esfera escolar, assumindo um papel didático, e não menos ideológico, de formar os jovens brasileiros a partir dos textos considerados fundadores da cultura brasileira.

Lajolo também observa que essa parceria entre historiografia literária e ensino já era sugerida pelos próprios nomes das obras publicadas no século XIX:

> A aliança escola/história literária manifesta-se, por exemplo, no expressivo número de obras que incluem, em seu título, a expressão "compêndio" ou "manual": estas, já na denominação, voltam-se para o circuito escolar, selando a parceria escola/história da literatura, parceria que também se sugere pela multiplicação de projetos de história da literatura nos arredores de alterações significativas no currículo escolar (do secundário à universidade), além da já mencionada participação de autores de histórias literárias em diferentes instituições voltadas para a vida cultural, mas sobretudo na sala de aula.
>
> (Lajolo, 1995, p. 28.)

A historiografia literária e o Naturalismo

Se, por um lado, os primeiros historiadores do Romantismo, ao selecionar, organizar e dispor os escritores de nossa literatura em períodos e fases, deram uma demonstração de compromisso com o projeto nacionalista de construção da identidade nacional, por outro lado foram responsáveis pela canonização de obras e escritores consagrados pela tradição. Por conta de critérios subjetivos, pessoais e ufanistas, evidentemente foram excluídos dessa seleção escritores cuja obra diferia do modelo "ideal". Os conhecidos casos de Joaquim de Sousa Andrade, o Sousândrade, de Qorpo Santo e de Pedro Kilkerry são apenas alguns exemplos das muitas exclusões que podem ter ocorrido na definição do cânone.

131

Em seu projeto ufanista de definir um perfil da literatura e da cultura brasileira, a historiografia literária romântica assumiu um caráter linear e cumulativo, que teve continuidade após o embate entre o historicismo romântico e a historiografia naturalista de Sílvio Romero.

Influenciada pelo cientificismo que caracterizou o último quartel do século XIX, representado por correntes como o positivismo, o evolucionismo e o determinismo, a historiografia literária, como lembra Ventura, passou a ser vista como parte da história geral e aproximou-se das ciências naturais, adotando bases científicas e objetivas.

> Hippolyte Taine e Ferdinand Brunetière aplicaram a idéia de evolução à história da literatura, concebida como unidade organizada. Transferiram para a literatura os conceitos biológicos do darwinismo e do evolucionismo, como a lei da *sobrevivência do mais apto* e da *seleção natural*. [...] Ao transpor os métodos das ciências naturais e seus princípios de explicação causal, tais enfoques colocaram, em primeiro plano, os fatores externos e reduziram a singularidade das obras aos fatores extrínsecos ou a um conjunto de "influências". A história literária ficou sob a égide da evolução, processo teleológico, dirigido a um fim único e predeterminado — o progresso.
>
> (VENTURA, 1995, p. 40.)

Assim, influenciadas pelas correntes científicas da época, a história e a crítica literárias se voltaram para a busca dos elementos sociais e naturais que supostamente explicariam o texto. Se pela perspectiva da historiografia romântica o texto literário era um documento da formação da nacionalidade, pela perspectiva naturalista ele continuou a ter valor documental, porém como documento da formação psicológica de uma raça ou de um século. E seu valor passou a ser medido pelo grau de correspondência entre literatura e sociedade.

No contexto brasileiro, a adesão às correntes científicas era uma forma de, a um só tempo, superar a historiografia e a crítica românticas e modernizar o país, inserindo-o no grande debate sobre a relação existente entre literatura e sociedade que vinha sendo travado no contexto europeu.

Isso explica, segundo Ventura (1995), por que as noções de raça e natureza, de trópicos e miscigenação estão no centro do debate sobre a nação brasileira e sua literatura ocorrido no século XIX e se manifestam na obra de críticos naturalistas brasileiros como Sílvio Romero, Araripe Júnior e Capistrano de Abreu, entre os mais importantes.

Assim, os primeiros estudos literários que procuram dar conta das complexas relações entre literatura e sociedade foram realizados, no Brasil, por um grupo de intelectuais que, a partir de 1870, organizou-se em torno de um projeto de modernização do país. Civilização e progresso eram os seus lemas, e suas armas eram as idéias positivistas, evolucionistas e naturalistas.

Esses críticos, somados a José Veríssimo — que difere do grupo por apresentar uma concepção diferente de literatura, mais centrada no valor estético das obras —, formam o grupo de maior projeção intelectual no Brasil do final do século XIX e, coincidentemente, todos eles, além de atuarem na imprensa como críticos, foram membros do Instituto Histórico e Geográfico Brasileiro, da Academia Brasileira de Letras, ou professores do Colégio Pedro II. Essas coincidências atestam a trajetória profissional mais ou menos habitual do intelectual brasileiro de Letras na virada do século XIX para o século XX, divididos entre a pesquisa, a crítica literária e o ensino de literatura.

Considerando-se os espaços de atuação desses intelectuais, não é de estranhar que as aulas de literatura do Colégio Pedro II — modelo para todo o ensino brasileiro da época — fossem um misto de historiografia e sociologia da literatura, acrescidas de apreciações críticas, uma vez que seus professores, definindo os rumos da historiografia e da crítica brasileira "modernas", acabavam por definir também os rumos do ensino de literatura na escola.

Muitas das práticas de ensino de literatura que vimos chamando de cristalizadas têm sua origem justamente nesse modelo de aula construído no século XIX: o professor, que gozava de uma autoridade reconhecida — pelo fato de ser também escritor, médico, advogado ou jornalista —, transmitia aos alunos seus conhecimentos sobre a cultura brasileira e suas principais expressões literárias. Motivado pelo espírito nacionalista (durante o Romantismo) ou pelo espírito científico (durante o Naturalismo), e apoiado numa concepção conteudista e transmissiva de ensino, o professor abria o leque dos movimentos literários, dos autores e das obras e cumpria seu papel de despertar "nobres" sentimentos de amor à pátria ou de ensinar "bons usos" da língua por meio de textos de grandes escritores das literaturas brasileira e portuguesa.

Hoje o quadro não é muito diferente desse, a começar pela concepção transmissiva de ensino, pela visão restrita de literatura como "expressão da Cultura Brasileira" (lei 5.692/71) e pela rigidez com que se classificam os autores e obras em movimentos, gerações e fases, com a agravante de que o professor atual não tem o mesmo preparo nem o mesmo reconhecimento intelectual e profissional que tinha o professor do ensino secundário no século XIX.

Os impasses da historiografia e da crítica no século XX

No início do século XX, a historiografia naturalista de Sílvio Romero sofreu um forte questionamento, dando origem a uma cisão na forma de pensar a literatura cujos reflexos se fazem sentir ainda nos dias de hoje. Com o objetivo estrito de delimitar as mudanças significativas que ocorreram no terreno historiográfico durante o século XX e eventuais influências dessas mudanças sobre o ensino de literatura na escola brasileira, apresentaremos, a seguir, um rápido painel das tendências da historiografia e da crítica do período, sem, contudo, pretender esgotar o assunto.

A publicação de *Estudos de literatura brasileira* (1901-1907) e a de *História da literatura brasileira* (1916), de José Veríssimo, representam momentos decisivos da historiografia e da crítica literárias nacionais. Diferentemente do enfoque naturalista, que privilegiava aspectos externos à obra literária, a abordagem de José Veríssimo resgatava a concepção clássica de literatura, centrada na expressão do belo, e unia-a ao Impressionismo, corrente artística que, vindo das artes plásticas, teve forte influência no final do século XIX em diferentes áreas da cultura, inclusive na crítica literária.

Desconfiando tanto do critério "documental nacional" quanto do critério "documental naturalista" para a seleção dos textos literários, José Veríssimo procedeu em suas obras a uma seleção mais restrita de autores e obras, destacando o critério estético, conforme lembra Bosi:

> Ao crítico paraense interessavam, de um lado, o lavor da forma, de outro a projeção de constantes psicológicas como a imaginação, a sensibilidade e a fantasia. *"Ora, a literatura, para que valha alguma coisa, há de ser o resultado emocional da experiência humana"* [afirma Veríssimo].
>
> (BOSI, 1975, p. 282.)

Os critérios da nova abordagem crítica exigiram o reposicionamento de algumas obras e autores, como Machado de Assis, por exemplo, visto com reserva nos textos de Sílvio Romero pelo fato de, na visão do crítico, não conseguir traduzir em suas obras a realidade brasileira em seus aspectos sociais e étnicos. Contrariando a visão de Romero, Veríssimo entendia que a obra de Machado era, sim, expressão da nacionalidade, mas imbuída de um nacional que dialogava permanentemente com o universal. Além disso, segundo Ventura (1995), Veríssimo via na obra de Machado um projeto estético que não se voltava para o leitor do presente, apegado ao modelo realista-naturalista, mas para um leitor ideal do futuro.

Assim, com o matiz impressionista que os estudos literários ganharam no início do século XX, abriu-se uma crise na historiografia literária naturalista, pelo fato de a nova abordagem privilegiar o particular em detrimento do coletivo, a criação individual em detrimento do "caráter nacional". Desse modo, o ensaio sobre autores e obras foi aos poucos ganhando o primeiro plano, sobrepondo-se à visão de conjunto da historiografia.

Capítulo **4** • HISTORICIDADE E HISTORIOGRAFIA LITERÁRIAS

As décadas de 1920 e 1930 foram palco de um intenso debate de idéias. Ao experimentalismo estético das correntes de vanguarda somaram-se a discussão em torno de um projeto de arte modernista, os embates sobre a nacionalidade e o acirramento das posições político-ideológicas, que iam do nazifascismo ao anarquismo e ao comunismo.

Mário de Andrade e Tristão de Ataíde, principais expressões da crítica do período, buscaram uma síntese das duas concepções oriundas do século XIX, embora tenha prevalecido em Mário, principalmente, o enfoque nacionalista segundo o qual a obra valia de acordo com sua capacidade de representar a vida brasileira. Depois desses, outros críticos ganharam projeção na década de 1940, como Álvaro Lins e Augusto Meyer, criadores de uma abordagem que misturava elementos de psicologia, de estilos de época e um fundo da antiga corrente nacionalista.

Mas, se a crítica tinha uma solução, representada pelo ecletismo, e se firmava cada vez mais no cultivo de ensaios monográficos, o mesmo não se pode dizer da historiografia literária, cuja missão é reunir e organizar no tempo o conjunto dos estudos individuais. Assim, ela permaneceu durante décadas sem uma obra expressiva que retomasse ou rompesse o impasse criado pela dicotomia das posições de Sílvio Romero e José Veríssimo. Talvez a exceção tenha sido a publicação, em 1938, de *História da literatura brasileira – Seus fundamentos econômicos,* de Nelson Werneck Sodré, obra que, concebida com bases no marxismo ortodoxo, acabava por reforçar a tradição romeriana de explicar, de modo determinista, a obra literária pelas circunstâncias do contexto socioeconômico.

A historiografia literária só encontrou novas saídas a partir da década de 1950, com publicações que causaram forte repercussão nas duas décadas seguintes e tiveram desdobramentos que chegam até os dias de hoje. De um lado, opondo-se à tradição romeriana, Afrânio Coutinho apregoava o chamado *new criticism*, segundo o qual a qualidade estética da obra deveria ser colocada em primeiro plano, em detrimento de fatores históricos e biográficos, pelo fato de estes serem externos à obra. Na opinião de Alfredo Bosi:

> [...] a nova crítica, teoricamente tão rigorosa na sua exclusão dos chamados fatores externos da literatura, reconstituía, talvez involuntariamente, o esquema eclético, juntando as técnicas da análise estilística e retórica com cânones de interpretação orientados pela idéia de um "espírito de nacionalidade".
>
> (Bosi, 2000, p. 26.)

De outro lado, Antonio Candido e Otto Maria Carpeaux, publicando respectivamente a *Formação da literatura brasileira*, em 1959, e *História da literatura ocidental,* em 1958, obras em gestação desde a década de 1940, passaram a atuar

135

na direção oposta, historiando e analisando as relações entre literatura e sociedade pela perspectiva do materialismo dialético. Porém, diferentemente do caminho percorrido por Nélson Werneck Sodré, que via a obra como mero decalque das relações sociais, Candido e Carpeaux consideram a literatura como parte de um processo social dinâmico, no qual se incluem, ao lado das relações socioeconômicas, as mediações da cultura e da civilização.

Desse modo, mesmo utilizando categorias clássicas do marxismo, como *sistema, classe* e *burguesia*, esses autores conseguiram fazer movimentos de interpretação e análise que também levam em conta aspectos até então desprezados pela tradição marxista ortodoxa e que vão desde as particularidades da sociedade brasileira no período colonial ou no período romântico até as influências do estilo de época, do grupo de escritores e da vida pessoal do artista. Assim, há uma tentativa de aproximar as duas tendências, o método histórico-sociológico e o estético, até então excludentes.

Ciente de que estava propondo uma nova abordagem historiográfica da literatura brasileira, Antonio Candido abre sua *Formação da literatura brasileira* com uma introdução organizada em cinco capítulos, na qual discute as proposições do método. No terceiro capítulo, o autor defende a perspectiva histórica dos estudos literários e situa o impasse entre a perspectiva histórico-social e o formalismo:

> Um esteticismo mal compreendido procurou, nos últimos decênios, negar a validade a esta proposição — o que em parte se explica como réplica aos exageros do velho método histórico, que reduziu a literatura a episódio da investigação sobre a sociedade, ao tomar indevidamente as obras como meros documentos, sintomas da realidade social. Por outro lado, deve-se à confusão entre formalismo e estética; enquanto aquele se fecha na visão dos elementos de fatura como universo autônomo e suficiente, *esta não prescinde o conhecimento da realidade humana, psíquica e social, que anima as obras e recebe do escritor a forma adequada.* Nem um ponto de vista histórico desejaria, em nossos dias, reduzir a obra aos fatores elementares.
>
> (CANDIDO, 1975, p. 30. Destaque nosso.)

Portanto, partindo do ponto de vista de que estética não prescinde dos elementos "externos" à obra literária, Antonio Candido procurou incorporar ao trabalho as contribuições tanto da tradição fundada por Veríssimo quanto da fundada por Romero. Afirma ele:

> A tentativa de focalizar simultaneamente a obra como realidade própria, e o contexto como sistema de obras, parecerá ambiciosa a alguns, dada a força com que se arraigou o preconceito do divórcio entre história e estética,

Capítulo **4** • HISTORICIDADE E HISTORIOGRAFIA LITERÁRIAS

forma e conteúdo, erudição e gosto, objetividade e apreciação. Uma crítica equilibrada não pode, todavia, aceitar estas falsas incompatibilidades, procurando, ao contrário, mostrar que são partes de uma explicação tanto quanto possível total, que é o ideal do crítico, embora nunca atingido em virtude das limitações individuais e metodológicas.

(CANDIDO, 1975, p. 30-31.)

Apesar do esforço de síntese de Antonio Candido, nas gerações posteriores de críticos, principalmente nas últimas décadas do século XX e nestes primeiros anos do século XXI, ainda são nítidas as fronteiras entre as duas tradições. À tradição estética de José Veríssimo e Afrânio Coutinho, alinham-se críticos como Haroldo de Campos e João Alexandre Barbosa; à tradição sociológica de Romero, Antonio Candido e Otto Maria Carpeaux, alinham-se críticos como Alfredo Bosi, Davi Arrigucci Jr. e João Luís Lafetá, entre outros — isso, claro, guardadas as diferenças individuais entre eles, uma vez que a pesquisa de cada um incorporou elementos novos, advindos de sua formação e de seus interesses pessoais.

Apresentamos na página seguinte um quadro que permite observar, de modo comparativo, os momentos decisivos da historiografia e da crítica nacionais nos séculos XIX e XX.

A transposição didática da historiografia literária

Durante o século XX, enquanto a historiografia e a crítica literárias cumpriam um percurso dos embates ideológicos e estéticos, a escola estava alheia a essa discussão, só muito rara e timidamente recebendo seus reflexos. É difícil mensurar o quanto essas discussões influenciaram a escola, porém o mais provável é que, até a década de 1970, nomes como Sílvio Romero, José Veríssimo, Nélson Werneck Sodré e Antonio Candido tivessem o mesmo significado para os professores de Português que têm hoje nomes como os de Haroldo de Campos, Alfredo Bosi, Benedito Nunes e Silviano Santiago, ou Piaget, Vigotsky e Bakhtin, entre outros. Isto é, o professor reconhece a importância da obra desses intelectuais, mas nem sempre sabe ou consegue transpor as idéias deles para suas práticas cotidianas de ensino.

Depois da década de 1970, o manual didático do tipo hoje dominante no mercado editorial, conforme comentamos anteriormente, é que passou a determinar a linha teórica e a metodologia a serem utilizadas nas aulas de literatura. Não é por acaso, pois, que a professora 1 da pesquisa apresentada no primeiro capítulo deste trabalho, ao ser questionada sobre a linha teórico-metodológica que seguia, resolveu adotar a linha de Douglas Tufano e Domingos Maia, autores de obras didáticas.

137

ENSINO DE LITERATURA

COMPARAÇÃO ENTRE HISTORIOGRAFIA E CRÍTICA BRASILEIRAS NOS SÉCULOS XIX E XX

	Romantismo	Naturalismo (Sílvio Romero)	Impressionismo (José Veríssimo)	New Criticism (Afrânio Coutinho)	Sociologia da cultura (Antonio Candido e Otto Maria Carpeaux)
Concepção de historicidade	Historicismo nacionalista	Historicismo sociológico	Historicismo impressionista	Historicismo estético	Historicismo dialético
Concepção de literatura	Literatura como documento de manifestações particulares que caracterizam a nacionalidade	Literatura como documento das manifestações da formação étnica	Literatura como objeto estético	Literatura como objeto estético	Literatura como produto da confluência de elementos estéticos e sociais, mediados pela cultura
Concepção de tempo e historicidade	Conceito cumulativo de tempo. Concepção linear da história	Conceito cumulativo de tempo e evolução. Concepção linear da história, que caminhará para o aperfeiçoamento	Concepção não linear da história. Desatreladas das influências do meio, as obras podem dar "saltos" estéticos por mérito dos escritores	Concepção não linear da história. Desatreladas das influências do meio, as obras podem dar "saltos" estéticos por mérito dos escritores	Uso do critério cronológico e reconhecimento de contradições nos períodos e nos autores. Visão dinâmica das relações entre a produção literária e a cultura e reconhecimento de inter-relações como o passado e o presente
Enfoque	Enfoque nacional da literatura e da cultura, com vistas a caracterizar o espírito nacional	Enfoque sociológico da literatura e da cultura, com vistas a caracterizar as particularidades da raça	Preferência pela abordagem individualizante da obra, em detrimento de análises coletivas	Preferência pela abordagem individualizante da obra, em detrimento de análises coletivas	Literatura como subsistema de um sistema cultural mais amplo; não despreza os aspectos psicológicos ou particulares de cada autor
Papel da historiografia e da crítica	Historiografia e crítica comprometidas com o projeto de construção da identidade nacional	Concepção militante, comprometida com o progresso social e cultural	Texto como entidade cujo valor estético independe da situação de produção	Compromisso com a análise imanente da obra literária	Concepção militante, comprometida com a superação da dicotomia entre formalismo e sociologismo, com vistas a possibilitar intervenções mais producentes no processo cultural

Capítulo **4** • HISTORICIDADE E HISTORIOGRAFIA LITERÁRIAS

Nesse ponto, tocamos numa questão de fundo do ensino, e não só de literatura, mas do ensino em geral: o problema da *transposição didática* e dos *objetos de ensino*. Como sabemos, a produção científica não pode ser transposta diretamente para a esfera escolar, pois a escola tem objetos e objetivos diferentes dos da ciência. Além disso, a escola secundária não é nem nunca foi o espaço próprio e específico da produção científica. Os objetos de ensino nela produzidos são, antes de tudo, discursos científico-pedagógicos, diferentes das práticas científicas e dos discursos científicos propriamente ditos, produzidos em outra esfera social e com finalidade distinta.

Assim, o papel que a historiografia literária, por exemplo, cumpre no âmbito científico e acadêmico evidentemente é diferente do papel que ela desempenha na formação de jovens secundaristas, que estão se iniciando nos estudos literários. Mediada pela linguagem, a aula de história da literatura consiste na apropriação de um discurso que versa não apenas sobre literatura, mas também sobre a própria história da literatura. Ou, ainda, mais especificamente, as aulas de literatura, em sua quase totalidade, podem ser consideradas atividades de linguagem cujo suporte é o gênero *historiografia literária*. Contudo, considerando-se o espaço social escolar e suas especificidades, não se pode dizer que esse gênero seja o mesmo com que trabalham os livros de historiografia literária.

No Brasil, entretanto, quando se deu a introdução da historiografia literária na escola, tomado como exemplo o Colégio Pedro II, essas diferenças ficaram um pouco comprometidas, haja vista que, como vimos, muitos professores da escola eram também escritores e críticos literários atuantes. Além disso, em virtude da inexistência de um curso superior de Letras, o curso de Língua Portuguesa em nível secundário tomava, às vezes, a feição de um curso superior, seja pela extensão dos conteúdos, seja pelo caráter pretensamente científico de que se revestia. Assim, a distância entre o discurso historiográfico e o discurso didático-historiográfico era muito pequena e o espaço escolar confundia-se com o espaço da ciência, principalmente se considerada a forte influência do positivismo na escola secundária no último quartel do século XIX.

Bernard Schneuwly e Joaquim Dolz, expoentes do grupo que há mais de uma década vem pesquisando o ensino de língua na Universidade de Genebra pela perspectiva teórica dos gêneros discursivos, comentam a respeito da transposição didática de gêneros discursivos para o universo da sala de aula:

> Na sua missão de ensinar os alunos a escrever, a ler e a falar, a escola, forçosamente, sempre trabalhou com os gêneros, pois toda forma de comunicação, portanto também aquela centrada na aprendizagem, cristaliza-se em formas de linguagem específicas. A particularidade da situação escolar reside no seguinte fato que torna a realidade bastante complexa: há um

139

ENSINO DE LITERATURA

> desdobramento que se opera, em que o gênero não é mais instrumento de comunicação somente, mas, ao mesmo tempo, objeto de ensino-aprendizagem. O aluno encontra-se, necessariamente, num espaço do "como se", em que o gênero funda uma prática de linguagem que é, necessariamente, em parte, fictícia, uma vez que ela é instaurada com fins de aprendizagem.
>
> (SCHNEUWLY, DOLZ, 1997, In: ROJO, CORDEIRO, 2004, p. 75.)

Em outras palavras, quando um gênero é retirado de seu universo de origem e transposto para o universo escolar, ocorrem nas esferas de produção e de recepção alterações que acabam por fazer derivar do gênero oficial um novo gênero. Uma carta pessoal, por exemplo, ao se tornar objeto de ensino e servir aos alunos de modelo para a produção de outras cartas, passa a ter situações de produção e de recepção diferentes, pois deixa de nascer de uma necessidade comunicativa concreta e social para servir a uma finalidade didática, e isso mesmo que as cartas produzidas tenham interlocutores concretos, como os próprios alunos ou pessoas de fora da escola.

Para Schneuwly e Dolz (1997), "pelo fato de que o gênero funciona num outro lugar social, diferente daquele em que foi originado, ele sofre, forçosamente, uma transformação. Ele não tem mais o mesmo sentido; ele é, principalmente, sempre [...] gênero a aprender, embora permaneça gênero para comunicar". O objetivo central da escola, nesse caso, não é a apropriação de um determinado gênero em si, mas a apropriação das práticas de linguagem que resultam na produção desse gênero. Comentam os pesquisadores:

> [...] textos autênticos do gênero considerado entram tais e quais na escola. Uma vez dentro desta, trata-se de (re-)criar situações que devem reproduzir as das práticas de linguagem de referência, com uma preocupação de diversificação claramente marcada. O que é visado é o domínio, o mais perfeito possível, do gênero correspondente à prática de linguagem para que, assim instrumentado, o aluno possa responder às exigências comunicativas com as quais ele é confrontado.
>
> (SCHNEUWLY, DOLZ, 1997, In: ROJO, CORDEIRO, 2004, p. 79.)

No caso das aulas de literatura, a situação é diferente e ainda mais complexa, pois os alunos não são instigados a produzir o gênero historiográfico. Esse gênero medeia as práticas de linguagem, principalmente o discurso didático do professor, mas a produção textual dos alunos consiste em outros gêneros, tais como o seminário, a monografia, as respostas a avaliações escritas, explanações orais — todos eles portadores de muitas marcas do discurso ou do gênero historiográfico.

Capítulo **4** • HISTORICIDADE E HISTORIOGRAFIA LITERÁRIAS

Na transposição didática da historiografia literária para as aulas de literatura, o foco central passa a ser os *conteúdos* da história da literatura, ou seja, o conjunto de autores de cada estilo de época, suas obras mais representativas, suas características, etc., geralmente ensinados pelo método transmissivo e com fim de desenvolver quase exclusivamente uma única habilidade, a *memorização*. Tenta-se pôr em prática, portanto, uma historiografia da pior qualidade, uma vez que esquemática, determinista, redutora, simplista.

No âmbito escolar, as tradicionais divergências quanto a questões de método da crítica e da historiografia literárias parecem ter peso menor. Os professores, ao abordarem historicamente a literatura, ou ao fazerem a opção por este ou aquele manual didático que organiza seus conteúdos por uma perspectiva historiográfica, nem sempre têm consciência das divergências teóricas existentes na crítica e na historiografia; ou, se têm consciência, nem sempre as consideram relevantes. A escolha do material didático parece vinculada mais a outros critérios, como seleção e tratamento dos conteúdos, acessibilidade do material ao aluno, adequação aos vestibulares de hoje, preço, etc. A questão de método em geral não é problema, desde que a obra, é claro, faça uma abordagem historiográfica da literatura.

De qualquer modo, independentemente de o professor ter consciência do tipo de historiografia que desenvolve em suas aulas, as tensões existentes no âmbito científico e acadêmico de alguma forma se manifestam no universo escolar. Mesmo que diluídas, elas se fazem presentes e se misturam às práticas pedagógicas e lingüísticas dos professores, que, na maioria, têm preferido, por exemplo, a diacronia à sincronia e uma abordagem supostamente sociológica da literatura à abordagem estética. Supostamente, porque, via de regra, o estudo do contexto histórico, restringe-se à enumeração e a um rápido comentário dos fatos mais importantes do período enfocado, sem que sejam estabelecidas relações efetivas entre o texto e o contexto.

A nosso ver, a historiografia literária, em si, não constitui o problema central do ensino de literatura em nosso país. Ela pode trazer contribuições importantes para a compreensão de determinados textos, autores e épocas, da mesma forma que conhecimentos, de outras áreas, como história, filosofia, psicologia, sociologia, análise do discurso, etc. O problema é que, transformando-se no principal objeto e no principal objetivo do curso de literatura no ensino médio, ela vem centralizando, desde o último quartel do século XIX, a maior parte das atividades da disciplina, não dando espaço para outros tipos de abordagem da literatura, mais condizentes com a realidade e com os objetivos da educação oficial de hoje.

Que à historiografia literária se devem muitas das práticas cristalizadas de ensino, não há dúvida. Contudo, ao se buscar uma nova proposta de ensino de literatura no ensino médio, talvez melhor do que simplesmente eliminar dos programas escolares esse tipo de estudo seja examinar que historiografia vem

141

ENSINO DE LITERATURA

sendo ensinada e como isso vem sendo feito. E, se o objetivo principal do estudo de literatura no ensino médio não é conhecer a historiografia pela historiografia, então que sejam redefinidos os objetivos da disciplina, que, a nosso ver, devem estar comprometidos com a educação para a cidadania, com a formação de leitores competentes de textos literários e com a construção de relações entre esses textos e outros — verbais, não verbais e mistos, literários e não literários — que circulam socialmente.

O nó da historiografia

Um dos problemas da historiografia clássica é a pretensão de abarcar *todos* os textos e autores considerados importantes e quase sempre obedecendo a critérios de cânone discutíveis e mutáveis. Privilegiando a quantidade e a diversidade, ela acaba oferecendo uma visão difusa do conjunto, no qual as obras de maior importância estética — aquelas que representaram, por exemplo, a ruptura ou a renovação de uma tradição — costumam ter, na descrição de um período, a mesma importância de obras menores, que só fizeram repetir o conhecido e o desejado pelo público médio de cada época.

Vamos dar um exemplo concreto desse problema na situação de sala de aula. Imaginemos que um professor de literatura, com 2 aulas semanais, disponha de 16 aulas num bimestre para desenvolver toda a poesia romântica. Se se apoiar no material oferecido pelos manuais didáticos de literatura, o mais provável é que não faça uma distribuição muito diferente desta: 4 aulas para Gonçalves Dias, 4 para Álvares de Azevedo, 4 para Castro Alves, 2 para Casimiro de Abreu, 1 para Junqueira Freire e 1 para Fagundes Varela. Se o programa incluir literatura portuguesa, então provavelmente teria de diminuir pelo menos 1 aula de cada um dos expoentes para destinar algumas aulas à poesia de Almeida Garrett, por exemplo.

A primeira pergunta que poderia ser feita diante dessa divisão é: por que a inclusão desses autores e não de outros? Por que a não-inclusão por exemplo, da poesia de Gonçalves de Magalhães, de Bernardo Guimarães ou de Laurindo Rabelo, uma vez que a poesia de Junqueira Freire foi contemplada? Que critério tem orientado a escolha desses autores nos manuais didáticos e, por conseqüência, nos programas escolares? Seria a poesia de Junqueira Freire superior à de Bernardo Guimarães? Ou, se o critério não é qualitativo, seria ela ao menos mais interessante para um leitor adolescente? Ou será que a exclusão da poesia de Bernardo Guimarães se deve ao fato de o autor ser lembrado normalmente como prosador? Ou, pensando no conjunto dos autores, por que incluir a poesia de Junqueira Freire? Ou a de Bernardo Guimarães? O que se ganha e se perde com isso?

A questão é que, sempre que se escolhem determinados autores e não outros, está-se fazendo um recorte da produção literária de uma época, e é natural

142

Capítulo **4** • HISTORICIDADE E HISTORIOGRAFIA LITERÁRIAS

que alguns autores fiquem de fora, principalmente se se considerar que os estudos literários na escola não têm, ou, ao menos, não deveriam ter o compromisso de cobrir toda a produção literária de uma época, pois isso pouco acrescentaria ao estudante. Não seria mais significativo para o leitor-aprendiz, por exemplo, se, em vez de passar aulas e aulas estudando autores cujas obras não contribuíram para um avanço significativo na história da literatura brasileira ou da literatura universal, conhecesse pelo menos parte da obra daqueles que provocaram rupturas ou que fundaram uma nova tradição? Para ficar, ainda, no universo do exemplo dado, será que, em vez de se destinarem quatro aulas para Casimiro de Abreu, Fagundes Varela e Junqueira Freire, não seria mais produtivo para o aluno conhecer, em boa tradução, alguns poemas de Lamartine, Byron, Edgar Allan Poe ou Baudelaire, por exemplo, isto é, conhecer as fontes que influenciaram não só o grupo de poetas românticos brasileiros, mas sucessivas gerações de poetas brasileiros e estrangeiros posteriores?

De modo geral, os professores de literatura não estão preocupados com essas questões, porque se pautam na tradição do ensino diacrônico da literatura e numa concepção de literatura como expressão da língua e da nacionalidade. Os critérios do recorte literário, aliás, geralmente ficam por conta do manual didático adotado, cuja escolha, inclusive, depende da amplitude do recorte. Assim, tanto melhor socialmente será considerado o curso, quanto maior for o número de autores e obras tratados no tempo escolar normal. Trata-se, portanto, de um critério puramente quantitativo, nascido de uma tradição conteudista e positivista de ensino, com o fundo nacionalista cultivado pela historiografia romântica.

No capítulo anterior, comentamos que, do nosso ponto de vista, falta aos PCN+ rigor teórico em alguns pontos, assim como clareza quanto a conteúdos e metodologia de ensino de literatura. Apesar disso, o documento apresenta um posicionamento correto em vários pontos. Primeiramente, a visão de que a historiografia literária não precisa ser necessariamente excluída dos estudos de literatura na escola, desde que não represente uma camisa-de-força; em segundo lugar, a perspectiva dialógica como meio de abordar a literatura e favorecer o diálogo entre objetos culturais de diferentes linguagens e diferentes épocas; e, por fim, a visão de que a literatura é um fenômeno que está em relação com seu contexto de produção e que faz parte não apenas da cultura brasileira, mas da cultura universal, o que propicia a inclusão, nos estudos literários, de textos de autores cujas obras representam saltos decisivos na história da literatura.

Essas idéias vêm ao encontro de nosso ponto de vista sobre o ensino de literatura no curso secundário, e a questão que se coloca — não aprofundada pelos PCN+ — é como pôr esses pressupostos e objetivos em prática.

Na busca de uma metodologia de ensino de literatura para a escola secundária, pensamos que, se a historiografia literária não é em si um mal, nem mesmo

143

um mal necessário, mas uma alternativa possível e viável de trabalho, uma âncora na qual o professor pode se apoiar toda vez que queira abordar diacronicamente as transformações da produção literária e cultural, caberia então perguntar: qual é a historiografia mais adequada para esse fim, isto é, a menos redutora, aquela que, sem se prender demasiadamente ao critério do tempo e da totalidade dos escritores, permitiria movimentos sincrônicos, ou seja, movimentos de aproximação entre escritores e obras de épocas diferentes, mas com projetos estéticos afins? E que fonte teórica pode sustentar esse ponto de vista de ensino?

Além disso, conviria pensar a literatura não apenas como texto ou obra literária, mas também como discurso literário, uma vez que as pesquisas recentes na área de análise do discurso têm oferecido importantes contribuições para o ensino de literatura, principalmente quanto ao tratamento das relações dialógicas na literatura. E novamente se coloca a questão: que teoria poderia embasar essa forma de abordar a linguagem literária?

Julgamos que, nesse terreno, são indispensáveis as contribuições de dois importantes teóricos da literatura: Antonio Candido e Mikhail Bakhtin. No tópico a seguir, procuraremos mostrar os pontos em comum no pensamento desses dois intelectuais, destacando a visão de ambos sobre as relações entre literatura e sociedade e, incluindo Hans Robert Jauss, discutiremos a possibilidade de abordar a literatura de modo diacrônico e sincrônico ao mesmo tempo.

Entendemos que essa discussão é necessária, pois ela constitui os fundamentos teóricos da proposta que apresentaremos no capítulo 5, cuja finalidade é apresentar uma nova forma de ensinar literatura.

Diálogos dialéticos: Antonio Candido e Mikhail Bakhtin

Apesar de terem vivido boa parte de suas vidas no século XX, Antonio Candido (1918-) e Mikhail Bakhtin (1895-1975) provavelmente não tiveram conhecimento um da obra do outro nos momentos decisivos de sua produção intelectual. Antonio Candido, duas décadas mais jovem que Bakhtin, publicou seus trabalhos mais importantes entre as décadas de 1940 e 1960, tornando-se no Brasil e em outros países da América Latina uma das principais referências de nossa historiografia e crítica literárias. Como a maior parte dos intelectuais brasileiros, deve ter tido contato com a obra de Bakhtin apenas a partir da década de 1970, quando os estudos de Kristeva, na França, chamaram atenção para a importância da obra bakhtiniana no campo dos estudos literários.

Antonio Candido é responsável pela teoria da literatura como sistema, formulada na introdução de sua obra mais importante, *Formação da literatura brasileira,* publicada em 1959, referência obrigatória para os estudiosos de literatura no Brasil nas décadas seguintes e ainda nos dias de hoje. Para ele, determinada

Capítulo **4** • HISTORICIDADE E HISTORIOGRAFIA LITERÁRIAS

cultura só possui um sistema literário efetivo quando existe uma *relação orgânica* entre obras, isto é, quando estas são ligadas por certos elementos que estão para além de afinidades temáticas, lingüísticas e imagéticas. São eles:

> [...] um *conjunto de produtores literários*, mais ou menos conscientes do seu papel; um *conjunto de receptores*, formando os diferentes tipos de público, sem os quais a obra não vive; um *mecanismo transmissor* (de modo geral, uma linguagem, traduzida em estilos), que liga uns a outros.
>
> (CANDIDO, 1975, p. 30. Destaque nosso.)

Antonio Candido alinha-se, pois, ao grupo dos historiadores e críticos brasileiros de abordagem sociológica da literatura; porém, diferentemente de seus antecessores, que compreendiam a literatura como mero documento da sociedade brasileira ou como decalque das relações socioeconômicas, ele a vê como um sistema mediado por outro sistema maior, o da cultura. Das complexas relações entre literatura e sociedade, entre literatura e outras artes e áreas do conhecimento, entre escritor e público, entre forma e conteúdo, é que o crítico constrói seu método dialético de análise, olhando simultaneamente para as relações entre os *elementos internos* e os *elementos externos* da obra literária.

Bakhtin, embora seja reconhecido no campo da teoria literária por sua importante contribuição aos estudos sobre a teoria do romance, em especial pelo conceito de *romance polifônico,* criado a partir da obra de Dostoievski, ou por seus estudos sobre a obra de Rabelais, nos quais criou o conceito de *carnavalização,* hoje difundido em diferentes áreas da arte e da cultura, foi, na verdade, um pensador que alargou fronteiras e cuja produção intelectual deixou contribuições decisivas nos campos da lingüística, da análise do discurso, da estética, da sociologia da arte e da filosofia.

Diferentemente de Antonio Candido, que reúne conhecimentos relativos às mais diferentes áreas — sociologia, história da literatura, crítica literária, psicologia, filosofia, direito, entre outras — para lidar com o texto literário, Bakhtin utiliza o texto literário para formular e aplicar certos conceitos que servem não apenas para iluminar algumas questões teóricas específicas da literatura, mas também para participar do debate sobre os grandes temas de sua época, provenientes de diferentes áreas do conhecimento, entre eles a concepção saussureana de língua, o formalismo proposto pelos formalistas russos, a concepção de inconsciente proposta por Freud, certo tipo de marxismo aplicado à análise das obras de arte e que resultaria nas idéias do realismo socialista, e assim por diante.

O conceito bakhtiniano de *dialogismo*, por exemplo, desenvolvido a partir de estudos de filosofia da linguagem, vem sendo utilizado neste início do século

145

XXI em diferentes campos da pesquisa científica, o que permite situar a obra do pensador russo não na esfera restrita dos estudos de linguagem, mas no âmbito das ciências humanas, uma vez que em todas as disciplinas dessa área é indispensável a noção de alteridade, sobre a qual comenta Marília Amorim:

> [...] nossa primeira hipótese é de que é em torno dessa questão [a alteridade] que, em grande parte, se organiza a produção de conhecimentos.
>
> Não há trabalho de campo que não vise ao encontro com um *outro*, que não busque um interlocutor. Também não há escrita de pesquisa que não se coloque o problema do lugar do *outro*.
>
> (AMORIM, 2001, p. 15-16.)

Além disso, mesmo lidando com noções diretamente relacionadas com os estudos de linguagem, Bakhtin nunca deixou de refletir sobre elas numa dimensão mais ampla, como a das ciências humanas. Vejamos, por exemplo, a concepção que ele tem de texto:

> As ciências humanas não se referem a um objeto mudo ou a um fenômeno natural; referem-se ao homem em sua especificidade. O homem tem a especificidade de expressar-se sempre (falar), ou seja, de criar um texto (ainda que potencial). Quando o homem é estudado fora do texto e independentemente do texto, já não se trata de ciências humanas (mas de anatomia, de fisiologia humanas, etc.).
>
> (BAKHTIN, 1997a, p. 334.)

Comparando as obras de Antonio Candido e Mikhail Bakhtin, nota-se que, apesar das diferenças de contexto e de foco, há vários pontos de contato entre o pensamento dos dois intelectuais no que se refere ao modo como vêem a literatura. Primeiramente, vale ressaltar o interesse de ambos por questões relacionadas com a filologia. Não a filologia do ponto de vista estritamente lingüístico, mas da crítica filológica, que, entre outros assuntos, se interessa pela origem e pela evolução de determinadas formas e gêneros literários.

Em *Formação da literatura brasileira*, por exemplo, Antonio Candido manifesta particular interesse pelo surgimento do romance de formação no Romantismo brasileiro. No conhecido ensaio "Dialética da malandragem", dá mostras mais uma vez de seu interesse pela gênese dos gêneros da prosa ficcional, contrastando *Memórias de um sargento de milícias*, de Manuel Antônio de Almeida, e *Macunaíma*, de Mário de Andrade, com a tradição das novelas picarescas espanholas. Outro dado menor, mas não sem importância, são as referências teóricas de Antonio Candido, que, além de nutrir grande admiração pelo trabalho

Capítulo **4** • HISTORICIDADE E HISTORIOGRAFIA LITERÁRIAS

historiográfico e crítico de Sílvio Romero — tido como seu mestre —, sofreu forte influência da perspectiva crítica de Erich Auerbach, estudioso cuja obra reúne elementos de história e de filologia[2].

Bakhtin, por sua vez, é conhecido pelo interesse e pela profundidade com que se dedicou à pesquisa dos gêneros da literatura. Partindo de estudos da sátira menipéia e do diálogo socrático, por exemplo, o escritor russo formulou uma importante teoria sobre a tradição do riso na cultura ocidental, procurando discutir de que modo essa tradição, somada aos gêneros orais, resultou no romance de Rabelais, no fim da Idade Média. Interessado no romance como gênero, Bakhtin chegou até a conceber uma tipologia histórica do romance, criando categorias como *romance de viagem*, *romance de provas, romance barroco* (com desdobramentos em *romance heróico de aventuras* e *romance sentimental patético psicológico*), *romance polifônico*, etc.

Outra semelhança entre Antonio Candido e Bakhtin é o lugar de onde falam e com quem falam. Bakhtin falava, na década de 1920, tanto com os formalistas russos quanto com os defensores do "método sociológico" de análise literária, representado na Rússia, naquele momento, principalmente por Sakúlin[3]. Para Bakhtin, a literatura não podia ser tratada dicotomicamente, como vinha ocorrendo: de um lado a "poética teórica e histórica e seus métodos especiais"; de outro, o "método sociológico", que não conseguia ir além das relações entre a obra e o meio.

Em "Discurso na vida e discurso na arte", ensaio de 1926, Bakhtin e Voloshinov abordam embrionariamente vários dos temas que seriam desenvolvidos nas obras publicadas posteriormente pelo círculo bakhtiniano ou por Bakhtin especificamente, entre eles a relação entre o discurso e a situação extraverbal; questões que envolvem a autoria e a recepção da obra de arte; a relação entre material, forma e conteúdo nas obras de arte; a avaliação apreciativa dos enunciados e da obra de arte; o papel da entonação na construção do sentido dos enunciados; a relação entre consciência e ideologia. Contudo, a tese principal que o pensador russo pretendia provar nesse texto é que, da mesma forma que o discurso, na vida, deve ser visto tanto em seus aspectos lingüísticos essenciais (seleção lexical, disposição sintática, modalizações, entonação, etc.) quanto nos

---

[2] Um fato pitoresco, narrado por Jorge Ruedas de la Serna (2003), professor da Universidade Nacional Autônoma do México, confirma a ligação de Antonio Candido com essa orientação crítica. Segundo ele, muitos anos atrás, em certa vez que o estudioso estivera no México, o professor mexicano lhe perguntara quem gostaria de ser, caso pudesse nascer novamente. Para surpresa do mexicano, que esperava ouvir como resposta o nome de um socialista, de um escritor ou de um esportista renomado, ouviu "Erich Auerbach", autor de *Mimesis*, obra voltada para os problemas da representação artística, tema dos mais presentes na obra de Antonio Candido.

[3] Em *Discurso na vida e discurso na arte*, Voloshinov e Bakhtin citam nominalmente P. N. Sakúlin, em cuja obra *The sociological method in the study of literature,* publicada em 1921, o referido professor distingue duas dimensões na literatura e sua história: a imanente e a causal.

aspectos extralingüísticos que envolvem (interlocutores, tempo e lugar, conhecimento prévio dos interlocutores sobre o tema do enunciado, etc.), o discurso, na arte, deve ser igualmente visto em perspectiva dupla, isto é, levando-se em conta não apenas os aspectos que dizem respeito à fatura propriamente dita do objeto artístico, mas também as relações entre essa fatura e sua situação de produção.

Também chama atenção, nesse texto, o enfoque dado por Bakhtin ao texto literário, visto também como *discurso verbal*. Discurso, pelo ponto de vista do autor, é um fenômeno de comunicação cultural que "não pode ser compreendido independentemente da situação social que o engendra, pois participa do fluxo social e se envolve em processos de interação, de troca, com outras formas de comunicação" (BRAIT, 1999, p. 18). Visto por essa perspectiva, o texto literário se torna objeto de estudos de linguagem em geral, saindo da esfera restrita da teoria, da crítica e da historiografia literárias.

No Brasil, na década de 1950, Antonio Candido também falava, na introdução de sua *Formação da literatura brasileira*, por um lado, aos defensores da autonomia da obra de arte, conhecida como crítica imanente, e, por outro, à crítica sociológica, de base positivista ou marxista. Conforme exposto no item anterior deste capítulo, Antonio Candido apontava a "confusão entre formalismo e estética" e garantia que estética "não prescinde do conhecimento da realidade humana, psíquica e social, que anima as obras e recebe do escritor a forma adequada" e concluía que "aferir a obra com a realidade exterior para entendê-la, é correr o risco de uma perigosa simplificação causal" (CANDIDO, 1975, p. 13 e 30).

Na década de 1960, com a finalidade de aprofundar certos pontos da discussão teórica iniciada na *Formação...*, o estudioso brasileiro publicou alguns ensaios, como "O escritor e o público", "Crítica e sociologia" e "Literatura e vida social", que se tornaram paradigmas dos estudos literários nas universidades brasileiras nas décadas seguintes e, juntamente com outros, foram reunidos e publicados na obra *Literatura e sociedade,* em 1965. Em "Crítica e sociologia", Antonio Candido retoma a conhecida oposição entre formalismo e abordagem sociológica do texto literário, indo na mesma direção de Bakhtin:

> De fato, antes procurava-se mostrar que o valor e o significado de uma obra dependiam de ela exprimir ou não certo aspecto da realidade, e que este aspecto constituía o que ela tinha de essencial. Depois, chegou-se à posição oposta, procurando-se mostrar que a matéria de uma obra é secundária, e que a sua importância deriva das operações formais postas em jogo, conferindo-lhe uma peculiaridade que a torna de fato independente de quaisquer condicionamentos, sobretudo social, considerado inoperante como elemento de compreensão.

Capítulo **4** • HISTORICIDADE E HISTORIOGRAFIA LITERÁRIAS

> Hoje sabemos que a integridade da obra não permite adotar nenhuma dessas visões dissociadas; e que só a podemos entender fundindo texto e contexto numa interpretação dialeticamente íntegra, em que tanto o velho ponto de vista que explicava pelos fatores externos, quanto o outro, norteado pela convicção de que a estrutura é virtualmente independente, se combinam como momentos necessários do processo interpretativo.
>
> (CANDIDO, 1980, p. 4.)

Outro aspecto a considerar quanto à semelhança entre os dois intelectuais é a visão que ambos têm das relações entre literatura e cultura. Para Antonio Candido, uma das forças que atuam na formação do sistema literário é a continuidade literária ou a *tradição*, que ele compara à "transmissão da tocha entre corredores". Segundo o estudioso, a transmissão dessa tocha forma "padrões que se impõem ao pensamento ou ao comportamento, [...] aos quais somos obrigados a nos referir, para aceitar ou rejeitar. Sem esta tradição não há literatura, como fenômeno de civilização" (CANDIDO, 1975, p. 24).

A visão de literatura do autor é, portanto, nitidamente culturalista e dinâmica. Culturalista, porque situa a literatura no âmbito das expressões simbólicas — o "mecanismo transmissor" de que fala em sua teoria de literatura como sistema — e a vê como um fenômeno constitutivo da civilização. Dinâmica, porque resulta da confluência de várias forças — culturais, estéticas, sociais, lingüísticas, históricas — e da influência da própria tradição literária, que implica uma concepção não necessariamente linear e cumulativa de tempo.

Bakhtin, igualmente, situa a literatura como parte da cultura:

> A ciência literária deve, acima de tudo, estreitar seu vínculo com a história da cultura. A literatura é uma parte inalienável da cultura, sendo impossível compreendê-la fora do contexto global da cultura numa dada época. Não se pode separar a literatura do resto da cultura e, passando por cima da cultura, relacioná-la diretamente com os fatores socioeconômicos, como é prática corrente.
>
> (BAKHTIN, 1997a, p. 362.)

E, da mesma forma que Antonio Candido, Bakhtin entende que a arte é um fenômeno social cuja fatura (elementos internos) está diretamente relacionada com a situação de produção (elementos externos). Comparemos as posições de ambos:

> A arte, também, é imanentemente social. O meio social extra-artístico, afetando de fora a arte, encontra resposta direta e intrínseca dentro dela. Não se trata de um elemento estranho afetando outro, mas de uma formação

149

> social, o *estético*, tal como o jurídico ou o cognitivo, é *apenas uma variedade do social*. A teoria da arte, conseqüentemente, só pode ser uma *sociologia da arte*. Nenhuma tarefa "imanente" resta neste campo.
>
> (Voloshinov, Bakhtin, 1926/1976, p. 2.)

> Hoje sabemos que a integridade da obra não permite adotar nenhuma dessas visões dissociadas [a formalista e a sociológica]. [...] Sabemos, ainda, que o *externo* (no caso, o social) importa, não como causa, nem como significado, mas como elemento que desempenha um certo papel na constituição da estrutura, tornando-se, portanto, *interno*.
>
> (Candido, 1980, p. 4.)

E ainda:

> A vida, portanto, não afeta um enunciado de fora; ela penetra e exerce influência num enunciado de dentro, enquanto unidade e comunhão da existência que circunda os falantes e unidade e comunhão de julgamentos de valor essencialmente sociais. [...] A enunciação está na fronteira entre a vida e o aspecto verbal do enunciado; ela, por assim dizer, bombeia energia de uma situação da vida para o discurso verbal [...].
>
> (Voloshinov, Bakhtin, 1926/1976, p. 9.)

> Quando isto [a consideração dos aspectos internos e externos simultaneamente] se dá, ocorre o paradoxo assinalado inicialmente: o *externo* se torna *interno* e a crítica deixa de ser sociológica, para ser apenas crítica. O elemento social se torna um dos muitos que interferem na economia do livro, ao lado dos psicológicos, religiosos, lingüísticos e outros.
>
> (Candido, 1980, p. 7.)

Ambos os teóricos, cada um no seu espaço de atuação, puseram em prática seu método de análise em estudos que se tornaram paradigmas dentro da visão dialética da literatura e da cultura. Antonio Candido, por exemplo, em análise do romance *Senhora*, de José de Alencar, vê a obra não apenas como um objeto cultural que denuncia as relações de interesse que regiam os casamentos da sociedade fluminense na metade do século XIX, mas a vê também internamente, isto é, observa de que modo o desmascaramento dessa prática social é *representado* esteticamente na obra, sob a forma da tensão moral que rege o andamento da narrativa.

Da mesma forma, são conhecidos os estudos de Bakhtin sobre a obra de Rabelais, nos quais o autor observa em que medida a luta entre a cultura medie-

Capítulo **4** • HISTORICIDADE E HISTORIOGRAFIA LITERÁRIAS

val oficial e a cultura popular do final da Idade Média (elementos externos) se relaciona com os elementos internos da obra, tais como seleção vocabular, imagens, incorporação do grotesco e do rebaixamento, do riso e das festas populares.

Mas, se, por um lado, há afinidades teóricas e proximidade ideológica entre esses dois intelectuais, por outro, há diferenças que se explicam pelo percurso intelectual de cada um. Antonio Candido desde cedo manifestou interesse pela filologia e pela historiografia literária, esta fruto da primeira. Como sociólogo, nutria forte admiração por Sílvio Romero, a quem considerava mestre e cuja obra tomaria como objeto de exegese crítica, num misto de homenagem e desafio pessoal de superação. Além disso, pretendia chegar, com *Formação da literatura brasileira*, a uma síntese da histórica dicotomia entre a abordagem estética e a abordagem positivista da literatura.

Marisa Lajolo lembra que os anos 1950 foram marcados pelo lançamento de obras importantes no cenário cultural brasileiro e internacional. No Brasil, além de *Formação da literatura brasileira*, de 1959, destacam-se *Historia de la literatura brasileira (prosa de ficção: 1870-1920)* (1950), de Lúcia Miguel Pereira; *Pequena bibliografia crítica da literatura brasileira* (1951), de Otto Maria Carpeaux; *A crítica literária no Brasil* (1952), de Wilson Martins; *História da literatura brasileira (séculos XVI-XX)* (1954), de Soares Amora; *A literatura no Brasil* (1955-1959), de Afrânio Coutinho; *Introdução à literatura brasileira* (1956), de Alceu Amoroso Lima. Todas elas de alguma forma abordam o tema da brasilidade e combinam bem "com um currículo de letras que formata os estudos literários pela tradição da historiografia literária, recortando em nacionalidades os estudos de literatura" (LAJOLO, 2003, p. 52). Esse era, portanto, o contexto cultural e literário no qual se situava a publicação da *Formação...*, de Antonio Candido, que, com essa obra, participava do grande debate em torno da nacionalidade e ao mesmo tempo buscava caminhos novos no campo da historiografia literária.

Bakhtin, por sua vez, nunca se interessou pela historiografia literária, embora reunisse condições para isso, em virtude de sua ampla formação cultural, que abrangia conhecimento de literaturas de diferentes línguas. Desde cedo, seu trabalho se orientou no sentido de desatar certos nós teóricos no campo dos estudos da linguagem e da literatura. Seu horizonte era, portanto, mais largo que o de Antonio Candido, o que não diminui em nada a importância da atuação do intelectual brasileiro.

Antonio Candido vem sendo uma referência obrigatória para a historiografia e a crítica literárias e para os estudos de literatura nas instituições escolares, seja em nível médio, seja em nível superior. Além disso, seus escritos também abarcam estudos de cultura latino-americana em geral, como atesta a publicação da obra organizada por Jorge Ruedas de la Serna (2003). Os escritos de Bakhtin, por sua vez, deram um impulso decisivo tanto para a teoria literária quanto para a análise

151

ENSINO DE LITERATURA

do discurso e vêm influenciando produções recentes de outras áreas do conhecimento, como a psicologia, a psicanálise, a fonoaudiologia e a antropologia, entre outras, além de serem explicitamente mencionados nos documentos oficiais publicados pelo MEC a fim de orientar professores de Língua Portuguesa.

Embora não tenham dialogado diretamente entre si, as obras dos dois autores dialogaram, cada uma a seu modo e em seu tempo, praticamente com os mesmos temas e interlocutores. Aproximá-los é uma tarefa que permite não apenas aprofundar certo ponto de vista sobre literatura — que tem sido chamado de sociologia da cultura —, mas também penetrar numa das mais importantes discussões da crítica e da historiografia literárias ou do ensino de literatura travadas no século XX: a autonomia ou a contigüidade da obra de arte em relação ao contexto sociocultural.

Antonio Candido, ciente da rigidez dos conhecidos métodos da historiografia e da necessidade de ser efetivamente dialético no âmbito da perspectiva dialética, alertava na introdução de *Formação da literatura brasileira*:

> É necessário um pendor, para integrar contradições, inevitáveis quando se atenta, ao mesmo tempo, para o significado histórico do conjunto e o caráter singular dos autores. [...] Por isso, quem quiser ver em profundidade, tem de aceitar o contraditório nos períodos e nos autores, porque, segundo uma frase justa, ele "é o próprio nervo da vida".
>
> (CANDIDO, 1975, p. 31.)

Apesar da consciência, manifestada nesse fragmento, sobre os riscos de uma historiografia rígida, fechada em seus princípios metodológicos e cega para as contradições, o "nervo da vida", Antonio Candido, na defesa de sua tese de literatura como sistema, concebida a partir do tripé escritor-obra-público, considera que a literatura brasileira se iniciou efetivamente a partir do Arcadismo, no século XVIII, quando as condições essenciais desse tripé (grupo de escritores, público leitor e meio de circulação) estavam minimamente consolidadas. E afirma que toda a produção literária anterior ao Arcadismo seria, portanto, constituída por "manifestações literárias" do período colonial, sem importância histórica para a formação de nossa literatura:

> Período importante e do maior interesse, onde se prendem as raízes da nossa vida literária e surgem, sem falar dos cronistas, homens do porte de Antônio Vieira e Gregório de Matos — que poderá, aliás, servir de exemplo do que pretendo dizer. Com efeito, embora tenha permanecido na tradição local da Bahia, ele não existiu literariamente (em perspectiva histórica) até o Romantismo, quando foi descoberto, sobretudo graças a

Capítulo **4** • HISTORICIDADE E HISTORIOGRAFIA LITERÁRIAS

> Varnhagen; e só depois de 1822 e da edição Vale Cabral pôde ser devidamente avaliado. Antes disso, não influiu, não contribuiu para formar o nosso sistema literário [...].
>
> (CANDIDO, 1975, p. 24.)

Esse ponto de vista do historiador e crítico deu origem a muitas polêmicas. A última delas, e provavelmente a mais conhecida, foi a empreendida por Haroldo de Campos (1989), que em *O seqüestro do Barroco na formação da literatura brasileira — O caso Gregório de Matos*, repudia não apenas o ponto de vista de Antonio Candido sobre a importância de Gregório de Matos para a formação de nossa literatura, mas também seu conceito de historicidade. "Como pode inexistir em 'perspectiva histórica' um autor que é fonte dessa mesma história?", questiona Haroldo de Campos (p. 43). Para o poeta concretista, o modelo sistêmico de Antonio Candido é redutor e ainda está preso a uma concepção "evolutivo-linear-integrativa" de história, que opta por segregar tudo o que difere do modelo triádico integrativo escritor-obra-público.

Teria Antonio Candido cometido os "exageros do velho método histórico, que reduziu a literatura a episódio de uma investigação sobre a sociedade" (CANDIDO, 1975, p. 30), rejeitados por ele próprio na introdução de sua *Formação...*?

Marisa Lajolo (2003) observa que em *Introdução à literatura brasileira (resumo para principiantes)*, a publicação mais recente de Antonio Candido, de 1997, o autor retoma a questão e desenvolve-a com mais detalhes. Depois de organizar esquematicamente a evolução histórica de nossa literatura em três etapas ou eras — a era das *manifestações literárias*, do século XVI ao meio do século XVIII; a era de *configuração do sistema literário*, do meio do século XVIII à segunda metade do século XIX; e a era do *sistema literário consolidado*, da segunda metade do século XIX aos nossos dias —, Antonio Candido formula teoricamente o conceito de sistema literário:

> Entendo aqui por **sistema** a articulação dos elementos que constituem a atividade literária regular: **autores** formando um conjunto virtual, e veículos que permitem o seu relacionamento, definindo uma "vida literária"; **públicos**, *restritos ou amplos, capazes de ler ou ouvir as obras, permitindo com isso que elas circulem e atuem*; **tradição**, que é o reconhecimento de obras e autores precedentes, funcionando como exemplo ou justificativa daquilo que se quer fazer, mesmo que seja para rejeitar.
>
> (CANDIDO, 1998, p. 13.)

Contra a tese de Antonio Candido de que o sistema literário no Brasil só se configurou a partir do século XVIII e de que Gregório de Matos não teria existido

153

literariamente "em perspectiva histórica", Haroldo de Campos apresenta como argumento principal a existência de uma *tradição oral* no Brasil colonial, a que se deveria a transmissão dos textos de Gregório, apócrifos ou não, até a sua publicação em livro, no século XIX.

No texto reproduzido acima, escrito quatro décadas depois da publicação de *Formação...*, Antonio Candido explicita sua concepção de público, que seria formado não apenas pela elite letrada, mas também por aqueles que são capazes de "ouvir as obras"; além disso, destaca a importância da tradição literária como uma das forças constitutivas do sistema literário, atuando sobre o escritor, a obra e o público. Embora o autor se curve à necessidade de esclarecer melhor seu ponto de vista, continua firme em sua posição de considerar que Gregório de Matos e Pe. Antônio Vieira são "manifestações literárias" de uma literatura em formação. Assim se refere Antonio Candido a essa produção:

> Isolados, separados por centenas e milhares de quilômetros uns dos outros, esses escritores dispersos pelos raros núcleos de povoamento podem ser comparados a vaga-lumes numa noite densa. [...] No conjunto, eram *manifestações literárias* que ainda não correspondiam a uma etapa plenamente configurada da literatura, pois os pontos de referência eram externos, estavam na Metrópole, onde os homens de letras faziam os seus estudos superiores e de onde recebiam prontos os instrumentos de trabalho mental.
>
> (CANDIDO, 1998, p. 18.)

Nessa polêmica, independentemente de apoiarmos esta ou aquela posição, o certo é que, com algumas diferenças, os dois críticos reconhecem as qualidades da poesia de Gregório de Matos. O que se coloca, na verdade, como centro do debate são os conceitos de historicidade e de historiografia literária implícitos em cada uma das posições, trazendo novamente à cena a antiga discussão iniciada quase um século antes por Sílvio Romero e José Veríssimo.

Haroldo de Campos, ao escrever o texto por meio do qual polemiza com Antonio Candido, já tinha tido contato com textos importantes para reflexões em torno da historiografia, como os dos alemães Walter Benjamin[4] e Hans Robert Jauss, citados nominalmente por ele. Apoiado em Jauss, um dos criadores da chamada "estética da recepção", Haroldo de Campos defende uma *história constelar*, que não seja o mero relato das inclusões feitas pelo cânone, mas a discussão crítica dos processos de inclusão e de exclusão. Desse modo, o dessemelhante

---

[4] De Benjamin é citado o texto "Sobre o conceito de história", que integra o volume 1 de *Obras escolhidas* (São Paulo: Brasiliense, 1985). De Jauss são citados os textos "Geschinchte der Kunst und Histoire" e "Literaturargeschichte als Provokation der Literaturwissenschaft".

Capítulo **4** • HISTORICIDADE E HISTORIOGRAFIA LITERÁRIAS

deixaria de ser excluído para integrar uma história das descontinuidades da literatura em relação à história da sociedade. A essa história das descontinuidades assim se refere o poeta concretista:

> Uma história onde relevem os momentos de ruptura e transgressão e que entenda a tradição não de um modo "essencialista" ("a formação da continuidade literária — espécie de transmissão da tocha entre corredores, que assegura no tempo o movimento conjunto, definindo os lineamentos de um todo", como ela é concebida na Formação, I, 24), mas como uma "dialética da pergunta e da resposta", um constante e renovado questionar da diacronia pela sincronia.
>
> (CAMPOS, 1989, p. 63.)

O trabalho de Jauss começou a se configurar como uma nova teoria da literatura a partir da década de 1970, no auge do estruturalismo. Naquele momento, na Alemanha, também se digladiavam as duas correntes conhecidas do cenário cultural brasileiro: de um lado, a crítica marxista e, de outro, a crítica formalista em sua fase estruturalista.

O objetivo de Jauss ao publicar *A história da literatura como provocação à teoria literária*, segundo depoimento dele próprio no texto "Os horizontes do ler"[5], de 1987, era resgatar a compreensão histórica, numa época em que "o estruturalismo havia desacreditado o conhecimento histórico e começava a expulsar o sujeito dos sistemas de explicação do mundo" (JAUSS, 1994, p. 73). Guardadas as diferenças de contexto e de enfoque, pode-se afirmar, *grosso modo*, que Jauss também pretendia unir a experiência estética à dimensão histórica, ou o formalismo e o marxismo, como pretendera fazer Antonio Candido com sua *Formação*, duas décadas antes. Esclarece Jauss:

> *A história da literatura como provocação à teoria literária* acolheu criticamente ambos os pontos de vista, tentando vencer o abismo entre a contemplação histórica (cega para a forma) e a contemplação estética (cega para a história) da literatura.
>
> (JAUSS, 1994, p. 73-4.)

Contudo, em vez de ressaltar os conhecidos elementos da abordagem histórica — ideologia, relações entre a obra literária e a estrutura socioeconômica, por exemplo —, Jauss lançava luz sobre um aspecto pouco

---

[5] Texto publicado originalmente em agosto de 1987, no jornal alemão *Frankfurt Allgemeine*, no qual Jauss fala sobre sua obra *A história da literatura como provocação à teoria literária*.

155

trabalhado pela crítica e pela historiografia: o leitor. Para ele, não só o formalismo mas também o marxismo sempre ignoraram "o leitor em seu papel genuíno, imprescindível", "tanto para o conhecimento estético quanto para o histórico: o papel do destinatário a que, primordialmente, a obra literária visa" (JAUSS, 1994, p. 23).

Ao olhar para a recepção ou para as recepções da obra de arte — uma vez que uma mesma obra pode ter diferentes formas de recepção, dependendo da época e do público considerado —, Jauss acabou por inaugurar uma nova perspectiva crítica e historiográfica. Partindo do princípio de que a historiografia literária sempre se ocupara da *história da representação*, o estudioso entendeu que chegara a vez de pensar a *história da recepção*, uma história que rompesse com a descrição objetiva de uma seqüência de acontecimentos de um passado morto e fosse capaz de resgatar a dimensão histórica *viva* da obra de arte, originada no processo dinâmico das novas interações que se sucedem historicamente e da re-significação em sua historicidade própria.

Sobre esse processso, comenta Jauss:

> A história da literatura é um processo de recepção e produção estética que se realiza na atualização dos textos literários por parte do leitor, que os recebe, do escritor, que se faz novamente produtor, e do crítico, que sobre eles reflete. A soma — crescente a perder de vista — de "fatos" literários conforme os registram as histórias da literatura convencionais é mero resíduo desse processo, nada mais que passado coletado e classificado, por isso mesmo não constituindo história alguma, mas pseudo-história.
> [...]
> Ele [o literário] só logra seguir produzindo seu efeito na medida em que sua recepção se estenda pelas gerações futuras ou seja por elas retomada — na medida, pois, em que haja leitores que novamente se apropriem da obra passada, ou autores que desejem imitá-la, sobrepujá-la ou refutá-la.
>
> (JAUSS, 1994, p. 25-6.)

Não é sem motivo que Haroldo de Campos se apoiou nas idéias de Jauss para combater a noção sistêmica de literatura defendida por Antonio Candido. No trecho a seguir, Jauss discute as relações entre escritor, obra e público, como se dialogasse com o próprio Candido:

> A relação entre literatura e público não se resolve no fato de cada obra possuir seu público específico, histórica e sociologicamente definível; de cada escritor depender do meio, das concepções e da ideologia de seu público; ou no fato de o sucesso literário pressupor um livro "que exprima

Capítulo **4** • HISTORICIDADE E HISTORIOGRAFIA LITERÁRIAS

> aquilo que o grupo esperava, um livro que revela ao grupo sua própria imagem"[6]. A sociologia da literatura não está contemplando seu objeto de forma suficientemente dialética ao definir com tamanha estreiteza de visão o círculo formado por escritor, obra e público. Tal definição pode ser invertida: há obras que, no momento de sua publicação, não podem ser relacionadas a nenhum público específico, mas rompem tão completamente o horizonte conhecido de expectativas literárias que seu público somente começa a formar-se aos poucos.
>
> (JAUSS, 1994, p. 32-3.)

Quando Antonio Candido escreveu *Formação da literatura brasileira*, seu objetivo não era, como lembra Lajolo (2003), fazer uma história completa da literatura brasileira, mas tão-somente enfocar os momentos decisivos de sua formação, como o próprio título da obra sugere. Por essa razão, ele despreza tanto a produção anterior ao século XVIII quanto a posterior ao Romantismo, pelo fato de entender que essas produções não participaram dos momentos decisivos da formação de nossa literatura. Assim, considerar que Gregório de Matos não tenha existido literariamente pela "perspectiva histórica" equivale a considerar que, na visão de Antonio Candido, o poeta baiano não exerceu influência sobre as gerações seguintes, não fundou uma tradição literária. O crítico pode até ter se enganado nesse caso em particular, pode ter menosprezado a força da tradição oral na cultura baiana colonial; contudo, sua perspectiva histórica admite a possibilidade de uma obra literária exercer influência sobre outra(s) década(s) ou séculos depois.

Parece que, pelo fato de estar mais preocupado em definir as condições em que se formou o sistema literário nacional, isto é, as relações dialéticas entre escritor, obra e público no momento de produção, Antonio Candido foi levado a deixar em segundo plano as considerações em torno da tradição literária e das relações dialógicas entre autores e obras de épocas diferentes. Contudo, se considerarmos seu ensaio sobre *Memórias de um sargento de milícias*, veremos que o crítico, ao abordar a presença do *pícaro* na tradição literária ocidental, aproximando e contrastando a obra de Manoel Antônio de Almeida tanto com a novela picaresca espanhola renascentista quanto com a rapsódia *Macunaíma*, de Mário de Andrade, não mostra uma visão fechada de literatura, circunscrita ao seu contexto de produção.

Alfredo Bosi, sem mencionar explicitamente a polêmica de Haroldo de Campos com Antonio Candido, indiretamente defende o segundo, ao lembrar que a

---

[6] Jauss cita as palavras de Escarpit, autor de *Das Buch und der Leser — Entwurf einer Literatursoziologie* (primeira edição alemã ampliada de *Sociologie de la littérature*), para combatê-las em nota de rodapé.

157

perspectiva cultural de Antonio Candido e Otto Maria Carpeaux implica uma noção não seqüencial e não cumulativa de tempo. Diz ele:

> Quem diz cultura diz processo temporal em toda a extensão e compreensão do termo "tempo". A cultura, diferentemente da infra-estrutura material, pode, sempre que estimulada, entreter relações vivas e estreitas com o *passado*, mesmo o mais remoto, graças ao dinamismo da memória, e com o *futuro*, que já existe no desejo e na imaginação.
>
> São relações às vezes dramáticas de atração e repulsão entre o presente e o passado, entre o presente e o futuro, que marcam o ritmo afetivo e intelectual dos produtores de símbolos. [...]
>
> (BOSI, 2000, p. 30.)

De qualquer modo, para os interesses desta obra, que não pretende discutir nem historiar os rumos da historiografia e da crítica no final do século XX, mas tão-somente buscar caminhos novos para o ensino de literatura, a polêmica Haroldo de Campos—Antonio Candido, somada às idéias de Jauss, pode dar contribuições significativas para a nossa reflexão. E, nesse particular, convém aproximar mais uma vez Bakhtin da discussão, agora confrontando algumas de suas idéias com as teses de Jauss.

Embora Jauss não mencione Bakhtin em seus textos de base, faz uso da palavra *dialogismo*, de extração bakhtiniana, e do conceito que a palavra encerra. Além disso, o conceito de *recepção ativa*, usado para tratar das relações entre a obra e sua recepção, também se aproxima do conceito bakhtiniano de *compreensão ativa*. A concepção de *recepção* adotada por Bakhtin, que pressupõe a recriação e a co-criação da obra de arte por parte dos contempladores, pode ser considerada precursora da estética da recepção. Vejamos, por exemplo, o que ele pensava sobre o assunto em um de seus primeiros textos, de 1926:

> O que caracteriza a comunicação estética é o fato de que ela é totalmente absorvida na criação de uma obra de arte, e nas suas contínuas re-criações por meio da co-criação dos contempladores, e não requer nenhum outro tipo de objetivação. Mas, desnecessário dizer, esta forma única de comunicação não existe *isoladamente*; ela participa do fluxo unitário da vida social, ela reflete a base econômica comum, e ela se envolve em interação e troca com outras formas de comunicação.
>
> (VOLOSHINOV, BAKHTIN, 1926/1976, p. 4.)

Além desses aspectos comuns entre as idéias de Bakhtin e Jauss, há outros, relacionados com a noção de tempo na historiografia literária. Toda a pesquisa de

Bakhtin na construção de alguns dos conceitos-chave de sua teoria, como dialogismo, carnavalização, romance polifônico, entre outros, leva em conta a força da tradição cultural, oral e escrita, sobre os produtos culturais. De acordo com o seu ponto de vista de historicidade, determinados temas ou concepções podem ressurgir em épocas futuras, mediante as necessidades socioculturais daquele momento; do mesmo modo, certas formas e gêneros da literatura podem modificar-se, ganhar elementos novos, que atendam às necessidades de expressão de um novo momento histórico, bem como podem se transformar em formas e gêneros completamente diferentes dos originais.

A visão de historicidade de Bakhtin não é seqüencial, linear e cumulativa. Esse ponto de vista, além de estar na base de toda a produção teórica do estudioso, foi explicitado num de seus últimos textos, "Os estudos literários hoje", publicado em 1970 — contemporâneo, portanto, das idéias de Jauss. Afirma Bakhtin:

> Não é muito desejável estudar a literatura independentemente da totalidade cultural de uma época, mas é ainda mais perigoso encerrar a literatura apenas na época em que foi criada, no que se poderia chamar sua contemporaneidade. Temos tendência em explicar um escritor e sua obra a partir da sua contemporaneidade e de seu passado imediato (em geral nos limites da época tal como a entendemos). Receamos aventurar-nos no tempo, afastar-nos do fenômeno estudado. Ora, uma obra deita raízes no passado remoto. As grandes obras da literatura levam séculos para nascer, e, no momento em que aparecem, colhemos apenas o fruto maduro, ouriundo do processo de uma lenta e complexa gestação. [...]
>
> (BAKHTIN, 1997a, p. 364.)

Jauss tem um ponto de vista semelhante a esse:

> [...] a tradição da arte pressupõe uma relação dialógica do presente com o passado, relação esta em decorrência da qual a obra do passado somente nos pode responder e "dizer alguma coisa" se aquele que hoje a contempla houver colocado a pergunta que a traz de volta de seu isolamento.
>
> (JAUSS, 1994, p. 40.)

Ele entende que, em momentos de ruptura, determinadas obras, não aceitas quando de sua divulgação imediata, podem aos poucos criar um público próprio e, assim, alterar o modo de ver o cânone literário. Afirma o autor:

> O novo, portanto, não é apenas uma categoria *estética*. [...] O novo torna-se também categoria *histórica* quando se conduz a análise diacrônica

da literatura até a questão de quais são, efetivamente, os momentos históricos que fazem do novo em uma obra literária o novo.

(JAUSS, 1994, p. 45.)

A visão de Bakhtin quanto à inserção de uma obra naquilo que ele chama de "grande temporalidade" é muito próxima da de Jauss. Diz o teórico russo:

> As obras rompem as fronteiras de seu tempo, vivem nos séculos, ou seja, na *grande temporalidade* e, assim, não é raro que essa vida (o que sempre sucede com uma grande obra) seja mais intensa e mais plena do que nos tempos de sua contemporaneidade. [...] Ora, muitas vezes a obra aumenta em importância mais tarde, ou seja, insere-se na *grande temporalidade*. Uma obra não pode viver nos séculos futuros se não se nutriu dos séculos passados. Se ela nascesse por *inteiro* hoje (em sua contemporaneidade), se não mergulhasse no passado e não fosse consubstancialmente ligada a ele, não poderia viver no futuro. Tudo quanto pertence somente ao presente morre junto com ele.

(BAKHTIN, 1997a, p. 364.)

Como síntese da aproximação que fizemos entre algumas concepções de Antonio Candido, Bakhtin e Jauss a respeito de texto e contexto, historiografia literária e historicidade, diacronia e sincronia na literatura, podemos afirmar que os três autores apresentam em comum as seguintes posturas, norteadoras da proposta que apresentaremos no próximo capítulo:

1ª) Buscam a síntese entre as preocupações estéticas da crítica formalista e as relações entre literatura e história de abordagem marxista.

2ª) Reconhecem a existência de uma relação dialética entre o contexto histórico-social (os elementos externos) e os elementos internos da obra de arte.

3ª) Apresentam uma concepção culturalista do fenômeno literário, o que implica reconhecer a existência de relações dialógicas entre a literatura e outras artes ou outras áreas do conhecimento.

4ª) Apresentam (inclusive Antonio Candido, a nosso ver) uma visão não linear de historicidade, que reconhece o diálogo de uma obra literária com obras do passado e do futuro.

Conclusão

Neste capítulo, procuramos aprofundar a discussão em torno da historiografia literária, tomada como uma das causas possíveis do "engessamento" das práticas de ensino de literatura. Vimos, primeiramente, que a historiografia nasceu comprometida com o espírito de nacionalidade que marcou a cultura brasileira no século XIX; vimos também que a historiografia, sem muitas mediações, foi transposta para o universo escolar do Colégio Pedro II, tomando o lugar antes ocupado pela retórica e pela poética. Procuramos ainda mapear os desdobramentos da crítica e da historiografia literárias, passando pela historiografia de base naturalista e pelas divergências de enfoque e de método entre José Veríssimo e Sílvio Romero e seus discípulos.

Vimos que a historiografia literária ensinada nas escolas é uma transposição didática da historiografia acadêmica e que, influenciada pelos manuais didáticos de literatura, ela tende à simplificação, enfatizando a memorização. Observamos também que as divergências acadêmicas no âmbito da crítica e da historiografia tiveram pouco ou nenhum impacto nas práticas pedagógicas dos professores.

Por fim, chegamos à conclusão de que a historiografia literária, em si, não é a causa principal das práticas cristalizadas de ensino da disciplina. Ao contrário, ela pode ser uma das ferramentas para abordar o texto literário, além de ser útil para organizar os objetos de ensino da disciplina. Contudo, há necessidade de repensar o peso dado à historiografia literária na escola, bem como qual historiografia tomar como referência e que tipo de uso fazer dela.

A nosso ver, uma metodologia conseqüente de ensino de literatura deve estar comprometida com a formação de leitores de textos literários. Nesse sentido, o texto literário deve ser não só o objeto central das aulas, mas também abordado com base em pelo menos duas dimensões: as de suas relações com as situações de produção e de recepção — nas quais se incluem elementos do contexto social, do movimento literário, do público, da ideologia, etc., conforme a visão de Antonio Candido — e as de suas relações dialógicas com outros textos, verbais e não verbais, literários e não literários, da mesma época ou de outras épocas, conforme o conceito de dialogismo de Mikhail Bakhtin.

Desse modo, acreditamos, será possível preservar a historicidade do texto literário sem perder sua especificidade estética; será possível ter a noção de conjunto sem perder a particularidade e o avanço representado por uma obra ou um escritor; será possível pensar o nacional sem deixar de notar suas relações com o universal. Tentaremos reunir esses vários elementos numa proposta de ensino, que apresentaremos no próximo capítulo.

Capítulo 5

O DIALOGISMO COMO PROCEDIMENTO NO ENSINO DE LITERATURA

Tudo quanto pertence somente ao presente morre junto com ele.
(Mikhail Bakhtin)

Sempre que se discute o ensino em geral, surgem algumas questões essenciais, que nos obrigam a adotar um posicionamento e a fazer algumas escolhas. Uma delas é quanto ao modelo de ensino a ser adotado: se transmissivo, se construtivista, se sociointeracionista. No ensino de literatura, além dessa escolha, há outras que se impõem, como, por exemplo, quanto ao recorte de autores a serem estudados e ao ponto de partida do trabalho, isto é, por quais autores ou estilos de época começar.

Pensamos que quase todas as opções metodológicas de ensino de literatura apresentam vantagens e desvantagens e que o mais conveniente é avaliar qual dessas possibilidades é mais pertinente a cada escola e ao seu projeto pedagógico, levando-se em conta, evidentemente, o corpo de professores e de alunos, as propostas oficiais de ensino, etc.

Uma hipótese de trabalho, já apresentada por diversos pesquisadores e até mesmo posta em prática em algumas escolas, é organizar o curso em grandes *unidades temáticas* e, a partir de cada uma delas, abrir um amplo leque de leituras, confrontando autores e gêneros que, de alguma forma, contribuíram para referendar a importância do tema em foco. A dificuldade desse tipo de proposta reside na falta de domínio, por parte do aluno, de um conhecimento mais amplo a respeito do autor, do movimento literário e da época em que o texto foi produzido, o que pode comprometer o grau de profundidade da abordagem do texto. Vamos dar um exemplo concreto dessa dificuldade. Se o professor deseja, por exemplo, abordar o tema *amor* nas várias épocas da literatura brasileira, poderá incluir textos em verso e/ou em prosa de todos os movimentos literários e trabalhá-los em oposição um ao outro, flagrando diferenças e semelhanças entre eles.

Evidentemente, o trabalho não poderia se limitar a uma mera constatação do que muda de uma época para outra, sob risco de o curso se tornar superficial e enfadonho. Espera-se que as diferenças observadas entre um texto e outro sejam equacionadas e discutidas com base nas relações entre os textos e seus contextos, isto é, com base na observação do quanto as diferentes concepções de amor e as diferentes formas de abordar o tema do ponto de vista da expressão verbal se relacionam com o momento histórico e com transformações sociais mais gerais. Nesse caso, somente para lidar com o tema *amor,* seria necessário fazer uma síntese de quase toda a literatura, dos estilos de época e de seus contextos. No tratamento de outros temas, esse procedimento se daria novamente, como constituindo uma das várias demãos de uma pintura, cada demão correspondendo a um grande tema da literatura.

Outra hipótese de trabalho, também já sugerida por alguns pesquisadores, é a organização do curso em torno dos gêneros literários. Nesse caso, teríamos uma perspectiva evolutiva de gêneros da literatura, como o romance, a novela, a epopéia, a crônica, a fábula, a tragédia, o drama, etc., cuja origem, evolução e eventual extinção deveriam ser relacionadas com o contexto social e cultural de cada um. Essa proposta parece ser menos fragmentada do que a anterior, mas também comporta algumas dificuldades. Considerando-se que a literatura seria abordada por meio de textos de diferentes épocas representativos de um mesmo gênero, surgiriam, evidentemente, dificuldades — conhecidas do modelo de ensino atual — como distanciamento histórico, linguagem pouco acessível e temas pouco interessantes para o jovem de hoje. Como o modelo de ensino de literatura atual, essa proposta seria fundamentada pela perspectiva historiográfica, pois se estudaria, por exemplo, a evolução do romance romântico para o romance realista-naturalista, o romance pré-modernista, o romance modernista, e assim por diante. Nessa hipótese de trabalho, também seria preciso criar seqüências didáticas, de modo a adequar os gêneros e suas especificidades à realidade da sala de aula: a idade e o perfil do aluno, o tempo escolar, o interesse maior ou menor por determinados gêneros, etc.

Há, ainda, muitas outras hipóteses de trabalho, duas das quais, pelo menos, tomam a diacronia como referência. Desde que a diacronia não sofra um "engessamento", isto é, não se transforme num fim em si, elas são válidas. Nesse caso, a seqüência histórica seria o ponto de partida para o estabelecimento de relações e cruzamentos com outros períodos da literatura e da cultura. Essa abordagem pode se dar por dois caminhos: de trás para a frente ou da frente para trás.

Os dois caminhos apresentam vantagens e desvantagens. No primeiro, correspondente à forma convencional de estudar literatura, que parte das origens para chegar à contemporaneidade, há o problema de ter de lidar com textos bastante antigos, de sintaxe e léxico arcaicos e, por isso mesmo, distanciados da realidade do jovem de 15 anos que ingressa no ensino médio. Por outro lado, há a vantagem de que ela permite acompanhar naturalmente os movimentos de ruptura e retomada que se sucedem uns aos outros e formam a tradição literária.

O outro caminho, correspondente à forma que parte da contemporaneidade para chegar às origens, tem a vantagem de se iniciar com textos cuja linguagem é familiar ao aluno. Nesse caso, o aluno de 15 anos começaria a estudar literatura por textos de autores contemporâneos, com linguagem e temas atuais; os textos mais distantes no tempo, como os do Trovadorismo ou de Camões, seriam estudados na 3ª série do ensino médio, quando o aluno está mais preparado e amadurecido intelectualmente. Entretanto, já na 1ª série, ao se estabelecerem relações e confrontos diacrônicos com o texto contemporâneo, o aluno inevitavelmente teria de lidar com textos da tradição literária, que certamente apresentariam graus variados de dificuldade quanto à linguagem. Além disso, é preciso lembrar que, se a literatura contemporânea tem normalmente linguagem mais acessível (ao menos quanto à sintaxe e ao léxico), o mesmo não costuma ocorrer quanto a tema, ideologia ou técnicas narrativas. Nela são freqüentes, por exemplo, procedimentos como metalinguagem ou fluxo de consciência, que geralmente causam grande estranhamento nos jovens com pequeno repertório de leitura.

Neste capítulo, apresentaremos uma proposta de ensino de literatura no ensino médio, que julgamos ser uma entre outras possíveis. Essa proposta leva em conta os problemas em torno da historiografia literária acadêmica e da historiografia literária escolar apontados nos capítulos anteriores e busca uma saída que visa conciliar os impasses entre sincronia e diacronia. A historiografia literária não é descartada, mas aceita como possibilidade de trabalho, com a condição de que não seja uma camisa-de-força que impeça o estabelecimento de movimentos cruzados de leitura, isto é, que aproximem textos e autores de diferentes épocas, com vistas à observação do tratamento dado a certo tema, gênero, tradição, uso da linguagem, etc.

A abordagem historiográfica pode ser, aliás, o caminho mais curto para dar início a mudanças no ensino. Primeiramente porque, conforme dissemos no capítulo anterior, ela, em si, não é problema; ao contrário, pode ser uma ferramenta útil para a construção de uma visão diacrônica da literatura. Em segundo lugar, porque essa hipótese de trabalho, entre todas, é a que mais tem condição de receber a adesão dos professores atualmente, uma vez que não despreza a formação desses profissionais nem suas experiências com a abordagem histórica da literatura; ao contrário, aproveita-as e redireciona-as, pondo-as a serviço de outros objetivos de ensino, entre os quais se destaca a formação de leitores de textos literários.

Sincronia e diacronia: uma abordagem possível?

Em entrevista a Maria Thereza Fraga Rocco, na década de 1970, o professor e poeta concretista Haroldo de Campos, ao discutir o ensino de literatura, já defendia a necessidade de se criar uma nova "antologia da literatura brasileira sob o ponto de vista sincrônico e testar o *corpus* assim obtido no ensino de vários graus" (Rocco, 1992, p. 149). O poeta via, então, a literatura como um espaço de simultaneidades capaz de aproximar, por exemplo, Fernando Pessoa e Camões ou Álvares de Azevedo e Drummond e, assim, nos fazer ver o passado naquilo que ele tem de novo.

Contudo, como realizar essas aproximações sem perder a historicidade do texto literário, como propõem Antonio Candido e Mikhail Bakhtin? Jauss parece ter uma resposta para essa questão quando diz que "a historicidade da literatura revela-se justamente nos pontos de intersecção entre diacronia e sincronia" (Jauss, 1994, p. 48). Ora, partindo desse pressuposto, seria viável uma história da literatura que fosse aberta tanto para os elementos externos do texto — contexto histórico-social e cultural, relações com outras artes e linguagens, grupo de escritores, estilo de época, público leitor, etc. (a sincronia) — quanto para as relações dialógicas presentes na "grande temporalidade" (diacronia não linear)? Que critérios adotar para proceder às escolhas do que trazer à luz? Quais seriam os pontos de intersecção a serem observados?

Jauss novamente responde:

> Considerando-se que cada sistema sincrônico tem de conter seu passado e seu futuro, na condição de elementos estruturais inseparáveis, o corte sincrônico que passa pela produção literária de determinado momento histórico implica necessariamente outros cortes no antes e no depois da diacronia.
>
> [...]
>
> Em princípio, tal apresentação da literatura na sucessão histórica de seus sistemas seria possível a partir de uma série qualquer de pontos de interseção. Contudo, ela somente cumprirá a verdadeira tarefa de toda historiografia se encontrar e trouxer à luz pontos de interseção que articulem historicamente o caráter processual da "evolução literária", em suas cesuras entre uma época e outra — pontos estes, aliás, cuja escolha não é decidida nem pela estatística nem pela vontade subjetiva do historiador da literatura, mas pela história do efeito: por "aquilo que re-sultou do acontecimento".
>
> (Jauss, 1994, p. 48-9.)

Se quiséssemos pensar a literatura brasileira tomando como referência os "pontos de interseção", na expressão de Jauss, ou os elementos do passado que continuam vivos e significativos no presente, que momentos teriam representado um avanço, um salto, uma mudança de paradigma na história de nossa literatura e de nossa cultura?

Novamente aqui se situa mais de uma possibilidade de trabalho. É possível buscar pontos de intersecção *temáticos*: a nacionalidade, a natureza, o amor, a mulher, o negro, a criança, o sertão, a seca, a violência, a cidade, o campo, a alteridade, o fazer poético, a efemeridade do tempo, entre outros. Ou pontos de intersecção por *gêneros*: o conto segundo Edgar Allan Poe, Machado de Assis, Dalton Trevisan; ou o romance segundo Alencar, Machado de Assis, Guimarães Rosa. Ou pontos de intersecção pela *tradição* ou pelo *projeto estético*: por exemplo, o confronto entre a poesia de Álvares de Azevedo, Manuel Bandeira e Carlos Drummond de Andrade, a fim de observar semelhanças e diferenças quanto à abordagem do cotidiano; ou entre a prosa de Machado de Assis e a poesia de Carlos Drummond de Andrade, para observar o modo como lidam com a ironia como princípio de construção; ou entre a ficção de Franklin Távora, José de Alencar, Rachel de Queiroz, Graciliano Ramos e Guimarães Rosa, para explorar as diferentes concepções de regionalismo e de linguagem regional; ou a tradição gótica na obra de Álvares de Azevedo, Byron, Baudelaire, Cruz e Sousa e Augusto dos Anjos; ou as semelhanças nas concepções estéticas de escritores como Cruz e Sousa, Baudelaire, Mallarmé e Augusto e Haroldo de Campos; e assim por diante.

A título de exemplificação, gostaríamos de apresentar uma hipótese de trabalho, perseguindo um dos possíveis pontos de intersecção temáticos de nossa história literária, a *nacionalidade*. Como vimos no capítulo anterior, esse tema interessou a grande parte de nossos escritores literários, historiadores e críticos.

A porta de entrada para o trabalho pode ser tanto o tema quanto o movimento literário. Se o tema for tomado *a priori* como critério, o professor poderá selecionar textos de um mesmo período ou de períodos diferentes da literatura e promover um estudo comparativo entre eles, observando diferenças de enfoque e semelhanças quanto à situação de produção. Mas é possível também buscar caminhos apontados pelo próprio texto em suas relações dialógicas com outros textos. Tomemos a segunda hipótese para nossa demonstração.

Na definição dos objetos de trabalho — os textos —, um deles pode ser tomado como ponto de partida para o estabelecimento de movimentos de leitura diacrônicos (para trás e para frente na linha do tempo) e sincrônicos (que aproximem autores de diferentes épocas mas com projetos estéticos semelhantes); ou, ainda, um texto que permita cruzamentos com textos contemporâneos a ele. Em todos esses casos, é claro, seria necessário levar em conta a situação de produção de cada um dos textos abordados.

Para a demonstração dessa hipótese de trabalho, tomamos o poema "as meninas da gare", de Oswald de Andrade, e um fragmento da *Carta*, de Pero Vaz de Caminha. Esses textos propiciam, tanto o trabalho pela abordagem temática da literatura quanto pela abordagem historiográfica, em que se consideraria o contexto do Quinhentismo ou o contexto do Modernismo.

Primeiramente, vamos considerar do ponto de vista teórico o tipo de trabalho que poderia ser feito. Depois, vamos transformar esse estudo em atividade didatizada, isto é, em um material didático em que possam ser visualizados os passos do trabalho, as habilidades envolvidas e uma proposta de avaliação.

Deglutições e dialogismo na literatura brasileira

Eis o poema de Oswald de Andrade, que tomaremos como ponto de partida:

as meninas da gare

Eram três ou quatro moças bem moças e bem gentis
Com cabelos mui pretos pelas espáduas
E suas vergonhas tão altas e tão saradinhas
Que de nós as muito bem olharmos
Não tínhamos nenhuma vergonha

> (Oswald de Andrade. *Poesias reunidas*. Rio de Janeiro:
> Civilização Brasileira, 1978. p. 80.)

Integrando a obra *Pau-Brasil*, publicada em 1924, o poema de Oswald é construído a partir da apropriação de fragmentos da *Carta* de Caminha, texto fundador da brasilidade, escrito quatro séculos antes do de Oswald. Comparemos os dois textos:

> Ali andavam, entre eles, três ou quatro moças, bem moças e bem gentis, com cabelos muito pretos, caídos pelas espáduas abaixo; e suas vergonhas tão altas e tão cerradinhas[1] e tão limpas das cabeleiras que, de as olharmos muito bem, não tínhamos nenhuma vergonha.
>
> (Pero Vaz de Caminha. *Carta*, fragmento. In: Carlos Voght e J. G. Lemos. *Cronistas e viajantes*. São Paulo: Abril Educação, 1982. p. 15.)

---

[1] Carlos Voght e J. G. Lemos preferiram empregar a forma portuguesa moderna *cerradinhas*, em vez do arcaísmo *saradinhas*, forma originalmente empregada na *Carta* e aproveitada por Oswald.

Na *Carta* de Caminha, o sujeito discursivo assume o ponto de vista do conquistador europeu e católico do final do século XV. Surpreende-se com a nudez despojada das índias e com suas características físicas peculiares, mas seu espanto recai principalmente sobre a naturalidade deles, portugueses, diante da nudez. Em vez de elas sentirem vergonha, como seria natural pela ótica moral do conquistador, afirma Caminha: "não tínhamos nenhuma vergonha". É como se nesse primeiro *round* do embate de culturas, o índio tivesse levado a melhor e conseguido impor seus valores ao conquistador, anunciando prematuramente o que Oswald de Andrade escreveria quatro séculos depois em "erro de português":

erro de português

Quando o português chegou
Debaixo duma bruta chuva
Vestiu o índio
Que pena!
Fosse uma manhã de sol
O índio tinha despido
O português
(Oswald de Andrade. *Poesias reunidas*, cit., p. 80.)

A tensão entre primitivo[2] e civilizado, entre cristão e pagão, entre nacional e estrangeiro, tudo está embrionariamente contido nesse fragmento da *Carta*, que, metonimicamente, resume direções da literatura e da cultura nacionais.

Com pequenas alterações, o poema de Oswald de Andrade é quase transcrição direta do trecho da *Carta*, disposto em versos. A novidade reside no título, "as meninas da gare". A presença desse elemento da modernidade, a *gare* (estação de trem), é suficiente para denunciar o deslocamento espaço-temporal do texto e, a partir desse deslocamento, dar idéia da sua situação de produção.

Podem ser lembradas aqui as palavras de Voloshinov e Bakhtin a respeito do discurso na vida e na arte. Dizem eles:

> [...] a situação extraverbal está longe de ser meramente a causa externa de um enunciado — ela não age sobre o enunciado de fora, como se fosse uma força mecânica. Melhor dizendo, a situação se integra ao enunciado como uma parte constitutiva essencial da estrutura de sua significação.
>
> (VOLOSHINOV, BAKHTIN, 1926/1976.)

---

[2] Empregamos aqui a palavra *primitivo* em oposição a *civilizado* pelo fato de ser essa a oposição presente nos textos de Oswald de Andrade conhecidos como primitivistas, como o *Manifesto da poesia pau-brasil* e o *Manifesto antropófago*.

Além disso, com a mudança do gênero, que passa de carta a poema, alteram-se também outros elementos relacionados com o próprio gênero e com a situação, tais como o projeto discursivo do enunciador, seu interlocutor ou interlocutores e o meio de circulação do texto. Lembremos ainda que o poema se encontra nas primeiras páginas da obra *Pau-brasil,* publicada em 1924, portanto em pleno contexto das lutas travadas entre modernistas e representantes da tradição passadista e num momento particular em que boa parte de nossos escritores se voltava para a pesquisa das raízes da cultura brasileira. Além de *Pau-brasil*, de Oswald, também foram produzidas sob o signo do nacionalismo e/ou do primitivismo obras como *Macunaíma* (criada em 1926 e publicada em 1928), de Mário de Andrade, *Vamos caçar papagaios* (1926) e *Martim Cererê* (1928), de Cassiano Ricardo, *Manifesto antropófago* (1928), de Oswald de Andrade, e *Cobra Norato* (1931), de Raul Bopp.

A escolha da *Carta* de Caminha por Oswald, como referência e fonte de criação, remete a esse contexto de pesquisa nacionalista e primitivista da época. Contudo, a presença de *gare* — palavra de origem francesa e empregada regularmente no português da época — no título do poema faz ressaltar outro dado da situação de produção: a influência da cultura francesa sobre a brasileira no início do século XX[3].

Tão grande era essa influência, que Manuel Bandeira, por exemplo, chegou a criar poemas em francês, como "Chambre vide", de 1922. Mário de Andrade também empregou termos da língua francesa em vários poemas de sua *Paulicéia desvairada,* como se vê nestes trechos:

> Eu insulto as aristocracias cautelosas!
> Os barões lampiões! Os condes Joões! Os duques zurros!
> que vivem dentro de muros sem pulos;
> e gemem sangues de alguns mil-réis fracos
> para dizerem que as filhas da senhora falam o francês
> e tocam o "Printemps" com as unhas!
>> (Mário de Andrade. "Ode ao burguês". In: *Poesias Completas.*
>> São Paulo: Círculo do Livro, s.d. p. 45-6.)

> Corro minha vida com a velocidade dos elétrons
> Mas porém sei parar diante das vistas pensativas
> E nos portais das tupanarocas sagradas.

---

[3] Nessa época, a influência francesa se fazia sentir no estudo de francês na escola, na moda, na culinária, nas bebidas, na literatura e em diversos outros setores da vida cotidiana da burguesia paulista. Até mesmo as prostitutas estrangeiras eram genericamente chamadas de "francesas".

ENSINO DE LITERATURA

> Eis a vida.
> V'lá Paris...
> Pan-bataclan...
> — Ordinário, marche,
> Pros meus vinte-e-nove anos maravilhosos!
>
> ("Losango cáqui", XLIII. In: *Poesias completas*, cit., p. 124.)

A presença de *gare* no poema remete a vários elementos da situação de produção, por meio dos quais novos sentidos podem ser atribuídos a cada um dos elementos do texto original de Caminha. O poema de Oswald também fala de meninas bonitas e nuas ou seminuas que recebem os olhares do *outro*, o viajante, que antes chegava de caravela e agora chega de trem à *gare* da São Paulo provinciana do início do século XX com ares aristocráticos e modismos franceses. Esse outro também não sente nenhuma vergonha diante da nudez das meninas da *gare*. Contudo, deslocadas no tempo e no espaço, as meninas já não são o símbolo da inocência de uma América selvagem; ao contrário, como prostitutas urbanas, em pleno século XX, vinculam-se às práticas erótico-mercantis da Europa.

A voz que emerge no poema de Oswald por meio do título contrapõe-se claramente à voz de Caminha, que ainda ressoa na materialidade do poema, isto é, na estrutura sintática, nos arcaísmos e quase que na idêntica seleção vocabular. Contudo, a possível polifonia que se esboça no poema é superada pela vitória do discurso irônico e crítico de Oswald. Não se trata, pois, do texto de Caminha, mas de outro texto, cujos elementos assumem outros valores e outros sentidos. Se o tema (na acepção bakhtiniana) do enunciado de Caminha é, aos olhos do conquistador, a surpreendente naturalidade das índias americanas, o tema do enunciado de Oswald são os resultados do processo de conquista, colonização e civilização do gentio.

O sujeito discursivo do poema difere evidentemente do da *Carta*, uma vez que põe em xeque a visão de mundo do conquistador, pretensamente superior ao gentio. Com a desconstrução do discurso de Caminha, fica no ar a seguinte pergunta: de que valeram os quatrocentos anos de civilização?

Mais do que mera intertextualidade, o que vemos no poema de Oswald é um *jogo interdiscursivo*, carregado ideologicamente, que põe em discussão as mesmas questões suscitadas pelo texto de Caminha — as tensões entre o primitivo e o civilizado, ou entre o nacional e o estrangeiro — e que estavam na ordem do dia quando ocorreram as discussões estéticas modernistas dos anos 1920.

Buscando uma terceira via, a da *nacionalidade*, não identificada nem com o mundo civilizado, nem com o mundo primitivo, Oswald enxergava o Brasil como síntese dessas contradições. Vejamos a referência que ele faz a essa síntese em um trecho do *Manifesto da poesia pau-brasil*:

170

Capítulo **5** • O DIALOGISMO COMO PROCEDIMENTO NO ENSINO DE LITERATURA

[...]

Temos a base dupla e presente — a floresta e a escola. A raça crédula e dualista e a geometria, a álgebra e a química logo depois da mamadeira e do chá de erva-doce. Um misto de "dorme nenê que o bicho vem pegá" e de equações.

[...]

Apenas brasileiros de nossa época. O necessário de química, de mecânica, de economia e de balística. Tudo digerido. Sem meeting cultural. Práticos. Experimentais. Poetas. Sem reminiscências livrescas. Sem comparações de apoio. Sem pesquisa etimológica. Sem ontologia.

Bárbaros, crédulos, pitorescos e meigos. Leitores de jornais. Pau-Brasil. A floresta e a escola. [...]

> (Oswald de Andrade. *Obras completas — Do Pau Brasil à Antropofagia e às utopias*. 2. ed. Rio de Janeiro: Civilização Brasileira, 1978. v. 6, p. 9-10.)

O manifesto situa, de um lado, a escola, de outro, a floresta; de um lado, a química, de outro, o chá de erva-doce. A idéia da *digestão cultural*, já presente na expressão "tudo digerido" do primeiro manifesto, ganha maior densidade e consistência ideológica no *Manifesto antropófago* de 1928, em que se evidencia a constituição de um primitivismo forte e devorador, que se propõe a deglutir "o necessário de química, de mecânica e de economia", sem deixar de ser a "raça crédula" que canta o "dorme nenê que o bicho vem pegá". Vejamos o seguinte fragmento do *Manifesto antropófago*:

> Só a antropofagia nos une. Socialmente. Economicamente. Filosoficamente.
>
> [...]
>
> Tupy or not tupy, that is the question.
>
> [...]
>
> A alegria é a prova dos nove.
>
> [...]
>
> Nunca fomos catequizados. Fizemos foi Carnaval. O índio vestido de Senador de Império. Fingindo de Pitt. Ou figurando nas óperas de Alencar cheio de bons sentimentos portugueses.
>
> (Idem, p. 13-14.)

Numa síntese fulgurante, a frase "Tupy or not tupy, that is the question" confirma nossa nacionalidade primitiva, que pode se nutrir do que há de melhor nas línguas e nas literaturas estrangeiras, representadas pela conhecida máxima de Shakespeare.

O diálogo entre Oswald de Andrade e Pero Vaz de Caminha observado até aqui permitiria criar em sala de aula não apenas uma rica discussão em torno de temas permanentes da cultura brasileira, como a tensão entre o nacional e o estrangeiro ou o primitivo e o moderno, mas também uma reflexão sobre procedimentos de apropriação do discurso do outro, o discurso citado, e de usos literários desse tipo de apropriação, em que se destaca a paródia.

Tomando novamente como referência os dizeres de Haroldo de Campos — "nós só podemos ver o passado naquilo que ele tem de novo" —, até esta parte da análise pudemos observar que o ponto de vista do poeta concretista coincide inteiramente com o de Oswald de Andrade, isto é, Oswald viu no velho discurso fundador de Caminha o embrião de um tema "novo", que criara raízes em toda a literatura brasileira passada e se recolocava para os intelectuais brasileiros do início do século XX: o que é ser brasileiro?

Se é verdade que, segundo Jauss, cada sistema sincrônico contém seu passado e seu futuro e "o corte sincrônico que passa pela produção literária de determinado momento histórico implica necessariamente outros cortes no antes e no depois da diacronia" (JAUSS, 1994, p. 48), que diálogos o poema de Oswald estabelece com outros cortes posteriores da diacronia?

No final da década de 1960, os tropicalistas entraram nessa discussão, fomentada por um conjunto de fatores históricos específicos: o discurso ufanista do regime militar, a discussão em torno do papel estético ou político-ideológico da arte, a chegada ao Brasil do *rock and roll* e das guitarras elétricas, as tradições primitivas e regionais da cultura brasileira.

Observemos a proximidade dos dois textos a seguir, um de Oswald de Andrade e o outro de Caetano Veloso, publicados, respectivamente, em 1924 e 1975, portanto, com a diferença de meio século entre um e outro.

capital da república

Temperatura de bolina
O orgulho de ser branco
Na terra morena conquistada
E a saída para as praias calçadas
Arborizadas
A Avenida se abana com as folhas miúdas
Do Pau-Brasil
Políticos dormem ao calor do Norte
Mulheres se desconjuntam
Bocas lindas
Sujeitos de olheiras brancas
O Pão de Açúcar artificial
(Oswald de Andrade. *Poesias reunidas*, cit., p. 108-9.)

Jóia

Beira de mar
Beira de mar
Beira de maré na América do Sul
Um selvagem levanta o braço
Abre a mão e tira um caju
Um momento de grande amor
De grande amor
Copacabana
Copacabana
Louca total e completamente louca
A menina muito contente
Toca a coca-cola na boca
Um momento de puro amor
De puro amor

> (Caetano Veloso. *Letra só*. São Paulo: Companhia
> das Letras, 2003. p. 171.)

No poema de Oswald de Andrade, são evidentes os contrastes entre um Brasil moderno (o Brasil da "capital da república", o Rio de Janeiro), com suas praias calçadas e arborizadas e um Pão de Açúcar que pouco tem de natural, e o Brasil primitivo, a terra morena e conquistada, com o calor do Norte e as folhas miúdas do Pau-Brasil.

Na canção de Caetano, vemos o contraponto entre um Brasil cabralino, no qual um selvagem colhe um caju numa praia qualquer da América do Sul, num gesto de grande amor, e uma garota que repete o gesto do selvagem, porém agora tocando uma coca-cola na boca, num gesto de "puro amor".

Da primeira parte da canção (sete primeiros versos) para a segunda, podemos notar tanto um deslocamento histórico, ou seja, duas cenas parecidas que ocorrem em épocas diferentes mas no mesmo espaço — beira de mar/Copacabana — quanto um deslocamento espacial, isto é, no mesmo tempo (por exemplo, o século XX) uma jovem toma coca-cola em Copacabana e um selvagem colhe um caju numa praia deserta da imensa costa brasileira.

Este é o Brasil que tanto Oswald, em "capital da república", quanto Caetano, em "Jóia", querem flagrar: o Brasil das contradições moderno-primitivas.

Esse contraponto aparece também em "Geléia geral", de Torquato Neto e Gilberto Gil, canção de 1968 que se tornou um ícone do movimento tropicalista no Brasil.

Geléia geral

Um poeta desfolha a bandeira
E a manhã tropical se inicia
Resplandente, cadente, fagueira,
Num calor girassol com alegria,
Na geléia geral brasileira
Que o *Jornal do Brasil* anuncia

Ê bumba – yê-yê-boi
Ano que vem, mês que foi
É, bumba – yê-yê-yê
É a mesma dança, meu boi

A alegria é a prova dos nove
E a tristeza é teu porto seguro
Minha terra é onde o Sol é mais limpo
E Mangueira é onde o samba é mais puro
Tumbadora na selva-selvagem
Pindorama, país do futuro

Ê bumba – yê-yê-boi
Ano que vem, mês que foi
É, bumba – yê-yê-yê
É a mesma dança, meu boi

É a mesma dança na sala
No Canecão, na TV
E quem não dança não fala
Assiste a tudo e se cala
Não vê no meio da sala
As relíquias do Brasil:
Doce mulata malvada
Um LP de Sinatra
Maracujá, mês de abril
Santo barroco baiano
Superpoder de paisano
Formiplac e céu de anil
Três destaques da Portela
Carne-seca na janela

Alguém que chora por mim
Um carnaval de verdade
Hospitaleira amizade
Brutalidade jardim.
[...]

Ê bumba – yê-yê-boi
Ano que vem, mês que foi
É, bumba – yê-yê-yê
É a mesma dança, meu boi

Um poeta desfolha a bandeira
E eu me sinto melhor colorido
Pego um jato, viajo, arrebento
Com o roteiro do sexto sentido
Voz do morro, pilão de concreto
Tropicália, bananas ao vento

Ê bumba – yê-yê-boi
Ano que vem, mês que foi
É, bumba – yê-yê-yê
É a mesma dança, meu boi

> (Letra de Torquato Neto e música de Gilberto Gil. In: Carlos Rennó, org.
> *Todas as letras.* São Paulo: Companhia das Letras, 1996. p. 97.)

Ao fundir no refrão o yê-yê-yê (versão tupiniquim do *rock and roll*) com o bumba-meu-boi, "Geléia geral" propõe a fusão do moderno com o primitivo, das guitarras elétricas que ganhavam o mundo ocidental com a percussão dos bumbos e chocalhos das festas populares do Brasil. Afinal "é a mesma dança, meu boi".

Reaproveitando frases, palavras e expressões presentes nos manifestos oswaldianos, como "A alegria é a prova dos nove", "selva selvagem", "Pindorama", Torquato Neto e Gilberto Gil reconhecem na construção de nossa nacionalidade aspectos díspares, que evidenciam, no contexto da década de 1960, a retomada da discussão em torno das dicotomias nacional/estrangeiro ou primitivo/civilizado, como atesta a convivência no mesmo cenário de elementos tão díspares como "LP de Sinatra", "Santo barroco baiano", "Formiplac" e "carne-seca na janela".

Em "Batmakumba", de Gilberto Gil e Caetano Veloso, canção também de 1968, a proposta não é diferente:

BATMAKUMBA

Batmakumbayêyê batmakumbaobá
Batmakumbayêyê batmakumbao
Batmakumbayêyê batmakumba
Batmakumbayêyê batmakum
Batmakumbayêyê batman
Batmakumbayêyê bat
Batmakumbayêyê ba
Batmakumbayêyê
Batmakumbayê
Batmakumba
Batmakum
Batman
Bat
Ba
Bat
Batman
Batmakum
Batmakumba
Batmakumbayê
Batmakumbayêyê
Batmakumbayêyê ba
Batmakumbayêyê bat
Batmakumbayêyê batman
Batmakumbayêyê batmakum
Batmakumbayêyê batmakumba
Batmakumbayêyê batmakumbao
Batmakumbayêyê batmakumbaobá

(In: *Gilberto Gil*. São Paulo: Abril Educação, 1982. p. 56.)

Os compositores fazem uma disposição concretista do verso "Batmakumbayêyê batmakumbaobá", na qual o repetem e o segmentam, obtendo palavras e significados surpreendentes: entre outros *Batman, makumba, Obá* (entidade africana), *yêyêyê, bat* (de *bater*), *ba* (interjeição), etc., numa clara confirmação da mistura de línguas e das culturas africana, americana e européia.

Trilhando os caminhos abertos por Oswald de Andrade, os tropicalistas Torquato Neto, Gilberto Gil e Caetano Veloso se apropriam do discurso oswaldiano, que, como diz Bakhtin, "refrata e reflete" a nova realidade na qual se insere. Nesse novo contexto, o discurso oswaldiano, bem como a discussão em torno da nacionalidade, atualiza-se e ganha novos sentidos.

Se no contexto dos anos 1920, por exemplo, discutia-se a validade de aproveitar em nossa literatura as conquistas estéticas feitas pelas correntes de vanguarda européias, nos anos 1960 a discussão girava em torno da assimilação do *rock and roll* e das guitarras elétricas (o elemento estrangeiro) pela música brasileira, num momento em que predominava o banquinho e o violão de João Gilberto. Da mesma forma que Oswald, os tropicalistas propunham "devorar" e "deglutir" as influências musicais estrangeiras e assimilá-las em nosso corpo de tradições primitivo, em que convivem a bossa-nova, a música regional nordestina, o samba e o estilo "brega" de Vicente Celestino.

Caetano Veloso, em *Verdade tropical,* de 1997, confirma a admiração dos tropicalistas pelas idéias de Oswald:

> O encontro com as idéias de Oswald se deu quando todo esse processo [de gestação das primeiras idéias tropicalistas] já estava pronto. Seus poemas curtos e espantosamente abrangentes, a começar pelos *ready-mades* extraídos da carta de Caminha e de outros pioneiros portugueses na América, convidavam a repensar tudo o que eu sabia sobre literatura brasileira, sobre poesia brasileira, sobre arte brasileira, sobre o Brasil em geral, sobre arte, poesia e literatura em geral.
>
> [...] Esse "antropófago indigesto", que a cultura brasileira rejeitou por décadas, e que criou a utopia brasileira de superação do messianismo patriarcal por um matriarcado primal e moderno, tornou-se para nós o grande pai.
>
> (Caetano Veloso. São Paulo: Companhia das Letras, 1997. p. 256-7.)

Na busca dos diálogos entre textos literários, ou entre textos literários e outras linguagens, poderíamos, ainda, estender nosso olhar para além da canção: para o cinema "antropofágico" de que é expressão *Macunaíma,* de Joaquim Pedro de Andrade; o teatro de feição assumidamente oswaldiana e antropofágica das produções mais recentes de José Celso Martinez Corrêa; as deglutições e misturas musicais de Carlinhos Brown na Bahia ou do movimento "mangue beat", em Pernambuco.

Numa abordagem didática convencional de "as meninas da gare", o professor certamente se limitaria a situar cronologicamente o poema na produção oswaldiana e a mostrar que a relação entre ele e a *Carta* de Caminha vem do fato de que os modernistas reaproveitavam ou parodiavam criticamente os textos do passado. Ou então se limitaria a reconhecer características da poesia oswaldiana ou do Modernismo no texto em estudo.

Os movimentos de leitura que realizamos, entretanto, permitiram estabelecer relações com outros textos da época, do próprio Oswald e de outros autores, bem como relações com textos situados na "grande temporalidade", isto é, textos do passado, como o de Caminha, e textos do futuro, como o de Caetano Veloso e o de Torquato Neto e Gilberto Gil, relativizando a dicotomia entre sincronia e diacronia. Se, como afirma Alfredo Bosi, "Histórico é, ao contrário do que diz a convenção, o que ficou, não o que morreu", a *Carta* de Caminha renasce na releitura de Oswald de Andrade, da mesma forma que a literatura de Oswald renasce na releitura dos tropicalistas, trinta anos depois. Hoje, os tropicalistas também são referência para novos diálogos, seja como fonte de inspiração e modelo, seja como tradição a ser superada ou combatida.

Para esse tipo de abordagem dialógica da literatura, a escolha de uma daquelas opções metodológicas comentadas — historiográfica, temática, por gêneros ou por tradição —, embora importante, não é decisiva. Todas elas, desde que desenvolvidas por meio de uma postura aberta, sem rigidez, poderiam levar a um resultado satisfatório em termos de leitura de textos literários e de contextualização desses textos no âmbito maior da literatura e da cultura brasileira como um todo.

Da mesma forma que, para Bakhtin, com exceção do mítico discurso adâmico, todo discurso é uma resposta a outros discursos, em literatura não é diferente. Todo discurso artístico estabelece relações dialógicas com outros discursos, contemporâneos a ele ou fincados na tradição. Aproximações e contrastes de temas, gêneros e projetos literários; aproximação e contrastes de estilos de época e de estilo pessoal; aproximações e contrastes entre a literatura e outras artes e linguagens ou outras áreas do conhecimento, comparações interdiscursivas — eis alguns dos caminhos possíveis para o ensino de literatura na escola, ancorados no princípio bakhtiniano de *dialogismo*.

Se, conforme Jauss, a obra literária "é, antes, como uma partitura voltada para a ressonância sempre renovada da leitura, libertando o texto da matéria das palavras e conferindo-lhes existência", espera-se fazê-la "ressoar" novamente no contato com novos leitores, permitindo-lhe ganhar a liberdade e, ao mesmo tempo, libertar os leitores de seu tempo presente.

Didatização da proposta

No item anterior, procuramos demonstrar, do ponto de vista teórico, como e por que encaminhar uma proposta dialógica de ensino de literatura. Como, entretanto, didatizar e organizar esse trabalho em atividades que pudessem, a um só tempo, garantir o desenvolvimento de habilidades de leitura e contribuir para uma reflexão sobre a literatura e a cultura brasileiras em seus momentos decisivos?

Apresentamos, a seguir, algumas atividades didáticas que, a título de sugestão, poderiam ser desenvolvidas com os alunos a propósito do poema de Oswald de Andrade. Lembramos, contudo, que um curso de literatura não se constrói apenas com atividades específicas de leitura e no tempo restrito que elas demandam. Um curso de literatura se constrói também com uma série de outras interações, mediadas por textos literários e não literários, por textos didático-expositivos, por linguagens verbais e não verbais, etc. Assim, atividades como as que passamos a apresentar, isoladamente, não comportam o conjunto das reflexões que desenvolvemos na parte teórica. Contudo, indicam um ponto de partida para uma abordagem dialógica da literatura.

Apresentaremos *respostas previstas* (que indicaremos por *RP*), para que as questões possam ser avaliadas por completo, isto é, para que seja possível verificar sua pertinência e a habilidade ou as habilidades de leitura demandadas em cada uma delas.

Leitura 1

Você vai ler, a seguir, dois textos. O primeiro é um trecho da *Carta* de Pero Vaz de Caminha, texto fundador da brasilidade, escrito em 1500; o segundo é um poema de Oswald de Andrade, poeta do século XX que se empenhou em resgatar criticamente o passado primitivo e colonial brasileiro.

Durante a leitura dos textos, conviria que o professor, em conversa com a classe, tirasse dúvidas quanto ao vocabulário e discutisse, considerando o contexto, o sentido de palavras como *vergonhas* e *cerradinhas*.

Texto 1

> Ali andavam, entre eles, três ou quatro moças, bem moças e bem gentis, com cabelos muito pretos, caídos pelas espáduas abaixo; e suas vergonhas tão altas e tão cerradinhas e tão limpas das cabeleiras que, de as olharmos muito bem, não tínhamos nenhuma vergonha.
>
> (Pero Vaz de Caminha. *Carta*, fragmento. In: Carlos Voght e J. G. Lemos. *Cronistas e viajantes*, cit., p. 15.)

Texto 2

> ### as meninas da gare
>
> Eram três ou quatro moças bem moças e bem gentis
> Com cabelos mui pretos pelas espáduas
> E suas vergonhas tão altas e tão saradinhas

ENSINO DE LITERATURA

> Que de nós as muito bem olharmos
> Não tínhamos nenhuma vergonha
>
> (Oswald de Andrade. *Poesias reunidas*, cit., p. 80.)

1. O primeiro contato com os índios causou no conquistador português um estranhamento. No texto 1:

   a) O que mais chamava a atenção dos portugueses em relação às índias?
   RP: A nudez das índias e o fato de elas não terem pêlos pubianos.

   b) No final do excerto, Caminha escreve: "de as olharmos muito bem, não tínhamos nenhuma vergonha". O que a "vergonha" mencionada revela em relação à formação moral e religiosa do conquistador?
   RP: Revela uma formação moral e religiosa rígida, de acordo com as idéias cristãs da época.

2. O poema de Oswald foi construído a partir da apropriação do fragmento da *Carta* de Caminha reproduzido no texto 1. Como novidade, Oswald introduziu o título "as meninas da gare".

   a) O que o emprego do termo *gare* revela a respeito da cultura brasileira da época de Oswald?
   RP: Revela a forte influência da cultura francesa sobre a brasileira no início do século XX, sentida na moda, nos hábitos, na língua.

   b) Levante hipóteses: O uso de *gare*, no poema, remete ao tempo de Pero Vaz de Caminha (séculos XV e XVI) ou ao tempo de Oswald de Andrade (século XX)? Por quê? RP: Remete ao século XX, pois não havia estações de trem no tempo de Caminha.

   > **"A deselegância discreta de suas meninas"**
   >
   > Quando Oswald de Andrade escreveu "as meninas da gare", em 1924, havia muitas prostitutas nas imediações da estação de trem da cidade de São Paulo (Estação da Luz), onde ele vivia.

3. Compare os dois textos. Ambos revelam o olhar de um viajante que chega a determinado lugar e se surpreende com a nudez das mulheres.

   a) O enunciador (aquele que fala) é necessariamente um estrangeiro nos dois textos? RP: Não; no texto 2, o enunciador pode ser brasileiro ou estrangeiro.

   b) No poema de Oswald, as "moças gentis" são também, como na *Carta* de Caminha, as índias brasileiras? RP: Não; a expressão refere-se às prostitutas urbanas em geral.

   c) Levando-se em conta os quatro séculos que separam os dois textos e a cena descrita no poema de Oswald, responda: Pela ótica do poema de Oswald, a civilização européia trouxe benefícios ou malefícios? Justifique sua resposta. Nesta questão, o professor deveria abrir a discussão com a classe, perguntando, por exemplo, como viviam os índios naquela época e como os índios e a maior parte dos brasileiros vivem hoje. Na época de Caminha, as índias viviam nuas, em estado natural, num Brasil primitivo em que não havia doenças, prostituição, fome, etc. Depois de séculos de colonização, o Brasil do século XX apresenta os males das civilizações modernas. O professor também poderia chamar a atenção dos alunos para o caráter ao mesmo tempo ideológico, crítico e irônico do poema, o que coincide com as propostas do Modernismo brasileiro dos anos 1920.

4. Oswald de Andrade é um dos principais escritores do Modernismo brasileiro, movimento literário que se estruturou na década de 1920 e que tem, entre suas características, a retomada do *nacionalismo*, tema lançado primeiramente pelos escritores românticos (século XIX). O nacionalismo dos modernistas, entretanto, pretendia ser menos ufanista do que o dos românticos e mais crítico em relação ao passado histórico e cultural brasileiro. O poema "as meninas da gare" pode ser considerado como uma expressão desse nacionalismo crítico? Por quê?
RP: Sim, pois retoma um tema fundador da brasilidade, o *descobrimento*, e dá a ele um tratamento crítico, ao pôr em dúvida as vantagens do processo colonizador e civilizador empreendido pelos conquistadores europeus.

5. Outro aspecto valorizado por Oswald de Andrade e por outros modernistas é a convivência de aspectos díspares e contraditórios da cultura brasileira, como o catolicismo e as religiões africanas e indígenas, ou o atraso rural e o desenvolvimento urbano, a cultura popular e a ópera, e assim por diante. Que contradições o poema "as meninas da gare" enfoca e denuncia?
RP: Enfoca as contradições entre o Brasil primitivo e moderno (o primitivo sugerido pelo Brasil selvagem, que ainda podia ser encontrado na Amazônia, por exemplo, e o Brasil moderno e industrial, das estações de trem); o nacional e o estrangeiro, ao empregar o galicismo *gare* e ao mencionar o trem (trazido pelos ingleses); e denuncia o suposto "avanço" trazido pelo conquistador, que transformou índias, que viviam em estreita relação com a natureza, em prostitutas brasileiras urbanas.

Leitura 2

Você vai ler agora outro poema de Oswald de Andrade e vai confrontá-lo com letras de três canções do Tropicalismo, movimento artístico que surgiu na década de 1960 e se manifestou na música, na literatura, no cinema, no teatro e nas artes plásticas. Se possível, ouça as canções.

ENSINO DE LITERATURA

O recomendável, nesse caso, é que o professor providencie a audição das canções, que se encontram nos discos Tropicália (1969) e Jóia (1975), a fim de que os alunos também possam estabelecer relações entre as letras e as músicas.

Texto 1

capital da república

Temperatura de bolina
O orgulho de ser branco
Na terra morena conquistada
E a saída para as praias calçadas
Arborizadas
A Avenida se abana com as folhas miúdas
Do Pau-Brasil
Políticos dormem ao calor do Norte
Mulheres se desconjuntam
Bocas lindas
Sujeitos de olheiras brancas
O Pão de Açúcar artificial
  (Oswald de Andrade. *Poesias reunidas*, cit., p. 108-9.)

Texto 2

Jóia

Beira de mar
Beira de mar
Beira de maré na América do Sul
Um selvagem levanta o braço
Abre a mão e tira um caju
Um momento de grande amor
De grande amor
Copacabana
Copacabana
Louca total e completamente louca
A menina muito contente
Toca a coca-cola na boca
Um momento de puro amor
De puro amor
  (Caetano Veloso. *Letra só*, cit., p. 171.)

Texto 3

Geléia geral

Um poeta desfolha a bandeira
E a manhã tropical se inicia
Resplandente, cadente, fagueira,
Num calor girassol com alegria,
Na geléia geral brasileira
Que o *Jornal do Brasil* anuncia

Ê bumba – yê-yê-boi
Ano que vem, mês que foi
É, bumba – yê-yê-yê
É a mesma dança, meu boi

A alegria é a prova dos nove
E a tristeza é teu porto seguro
Minha terra é onde o Sol é mais limpo
E Mangueira é onde o samba é mais puro
Tumbadora na selva-selvagem
Pindorama, país do futuro

Ê bumba – yê-yê-boi
Ano que vem, mês que foi
É, bumba – yê-yê-yê
É a mesma dança, meu boi

É a mesma dança na sala
No Canecão, na TV
E quem não dança não fala
Assiste a tudo e se cala
Não vê no meio da sala
As relíquias do Brasil:
Doce mulata malvada
Um LP de Sinatra
Maracujá, mês de abril
Santo barroco baiano
Superpoder de paisano
Formiplac e céu de anil

Três destaques da Portela
Carne-seca na janela
Alguém que chora por mim
Um carnaval de verdade
Hospitaleira amizade
Brutalidade jardim.
[...]

Ê bumba – yê-yê-boi
Ano que vem, mês que foi
É, bumba – yê-yê-yê
É a mesma dança, meu boi

Um poeta desfolha a bandeira
E eu me sinto melhor colorido
Pego um jato, viajo, arrebento
Com o roteiro do sexto sentido
Voz do morro, pilão de concreto
Tropicália, bananas ao vento

Ê bumba – yê-yê-boi
Ano que vem, mês que foi
É, bumba – yê-yê-yê
É a mesma dança, meu boi

(Letra de Torquato Neto e música de Gilberto Gil.
In: Carlos Rennó, org. *Todas as letras*, cit., p. 97.)

Texto 4

BATMAKUMBA

Batmakumbayêyê batmakumbaobá
Batmakumbayêyê batmakumbao
Batmakumbayêyê batmakumba
Batmakumbayêyê batmakum
Batmakumbayêyê batman
Batmakumbayêyê bat
Batmakumbayêyê ba
Batmakumbayêyê
Batmakumbayê

Batmakumba
Batmakum
Batman
Bat
Ba
Bat
Batman
Batmakum
Batmakumba
Batmakumbayê
Batmakumbayêyê
Batmakumbayêyê ba
Batmakumbayêyê bat
Batmakumbayêyê batman
Batmakumbayêyê batmakum
Batmakumbayêyê batmakumba
Batmakumbayêyê batmakumbao
Batmakumbayêyê batmakumbaobá

(In: *Gilberto Gil*, cit., p. 56.)

1. O poema "capital da república", de Oswald de Andrade, foi publicado em 1924, quando a capital do país era o Rio de Janeiro. Como é próprio da poesia modernista, o poema foi construído a partir de *flashes*, o que dá a impressão de um texto desconexo ou de uma realidade fragmentada.

   a) Que tipo de retrato da realidade brasileira os *flashes* compõem: social, natural, cultural ou étnico? RP: Eles compõem um retrato étnico ("O orgulho de ser branco / Na terra morena"), natural ("as folhas miúdas / Do Pau-Brasil", "as praias calçadas", "O Pão de Açúcar artificial") e social ("Mulheres se desconjuntam", "Bocas lindas", "Sujeitos de olheiras brancas").

   b) Localize no texto elementos contrastantes da realidade nacional, indicadores de oposição como: o natural e o artificial, o primitivo e o moderno, o nacional e o estrangeiro.
   RP: natural/artificial ou moderno/primitivo: "O Pão de Açúcar artificial", "praias calçadas / Arborizadas"; nacional/estrangeiro: "O orgulho de ser branco / Na terra morena conquistada".

2. A letra da canção "Jóia", de Caetano Veloso, pode ser dividida em duas partes, cada uma delas representativa de um espaço. Um dos espaços é identificado pela expressão *beira de mar*; o outro, por *Copacabana*.

185

ENSINO DE LITERATURA

a) Levante hipóteses: Em que momento histórico se dá a cena protagonizada pelo selvagem? RP: É possível que no passado, antes de os portugueses conquistarem o Brasil, mas também durante a colonização ou nos dias de hoje, pois nosso país ainda tem regiões naturais preservadas.

b) Em que momento se dá a cena protagonizada pela "menina contente"? Justifique sua resposta com elementos do texto. RP: Na modernidade, que é representada por *coca-cola*.

c) Discuta com os colegas e interprete: Os espaços geográficos em que ocorrem as duas cenas são necessariamente diferentes um do outro? RP: Podem ser lugares diferentes e também o mesmo lugar. Neste último caso, haveria um deslocamento temporal do mesmo espaço, ou seja, a "beira de mar", séculos depois, ter-se-ia transformado em Copacabana.

3. Há, na canção, uma oposição entre *caju* e *coca-cola*, assim como entre *selvagem* e *menina*.

a) Que tipo de oposição existe entre *caju* e *coca-cola*, considerando-se a origem de cada elemento? RP: *Caju* é um elemento autóctone, nacional e natural. Já *coca-cola* é um refrigerante artificial, produzido na sociedade de consumo moderna.

b) Com base em suas respostas, conclua: O que representam, respectivamente, o "selvagem" e a "menina contente"? RP: O selvagem representa o lado primitivo, histórico e natural do país; a menina representa o lado moderno e civilizado, sujeito às influências estrangeiras.

4. Em 1924, Oswald de Andrade lançou o *Manifesto da poesia pau-brasil*, no qual afirmava a respeito da sociedade e da cultura brasileira:

> Temos a base dupla e presente — a floresta e a escola. A raça crédula e dualista e a geometria, a álgebra e a química logo depois da mamadeira e do chá de erva-doce. Um misto de "dorme nenê que o bicho vem pegá" e de equações.

Considerando a oposição entre primitivo e moderno ou nacional e estrangeiro, responda:

a) A que correspondem elementos como "floresta", "raça crédula e dualista", "mamadeira", "chá de erva-doce" e "dorme nenê que o bicho vem pegá"? RP: Ao lado primitivo e espontâneo de nossa gente e de nossa cultura.

b) E a que correspondem elementos como "escola", "geometria", "álgebra", "química" e "equações"? RP: Ao lado civilizado, moderno, que segue o modelo das nações desenvolvidas.

*Capítulo **5** • O DIALOGISMO COMO PROCEDIMENTO NO ENSINO DE LITERATURA*

5. Compare as visões de Brasil expressas no poema "capital da república", de Oswald de Andrade, e na canção de Caetano Veloso. Em que elas se assemelham?
RP: As duas visões correspondem a um Brasil cheio de contrastes, em que elementos primitivos convivem com elementos modernos, assim como elementos nacionais se misturam a elementos estrangeiros.

6. A canção "Geléia geral", de Torquato Neto e Gilberto Gil, apresenta no refrão a expressão "Ê bumba — yê-yê-boi", que é um misto de "yê-yê-yê", designação do *rock* do tempo da Jovem Guarda, nos anos 1960, com "bumba-meu-boi", manifestação artística popular na música e na dança em várias regiões do Brasil.

   a) Que semelhança tem a síntese "Ê bumba — yê-yê-boi" com a canção "Jóia", de Caetano, e com o poema de Oswald? RP: A junção de elementos nacionais, oriundos da tradição popular, como o bumba-meu-boi, com elementos modernos e estrangeiros, como o *rock*.
   b) Além da síntese "Ê bumba — yê-yê-boi", que outros aspectos da canção "Geléia geral" evidenciam uma visão oswaldiana do Brasil?
   RP: A convivência de elementos nacionais ("doce mulata", "maracujá", "bananas", etc.) com elementos estrangeiros ("Frank Sinatra", "Santo barroco baiano", "Formiplac") e de elementos modernos ("jato", "Formiplac", "TV") com elementos primitivos ("carne-seca na janela").

7. As canções "Batmakumba" e "Geléia geral" pertencem ao mesmo disco, *Tropicália*, e apresentam vários elementos em comum, entre eles procedimentos lingüísticos e sugestões culturais.

   a) Segmente o verso "Batmakumbayêyê batmakumbaobá" e descubra que palavras podem ter participado da construção das palavras que formam esse verso.
   RP: Entre outras, *Batman*, *makumba*, *Obá* (entidade africana), *yê-yê-yê*, *bat* (de bater), *ba* (interjeição), etc., numa clara confirmação da mistura de línguas e das culturas africana e norte-americana ou européia.
   b) Considerando-se a origem lingüística e cultural dessas palavras, é possível dizer que elas traduzem características da realidade brasileira? Por quê?
   RP: Sim, pois a cultura brasileira caracteriza-se pela mistura étnica, cultural e lingüística.

8. Nesta atividade você leu o poema "capital da república", de Oswald de Andrade, e a letra das canções "Jóia", "Geléia geral" e "Batmakumba". O que essas produções têm em comum? RP: Têm em comum a visão de um país multifacetado,

marcado por contrastes ou pela fusão de elementos díspares, como primitivo e moderno, rural e urbano, nacional e estrangeiro.

A leitura em primeiro plano

As atividades apresentadas no item anterior foram produzidas com a finalidade de mostrar como poderia ser feito um trabalho didático em literatura a partir de uma perspectiva dialógica. Evidentemente, as propostas poderiam ser alteradas, com a inclusão de novos textos, por exemplo, dependendo das opções metodológicas do professor. Se ele estiver trabalhando, por exemplo, com uma perspectiva temática, poderia incluir textos que também discutem o conceito de nacionalidade, e não necessariamente com um ponto de vista semelhante ao de Oswald de Andrade. Se estiver trabalhando pela perspectiva histórica, poderia ampliar o leque de leituras, incluindo textos do grupo modernista: o nacionalismo de Mário de Andrade ou do grupo verde-amarelo, e assim por diante.

Qualquer que seja a opção, o importante é que o texto seja o objeto central das aulas de literatura e que a partir dele se articulem todas as outras atividades didáticas e produções discursivas.

Não se pode esquecer que o texto literário é um rico material tanto para a aquisição de conhecimento quanto para a discussão e reflexão em torno de temas que envolvem o estar do ser humano no mundo. Ele tem, portanto, um papel formador, pedagógico. Em síntese, tem um papel "humanizador", como diz Antonio Candido:

> As produções literárias, de todos os tipos e todos os níveis, satisfazem necessidades básicas do ser humano, sobretudo através dessa incorporação, que enriquece a nossa percepção e a nossa visão do mundo. [...] Em todos esses casos ocorre humanização e enriquecimento, da personalidade e do grupo, por meio de conhecimento oriundo da expressão submetida a uma ordem redentora da confusão.
>
> Entendo aqui por *humanização* (já que tenho falado tanto nela) o processo que confirma no homem aqueles traços que reputamos essenciais, como o exercício da reflexão, a aquisição do saber, a boa disposição para com o próximo, o afinamento das emoções, a capacidade de penetrar nos problemas da vida, o senso da beleza, a percepção da complexidade do mundo e dos seres, o cultivo do humor. A literatura desenvolve em nós a quota de humanidade na medida em que nos torna mais compreensivos e abertos para a natureza, a sociedade, o semelhante.
>
> (CANDIDO, 1989, p. 117.)

Esse papel humanizador de que fala o estudioso está em perfeita sintonia com as novas concepções de ensino, comprometidas com a formação para a cidadania. Contudo, não se pode ver nos textos literários apenas a sua camada ideológica, seu conteúdo. Partilhar com jovens a leitura de um texto literário é *ensinar a ler*, função primordial das aulas de literatura.

Por essa razão, não se pode perder de vista o fato de que toda atividade de leitura, principalmente com jovens, desenvolve habilidades essenciais para a formação de um leitor autônomo e competente.

Vejamos, de modo esquemático, as habilidades envolvidas nas atividades de leitura propostas a partir do poema de Oswald de Andrade.

Leitura 1

- Questão 1:
  a) observação, interpretação e análise;
  b) interpretação, análise e dedução.
- Questão 2:
  a) análise, dedução, comparação e interpretação;
  b) levantamento de hipóteses, comparação, justificativa.
- Questão 3: levantamento de hipóteses, análise.
- Questão 4:
  a) análise, comparação, interpretação e explicação;
  b) análise, comparação, interpretação e justificativa.
- Questão 5: transferência, análise, interpretação, justificativa.
- Questão 6: análise e interpretação.

Leitura 2

- Questão 1:
  a) identificação, análise, inferência, síntese, comparação, interpretação e explicação;
  b) identificação, classificação e explicação.
- Questão 2:
  a) levantamento de hipóteses, análise, interpretação, memorização, dedução e explicação;
  b) levantamento de hipóteses, análise, interpretação e justificativa;
  c) análise, interpretação, comparação, explicação e dedução.
- Questão 3:
  a) análise, comparação, interpretação e explicação;
  b) análise, comparação, interpretação e explicação.

ENSINO DE LITERATURA

- Questão 4:
  a) comparação, transferência, análise, interpretação e explicação;
  b) interpretação, análise e explicação.
- Questão 5: comparação, análise, interpretação e explicação.
- Questão 6:
  a) comparação, análise, interpretação e explicação;
  b) transferência, análise, identificação, interpretação, explicação e dedução.
- Questão 7:
  a) análise, levantamento de hipóteses, comparação, explicação;
  b) transferência, análise, explicação e dedução.
- Questão 8: comparação, transferência, síntese, análise e explicação.

De acordo com o documento "Exame Nacional do Ensino Médio — A Reforma do Ensino Médio", publicado pelo Conselho Federal da Educação do MEC em 1998, eis as habilidades que se espera que sejam desenvolvidas no ensino médio por meio da leitura de textos em geral, isto é, por meio não apenas de textos literários:

> Todas as situações de avaliação estruturam-se de modo a verificar se o aluno é capaz de:
> - ler e interpretar textos de linguagem verbal, visual (fotos, mapas, pinturas, gráficos, entre outros) e enunciados:
>   - identificando e selecionando informações centrais e periféricas;
>   - inferindo informações, temas, assuntos, contextos;
>   - justificando a adequação da interpretação;
>   - compreendendo os elementos implícitos de construção do texto, como organização, estrutura, intencionalidade, assunto e tema;
>   - analisando os elementos constitutivos dos textos, de acordo com sua natureza, organização ou tipo;
>   - comparando os códigos e linguagens entre si, reelaborando, transformando e reescrevendo (resumos, paráfrases e relatos).
>
> (MEC, 1998, p. 46.)

Como se pode notar, as habilidades mencionadas no documento — identificar, selecionar informações, inferir, justificar, analisar, comparar e interpretar — são todas exploradas nas atividades propostas. São, portanto, habilidades mais complexas do que as de *identificar, classificar* e *memorizar*, exaustivamente exploradas em alguns vestibulares e em alguns manuais didáticos, conforme observamos nos capítulos anteriores.

A contextualização histórica

A abordagem dialógica da literatura não prescinde das relações entre a produção literária e o contexto sócio-histórico. A nosso ver, elas podem e devem ser exploradas, porém não de forma mecânica. A contextualização histórica feita nos manuais didáticos de literatura quase sempre se limita a um texto expositivo dos próprios autores a respeito dos fatos históricos mais relevantes à época do período enfocado. Não se estabelecem relações efetivas entre esse contexto e a produção cultural e literária.

Bakhtin (1997), em texto escrito em 1970, criticava as explicações mecânicas sobre a relação entre a literatura e seu contexto. Diz ele:

> Nossa pesquisa [a pesquisa literária da época] costuma operar com base nas características da época a que pertencem os fatos literários em estudo sem distingui-las, na maioria das vezes, daquelas que se aplicam à história em geral e sem introduzir a menor análise diferencial no campo cultural, nem de sua interação com a literatura. Tais análises demonstram, aliás, uma total ausência de metodologia. A chamada vida literária de uma época, cujo estudo se efetua sem referência ao estudo da cultura, resume-se a uma luta superficial de tendências literárias [...].
>
> (BAKHTIN, 1997a, p. 363.)

Com base no pressuposto de que a literatura é parte dinâmica do processo cultural, convém promover um estudo de textos que abarque diferentes áreas das ciências humanas — a história, a história da arte, a história da literatura, a filosofia, entre outras. Assim, as aulas se tornariam, mais uma vez, aulas de leitura, porém, neste caso, leitura de textos não literários.

As habilidades requisitadas nesse tipo de leitura são complexas, pois exigem que o aluno não apenas trabalhe os textos com as exigências que eles demandam — localizar informações, identificar relações de causa e efeito, levantar hipóteses, inferir, interpretar, etc. —, mas também compare e transfira conhecimentos de uma área a outra, além de buscar a conjugação entre o que aprendeu sobre a linguagem e a discussão teórica acerca dessa produção cultural.

Tomando como base o contexto do Trovadorismo, vamos dar um exemplo de como poderiam ser desenvolvidas essas atividades.

O contexto do Trovadorismo

Leia, a seguir, um painel de textos que se referem ao contexto histórico, social e cultural em que o Trovadorismo floresceu. Após a leitura, responda às questões propostas.

A sociedade feudal

O clero e a nobreza constituíam as classes governantes. Controlavam a terra e o poder que delas provinha. A Igreja prestava ajuda espiritual, enquanto a nobreza, proteção militar. Em troca exigiam pagamento das classes trabalhadoras, sob a forma de cultivo das terras. O professor Boissonande, competente historiador desse período assim o resume:

> O sistema feudal, em última análise, repousava sobre uma organização que, em troca de proteção freqüentemente ilusória, deixava as classes trabalhadoras à mercê das classes parasitárias, e concedia a terra não a quem cultivava, mas aos capazes de dela se apoderarem.
>
> (Leo Huberman. *História da riqueza do homem*. Rio de Janeiro: LTD, 1986. p. 14-15.)

A arte na Idade Média

A arte desempenha na Idade Média papel de muito maior importância que nas outras épocas da história européia. Essa afirmativa pode surpreender, mas o fato é assaz natural. Desde o fim do primeiro milênio, os povos europeus se cristianizaram profundamente; o espírito dos mistérios do Cristianismo os possuiu e neles criou uma vida interior extremamente rica e fecunda. Ora, essa vida interior não tinha nenhuma outra possibilidade de expressão que não fossem as artes, visto que tais povos não sabiam ler nem escrever e desconheciam a língua latina, a única que era considerada instrumento digno de exprimir as idéias religiosas. Toda a sua vida interior se realizava, pois, nas obras de arte, e era através delas que, em primeiro lugar, os fiéis aprendiam e sentiam o que constituía a própria base de sua vida.

(Erich Auerbach. *Introdução aos estudos literários*. São Paulo: Cultrix, 1972. p. 108.)

As Cruzadas

O movimento das Cruzadas, iniciado no século XI, foi um fator histórico importante para a reafirmação política e religiosa da Igreja Católica ocidental, pois ela sofria problemas internos após a divisão que levou à formação da Igreja do Oriente. Serviu também como elemento de consolidação das atividades comerciais no Mediterrâneo, principalmente das cidades de Veneza e Gênova. Essas duas cidades financiaram expedições militares, chegando até a determinar algumas rotas de acordo com seus interesses comerciais.

As Cruzadas colaboraram também para solucionar momentaneamente o problema do excedente populacional e deram conforto espiritual aos marginalizados. É impossível pensar nas Cruzadas sem considerar a forte religiosidade do homem medieval, que colaborou profundamente para a realização delas.

(José Geraldo V. de Moraes. *Caminhos das Civilizações*. São Paulo: Atual, 1998. p. 117.)

A posse da terra

A Igreja foi a maior proprietária de terras no período feudal. Homens preocupados com a espécie de vida que tinham levado, e desejosos de passar para o lado direito de Deus antes de morrer, doavam terras à Igreja; outras pessoas, achando que a Igreja realizava uma grande obra de assistência aos doentes e aos pobres, desejando ajudá-la nessa tarefa, davam-lhe terras; alguns nobres e reis criaram o hábito de, sempre que venciam uma guerra e se apoderavam das terras do inimigo, doar parte delas à Igreja; por esse e por outros meios a Igreja aumentava suas terras, até que se tornou proprietária de entre um terço e metade de todas as terras da Europa ocidental.

(Leo Huberman, op. cit., p. 13.)

O sagrado no cotidiano

A vida individual e social, em todas as suas manifestações, está saturada de concepções de fé. Não há objeto nem ação que não esteja constantemente relacionado com Cristo ou a salvação. [...] A vida estava tão saturada de religião que o povo corria constantemente o risco de perder de vista a distinção entre o espiritual e o temporal. Se, por um lado, todos os pormenores da vida ordinária podem santificar-se, por outra parte tudo o que é sagrado cai na banalidade pelo fato de se misturar à vida quotidiana.

(Johan Huizinga. *O declínio da Idade Média*. São Paulo: Verbo/Edusp, 1978. p. 141-5.)

O amor cortês

O "amor cortês", presente no gênero mais refinado do trovadorismo provençal — a *chanson* (canção, cantiga) —, integrou a imagem da dama no jogo intelectual dos poetas. A *chanson* é sempre uma mensagem endereçada à mulher amada ou um monólogo sobre o estado de espírito do trovador apaixonado. Trata-se invariavelmente de uma convenção amorosa. Um poeta, via de regra um "jovem", isto é, um cavaleiro de condição humilde ou solteiro, dirige-se a uma mulher de alta linhagem, algumas vezes a esposa de seu senhor. O poeta canta o "bom amor", que em geral é estéril, inacabado, impossível; canta a mulher distante, a mulher inacessível e inatingível, a *dame sans merci* (dama indiferente).

(José Rivair Macedo. *A mulher na Idade Média*. São Paulo: Contexto, 2002. p. 75.)

O perigo vem das mulheres

Na intimidade das casas ricas, as mulheres recebiam um tratamento diferente do que era dado aos homens, pois representavam um perigo à paz familiar. Veja o que dizem os historiadores:

O eixo mais sólido do sistema de valores a que se fazia referência na casa nobre para bem conduzir-se apoiava-se sobre este postulado, ele próprio fundado na Escritura: que as mulheres, mais fracas e mais inclinadas ao pecado, devem ser trazidas à rédea. O dever primeiro do chefe da casa era vigiar, corrigir, matar, se preciso, sua mulher, suas irmãs, suas filhas, as viúvas e as filhas órfãs de seus irmãos, de seus primos e vassalos. O poder patriarcal sobre a feminilidade via-se reforçado, porque a feminilidade representava o perigo. Tentava-se conjurar esse perigo ambíguo encerrando as mulheres no local mais fechado do espaço doméstico, o quarto — o "quarto das damas", que não se deve tomar, com efeito, por um espaço de sedução, de divertimento, mas sim de desterro: elas eram ali encerradas porque os homens as temiam.

(G. Duby, D. Barthélemy e C. de La Roncière. *História da vida privada*. São Paulo: Companhia das Letras, 1997. v. 1, p. 88.)

1. O texto "A sociedade feudal" faz referência à existência de três classes sociais bem definidas na sociedade medieval.

a) Quais eram elas?

RP: O clero, a nobreza e os trabalhadores.

b) Quais eram as "classes parasitárias" e o que elas ofereciam a quem trabalhava?
RP: Eram a nobreza e o clero; elas ofereciam uma suposta proteção aos servos. Professor: Comente com os alunos que, durante a Idade Média, houve muitas invasões bárbaras. Os nobres ofereciam segurança militar aos servos em troca de defesa militar em caso de invasão.

2. Numa sociedade de economia basicamente agrária e com comércio pouco desenvolvido como a medieval, a terra era o principal bem que se podia possuir. Com base nos textos "A posse da terra", "As Cruzadas" e "O sagrado no cotidiano", responda:

a) Por que se pode dizer que, na Idade Média, o poder da Igreja não era apenas espiritual, mas também econômico e político?
RP: Porque, sendo detentora de mais de 1/3 das terras da Europa, a Igreja acabava tendo grande participação nas decisões políticas e econômicas da época.

b) O que as Cruzadas representavam para a economia da Europa medieval?
RP: Representavam a consolidação das atividades comerciais na Europa e uma solução momentânea para o problema populacional.

c) Por que as pessoas viam nos representantes da Igreja um poder político tão importante quanto o poder do rei?
RP: Uma das razões é a forte religiosidade na Idade Média, que levava as pessoas a crer que os religiosos eram pessoas especiais, escolhidas por Deus. Outra razão é o envolvimento da Igreja com assuntos de natureza política e econômica, como as Cruzadas.

3. Com base nos textos "O sagrado no cotidiano" e "A arte na Idade Média", responda: Por que a arte foi tão importante na vida das pessoas na Idade Média?
RP: Porque, como a escrita não era difundida, a arte foi o meio pelo qual as pessoas puderam dar expressão à sua rica vida interior.

4. Compare os textos "O amor cortês" e "O perigo vem das mulheres":

a) O *amor cortês* declarado à mulher, nesse tipo de relacionamento, corresponde sempre a um sentimento verdadeiro? RP: Não; é uma espécie de convenção amorosa, um jogo poético em que o trovador finge declarar-se apaixonado por uma mulher, geralmente a esposa de seu senhor.

b) Na vida real, as mulheres eram tratadas com tanta consideração e respeito como nas cantigas de amor? Por quê?
RP: Não; pelo fato de serem consideradas fracas e inclinadas ao pecado, as mulheres eram isoladas da vida social.

Conclusão

Neste capítulo, fizemos referência a três metodologias, três formas distintas de enfocar, abordar e organizar os estudos de literatura: a perspectiva historiográfica, a abordagem por temas e a abordagem por gêneros. Todas elas, a nosso ver, podem dar bons resultados, desde que orientadas por uma visão dialógica da literatura.

Mesmo a abordagem historiográfica, a mais polêmica delas, também pode levar a bons resultados se se despojar do compromisso de abarcar todos os autores e obras, até os menos representativos para os dias de hoje, e se se dispuser a trabalhar sincronicamente, como propõe Jauss, os cortes da diacronia. Nesse caso, a série literária seria principalmente um referencial para o agrupamento de blocos de atividades — isto é, leituras e relações a serem feitas *a partir* do Barroco, do Arcadismo, do Romantismo, etc. —, em vez de uma camisa-de-força que concentre todas as atividades numa exposição interminável de autores e obras desiguais.

"Encerrar uma obra na sua época [...] não permite compreender a vida futura que lhe é prometida nos séculos vindouros", como diz Bakhtin (1997: 364). Libertemos, então, a obra de seu tempo, fazendo-a ressoar e renascer aos olhos do leitor contemporâneo, que procura compreender o presente com os olhos no passado.

Considerações finais

As obras rompem fronteiras de seu tempo, vivem nos séculos, ou seja, na grande temporalidade, e, assim, não é raro que essa vida (o que sempre sucede com uma grande obra) seja mais intensa e mais plena do que nos tempos de sua contemporaneidade.

(Mikhail Bakhtin)

Em janeiro de 2004, o SAEB/INEP publicou o relatório "Qualidade da educação: uma nova leitura do desempenho dos estudantes da 3ª série do ensino médio", no qual divulgou os resultados do desempenho dos alunos do ensino médio no exame SAEB/2001.

Eis um trecho da parte do relatório relativa ao desempenho dos alunos em leitura:

> Como se poderá ler, a situação dos concluintes do ensino médio, em termos de consolidação dos conhecimentos definidos pelos Parâmetros Curriculares Nacionais, está abaixo do esperado. Para esse nível de ensino, o quadro é ainda agravado pelo fato de que a demanda pelo ensino médio vem crescendo fortemente. Hoje, são cerca de 9 milhões de estudantes no ensino regular. Nesse sentido, o desafio nacional é incorporar mais estudantes, com o melhor aprendizado. Qual é a situação hoje? Ela pode ser evidenciada nos indicadores produzidos pelo Sistema Nacional de Avaliação da Educação Básica (Saeb).
>
> Os dados indicam que 42% dos alunos da 3ª série do ensino médio estão nos estágios "muito crítico" e "crítico" de desenvolvimento de habilidades e competências em Língua Portuguesa. São estudantes com dificuldades em leitura e interpretação de textos de gêneros variados. Não são leitores competentes e estão muito aquém do esperado para o final do ensino médio. Os denominados "adequados" somam 5%. São os que demonstram habilidades de leitura de textos argumentativos mais complexos. Relacionam tese e argumentos em textos longos, estabelecem relação de causa e conseqüência, identificam efeitos de ironia ou humor em textos variados, efeitos de sentidos decorrentes do uso de uma palavra, expressão e da pontuação, além de reconhecerem marcas lingüísticas do código de um grupo social.

(MEC, 2004, p. 7.)

CONSIDERAÇÕES FINAIS

A análise apresentada pelo relatório é ampla, pois cruza os resultados com diversos dados importantes, como idade, região do país em que vive o estudante, nível socioeconômico da família, se o estudante trabalha ou não, o período em que estuda, etc.

Para o interesse desta obra, fica claro que o atual estudante brasileiro do ensino médio lê mal, apesar de passar onze anos de sua vida escolar fazendo estudos de leitura e escrita, três dos quais dedicados aos estudos de literatura, o que em tese pressupõe um leitor dotado das habilidades básicas de leitura.

De acordo com o relatório do SAEB, apenas 5% dos estudantes do ensino médio estão em um nível "adequado" de leitura. Que perfil tem esse estudante que o SAEB considera em nível "adequado"? Que habilidades ele precisou desenvolver para chegar a esse nível? Esclarece o mesmo documento:

> São leitores competentes. Demonstram habilidades de leitura compatíveis com as três séries do Ensino Médio (textos argumentativos mais complexos, paródias, textos longos e complexos, poemas mais complexos e cartuns e dominam recursos lingüístico-discursivos utilizados na construção dos gêneros).
>
> (MEC, 2004, p. 10.)

Como se observa, as habilidades de leitura requeridas nesse nível de desenvolvimento são as mesmas que envolvem a leitura de textos literários, embora haja especificidades relativas a certos textos. Ser capaz de ler um texto de jornal em que haja gráficos, por exemplo, é uma habilidade vista pelo próprio SAEB como menos complexa do que a de ser capaz de fazer leituras que pressupõem relações interdiscursivas. No entanto, nas aulas de Língua Portuguesa deve haver espaço tanto para uma quanto para outra, e cada uma tem de ser construída com seus objetos de ensino específicos, isto é, o texto de jornal em que há gráficos é tão importante, do ponto de vista das habilidades de leitura, quanto o texto literário.

Como nosso objetivo era enfocar especificamente o ensino de literatura nas escolas de ensino médio do Brasil, deixamos de lado outras práticas de ensino igualmente importantes em Língua Portuguesa, que envolvem o estudo da língua (gramática) e a produção de texto. Porém, entendemos que as práticas de leitura na disciplina devem se estender para além dos limites do ensino de literatura e envolver também, além dos gêneros literários, a leitura, a análise e eventualmente a produção de gêneros do discurso que circulam em diferentes esferas sociais — por exemplo, a notícia, a reportagem, o editorial, a crítica, o relatório, o texto de iniciação científica, o anúncio publicitário, etc.

Para dar conta desse amplo repertório de gêneros, é necessário que o ensino de gramática e o ensino de produção textual também se modifiquem e deixem de

197

lado tanto a perspectiva puramente descritiva e classificatória de língua quanto a prática de produção de textos centrada no tripé narrar—descrever—dissertar, que pouco contribui para a recepção e a produção dos gêneros em circulação.

O que pudemos observar até aqui é que as práticas de ensino de literatura no ensino médio encontram-se cristalizadas há mais de um século. As razões disso, como vimos, são várias e de ordem histórica, ideológica, política, legal, contextual, etc. Uma mudança de perspectiva e de ação pedagógica é, porém, possível e depende de um fator simples: a consciência do professor do ensino médio sobre para que serve o ensino de literatura.

Como vimos no primeiro capítulo, falta aos professores de literatura clareza quanto aos objetivos de sua disciplina. Como decorrência dessa ausência de clareza, as opções metodológicas e as ações didáticas do professor ficam completamente à deriva, subordinando-se às opções feitas pelos autores dos manuais didáticos.

O ensino de literatura no ensino médio deve, a nosso ver, estar comprometido, primeiramente, com o desenvolvimento de habilidades de leitura, a fim de que o aluno se transforme num leitor de textos literários competente. Além disso, como é a um só tempo linguagem, discurso e objeto artístico, a literatura deve ser tomada tanto em sua dimensão comunicativo-interativa, dialógica e estética, quanto em sua dimensão histórica, social e ideológica.

A historicidade do texto literário, entretanto, não deve ser confundida com a historiografia literária. Esta, aliás, quando substituiu o ensino de retórica e de poética na escola, distanciou a literatura de sua aplicação social — seja do ponto de vista da recepção, seja do da produção de textos — e reduziu os estudos literários a uma minuciosa descrição de obras, autores e estilos de época, revestindo-se tanto da bandeira nacionalista dos românticos quanto da bandeira positivo-científica dos naturalistas.

A concepção nacionalista da historiografia de influência romântica, somada ao espírito positivista dos historiadores do fim do século XIX, resultou na visão, ainda predominante hoje, de que, se a literatura é a mais alta expressão de nossa língua e de nossa cultura, então é preciso descrevê-la e esmiuçá-la como demonstração de apego à pátria e às nossas tradições culturais e lingüísticas. A legislação que regulou o ensino de literatura no século XX só fez reforçar essa concepção de literatura.

Fatores mais recentes, como a simbiose entre a escola e o curso pré-vestibular, ou entre o vestibular e a escola, ou entre a escola, o vestibular e o livro didático, como vimos, contribuíram decisivamente para criar o impasse em que se encontram atualmente as escolas e os professores, que, levados a menosprezar sua importância social e sua força política, contentam-se com as migalhas de prestígio advindas da aprovação dos alunos no exame vestibular.

Este, aliás, embora viva um franco processo de mudanças em relação às questões de literatura, atribuindo cada vez mais destaque ao texto, em prejuízo das questões de memorização e classificação, carece ainda de uma discussão mais ampla e aberta sobre o perfil de estudante que se deseja nas universidades brasileiras de hoje.

O MEC, por meio de suas políticas de ensino, orientadas por órgãos como o SAEB e o ENEM, e de publicações como as *Diretrizes Curriculares Nacionais para o Ensino Médio*, os *Parâmetros Curriculares Nacionais — Ensino Médio* e os *Parâmetros Curriculares + Ensino Médio*, tem sido o verdadeiro centro catalisador desse processo de mudanças. Contudo, talvez pela falta de detalhamento ou de clareza da proposta dos PCNEM e dos PCN+ ou de consistência ou coerência teórica desses documentos, ou pela pequena divulgação que os PCN+ tiveram entre os professores, os resultados dessas propostas de mudança têm sido bem menores do que os que vêm ocorrendo no ensino fundamental. A avaliação e a aquisição de livros didáticos destinados ao ensino médio pelo MEC poderão acelerar o processo de discussão sobre novas propostas de ensino, a exemplo do que ocorreu no ensino fundamental.

Uma nova proposta de ensino de literatura deve se despojar de alguns preceitos, tão cristalizados quanto sua prática. Um deles é o de que o ensino de literatura deve, necessariamente, ser feito pela perspectiva da historiografia literária; outro, de que a historiografia é a única causa do enrijecimento dessas práticas de ensino.

Se o texto literário deve ser o principal objeto de estudo das aulas de literatura, e não um discurso sobre a história da literatura, é preciso levar em conta que conhecimentos de diferentes áreas afins — história, sociologia, psicologia, história da arte —, entre elas a história da literatura, podem ser ferramentas úteis para lidar com o texto literário.

A opção metodológica de ensino, seja ela qual for, deve estar comprometida com a formação de leitores competentes para lidar com a complexidade do mundo contemporâneo. Para isso, apostamos numa perspectiva dialógica como meio de orientar nossas ações pedagógicas.

Os embates entre as diferentes linhas da crítica e da historiografia literárias, embora distantes das práticas de ensino da maioria dos professores de Língua Portuguesa, podem ser tomados como referência ou pano de fundo para a nova proposta. Não se trata nem de desenvolver uma sociologia da literatura, superestimando-se as relações do objeto com o contexto social, nem de uma abordagem puramente estética desse objeto, desprezando-se suas relações com a situação de produção. Trata-se de uma perspectiva, como propôs Antonio Candido, que procura não supervalorizar nem os elementos internos nem os elementos externos da obra de arte, mas olhar para a relação existente entre eles.

Uma perspectiva a um só tempo diacrônica e sincrônica, que procura encontrar não apenas as relações da literatura com o seu tempo, mas também os diálogos que a própria literatura mantém dentro dela mesma, dando saltos, provocando rupturas, morrendo e renascendo, se transformando. Aí estaria o verdadeiro sentido de historicidade do texto literário, um sentido de vida, de permanência, que difere do engessamento da historiografia descritiva e classificatória.

Bakhtin já apontava para os riscos de uma historiografia que despreza esse conceito de historicidade do texto, que torna impermeáveis as séries literárias, como se não houvesse contato, continuidade, atração e repulsa entre elas. Diz Bakhtin:

> A História não concebe séries isoladas: uma série, enquanto tal, é estática, a alternância dos elementos nela pode ser somente uma articulação sistemática ou simplesmente uma disposição mecânica das séries, mas de modo algum um processo histórico; só a determinação de uma interação e de um mútuo condicionamento de dada série com outras cria a abordagem histórica. É preciso deixar de ser apenas si próprio para entrar na História.
>
> (BAKHTIN, 1988, p. 26-7.)

Se histórico, como diz Bosi, não é tudo o que morreu, mas o que ficou, esse pode ser o critério para fazer os cortes sincrônicos na diacronia propostos por Jauss. Nessa perspectiva, interessam os momentos de afirmação e de superação, assim como os de consolidação e de ruptura na literatura. Interessa o que está vivo, em diálogo com o nosso tempo.

Abordado a partir desse perspectiva, o texto literário deixa de ser peça de museu, deixa de se assemelhar a obituário ou a álbum velho de fotografias para transformar-se em desafio, em conquista, em conhecimento significativo, que faz o adolescente compreender melhor o mundo em que vive, como propõem os PCN.

Essa perspectiva dialógica não cabe nos limites estreitos de uma concepção ufano-nacionalista de ensino, que admita como objeto de estudo apenas o texto literário nacional ou luso-brasileiro. Os diálogos no âmbito da literatura e da cultura transcendem fronteiras geográficas e lingüísticas.

Não se trata de desprestigiar nossas tradições, nossa cultura nem nossa formação étnica e lingüística. Mas, sim, perseguir os diálogos travados por nossa literatura, com ela mesma ou com outras literaturas, assim como compreendê-la melhor e respeitá-la em sua historicidade, em suas particularidades e diferenças, em seus movimentos de pura subserviência e imitação ou de revolta e ruptura em relação à cultura estrangeira.

Também não cabe, nessa perspectiva dialógica, o limite estrito do texto literário. Como força dinâmica do processo cultural, a literatura dialoga com outras artes e linguagens, às vezes tomando a dianteira do processo de mudanças (como ocorreu no Surrealismo), às vezes ficando à mercê de mudanças que ocorrem em outras artes. Sem perder de vista o objeto central — o texto literário —, na aula de literatura cabe a música popular, a pintura, a escultura, a fotografia, o cinema, o teatro, a TV, o cartum, o quadrinho. Cabem, enfim, todas as linguagens e todos os textos, ou seja, a vida que com a literatura dialoga.

"O autor", diz Bakhtin, "é um prisioneiro de sua época, de sua contemporaneidade. Os tempos que lhe sucedem o libertam dessa prisão e a ciência literária tem a vocação de contribuir para esta libertação" (BAKHTIN, 1997a, p. 366). Assim, sem perder de vista a dimensão estética, bem como a historicidade do texto, dimensionada simultaneamente por sua situação de produção e por suas diferentes recepções ao longo de sua trajetória, espera-se poder libertar a ele e ao autor das amarras do tempo e colocá-los em diálogo vivo na "grande temporalidade". E, se só é possível compreender o passado olhando para o presente, também só se compreende o presente olhando para o passado. Nesse corte da diacronia e da sincronia situa-se o leitor, também libertado das amarras do presente.

Bibliografia

ABREU, Márcia (org.) (1999). *Leitura, história e história da leitura*. Campinas: Mercado de Letras/Associação de Leitura do Brasil; São Paulo: Fapesp.

_____ (2003). *Os caminhos dos livros*. Campinas: Mercado de Letras/Associação de Leitura do Brasil; São Paulo: Fapesp.

ALVES, José Hélder (2001). Literatura no ensino médio: uma hipótese de trabalho. In: DIAS, Luiz Francisco (org.). *Texto, escrita, interpretação*: ensino e pesquisa. João Pessoa: Idéia.

AMORIM, Marília (2001). *O pesquisador e seu outro*. São Paulo: Musa.

ARANHA, Maria Lúcia de Arruda (1996). *História da educação*. 2. ed. São Paulo: Moderna.

AUERBACH, Erich (1972). *Introdução aos estudos literários*. Tradução José Paulo Paes. São Paulo: Cultrix.

BAKHTIN, Mikhail (1988). *Questões de literatura e de estética – A teoria do romance*. Tradução Aurora Fornoni Bernardini et alii. São Paulo: Hucitec/Unesp.

_____ (1996). *A cultura popular na Idade Média e no Renascimento*: o contexto de François Rabelais. 3. ed. Tradução Yara Frateschi. São Paulo: Hucitec; Brasília: Hedunb.

_____ (1997a). *Estética da criação verbal*. Tradução Maria Ermantina Galvão G. Pereira. São Paulo: Martins Fontes.

_____ (1997b). *Problemas da poética de Dostoievski*. 2. ed. Tradução Paulo Bezerra. Rio de Janeiro: Forense Universitária.

_____, VOLOSHINOV (1979). *Marxismo e filosofia da linguagem*. Tradução Michel Lahud e Yara Frateschi Vieira. São Paulo: Hucitec.

BARBOSA, Sidney (1988). Caminhos e descaminhos da educação brasileira no século XIX. In: PERRONE-MOISÉS, Leyla (org.). *O Ateneu*: retórica e paixão. São Paulo: Brasiliense/Edusp. p. 59-78.

BARROS, Diana L. P. de, FIORIN, José Luiz (orgs.) (1999). *Dialogismo, polifonia, intertextualidade*: em torno de Bakhtin. São Paulo: Edusp.

BATISTA, Antônio Augusto Gomes (1999). Um objeto variável e instável: textos, impressos e livros didáticos. In: ABREU, Márcia. *Leitura, história e história da leitura*. Campinas: Mercado de Letras/Associação de Leitura do Brasil; São Paulo: Fapesp. p. 529-575.

BIBLIOGRAFIA

BOLOGNINI, Carmen Zink (org.) (2003). *História da literatura*: o discurso fundador. Campinas: Mercado de Letras/Associação de Leitura do Brasil; São Paulo: Fapesp.

BOSI, Alfredo (1975). *História concisa da literatura brasileira*. 2. ed. São Paulo: Cultrix.

_____ (1992). *Dialética da colonização*. São Paulo: Companhia das Letras.

_____ (2000). Por um historicismo renovado: reflexo e reflexão na história literária. *Teresa – Revista de Literatura Brasileira*, n. 1, 1º semestre de 2000.

BRAIT, Beth (org.) (1982). *Gonçalves Dias*. São Paulo: Abril Educação.

_____ (1999). As vozes bakhtinianas e o diálogo inconcluso. In: BARROS, Diana L. P. de, FIORIN, José L. (orgs.). *Dialogismo, polifonia, intertextualidade*: em torno de Bakhtin. São Paulo: Edusp.

_____ (1996). *Ironia em perspectiva polifônica*. Campinas: Ed. Unicamp.

_____ (org.) (1997). *Bakhtin, dialogismo e construção do sentido*. Campinas: Ed. Unicamp.

_____ (1999a). A natureza dialógica da linguagem: formas e graus de representação dessa dimensão constitutiva. In: FARACO, C. A., TEZZA, C., CASTRO, G. de. *Diálogos com Bakhtin*. 2. ed. Curitiba: Editora da UFPR. p. 69-92.

_____ (1999b). Mikhail Bakhtin: o discurso na vida e o discurso na arte. In: DIETZSCH, Mary J. M. *Espaços da linguagem na educação*. São Paulo: Humanitas. p. 11-39.

_____ (2003). Estudos lingüísticos e estudos literários: fronteiras na teoria e na vida. In: FREITAS, Alice Cunha de, CASTRO, Maria de Fátima F. Guilherme. *Língua e literatura*: ensino e pesquisa. São Paulo: Contexto.

BRANDÃO, Roberto de Oliveira (1988). Os manuais de retórica brasileiros do século XIX. In: PERRONE-MOISÉS, Leyla (org.). *O Ateneu*: retórica e paixão. São Paulo: Brasiliense/Edusp. p. 43-58.

CAMPOS, Haroldo de (1989). *O seqüestro do Barroco na formação da literatura brasileira – O caso Gregório Matos*. 2. ed. Salvador: FCJA.

CANDIDO, Antonio (1975). *Formação da literatura brasileira*. 5. ed. Belo Horizonte: Itatiaia; São Paulo: Edusp.

_____ (1980). *Literatura e sociedade*. 6. ed. São Paulo: Nacional.

_____ (1988). *A educação pela noite e outros ensaios*. 2. ed. São Paulo: Ática.

_____ (1989). Direitos humanos e literatura. In: _____. *Direitos humanos e literatura*. São Paulo: Brasiliense.

_____ (1997). *Iniciação à literatura brasileira (resumo para principiantes)*. 2. ed. São Paulo: Humanitas.

_____ , CASTELLO, José A. (1976). *Presença da literatura brasileira*. São Paulo: Difel. v. 1.

CHOPIN, Alain (1992). *Les manuels scolaires:* histoire et actualité. Paris: Hachette Éducation.

CLARK, Katerina, HOLQUIST, Michael (1998). *Mikhail Bakhtin.* Tradução J. Guinsburg. São Paulo: Perspectiva.

CORACINI, Maria José (org.) (1995). *O jogo discursivo na aula de leitura.* Campinas: Pontes.

_____ (org.) (1999). *Interpretação, autoria e legitimação do livro didático.* Campinas: Pontes.

CUNHA, Luiz Antonio (1979). *Educação e desenvolvimento social no Brasil.* 4. ed. São Paulo: Francisco Alves.

DOLZ, Joaquim; SCHNEUWLY, Bernard. Gêneros e progressão em expressão oral e escrita: elementos para reflexões sobre uma experiência suíça (francófona). In: ROJO, Roxane, CORDEIRO, Glaís Sales (orgs.). *Gêneros orais e escritos na escola.* São Paulo: EDUC; Campinas: Mercado de Letras, 2004. Coleção Faces da Lingüística Aplicada, LAEL/PUC-SP.

EAGLETON, Terry (1997). *Teoria da literatura*: uma introdução. Tradução Waltensir Dutra. São Paulo: Martins Fontes.

EVANGELISTA, Aracy A. M., BRANDÃO, Jeliana M. B., MACHADO, Maria Z. (2003). *A escolarização da leitura literária.* 2. ed. Belo Horizonte: Autêntica.

FARACO, Carlos A., TEZZA, Cristóvão, CASTRO, Gilberto de (1999). *Diálogos com Bakhtin.* 2. ed. Curitiba: Editora da UFPR.

FARIA, Maria Alice (1999). *Parâmetros curriculares e literatura*: as personagens de que os alunos realmente gostam. São Paulo: Contexto.

FAUSTINO, Mário (2003). *De Anchieta aos concretos.* São Paulo: Companhia das Letras.

GUINSBURG, J. (1978). Romantismo, historicismo e história. In: _____ (org.). *O romantismo.* São Paulo: Perspectiva. p. 13-21.

JAUSS, Hans Robert (1994). *A história da literatura como provocação à teoria literária.* Tradução Sérgio Tellaroli. São Paulo: Ática.

_____ et alii (2002). O prazer estético e as experiências fundamentais da *poiesis, aisthesis e katharsis.* Seleção, coordenação e tradução Luiz Costa Lima. In: _____ . *A literatura e o leitor*: textos da estética da recepção. 2. ed. Rio de Janeiro: Paz e Terra.

JURADO, Shirley Goulart de Oliveira Garcia (2003). *Leitura e letramento escolar no ensino médio*: um estudo exploratório. Dissertação de mestrado. Programa de Lingüística Aplicada, PUC, São Paulo. Mimeo.

KLEIMAN, Ângela B. (1989). *Leitura*: ensino e pesquisa. Campinas: Pontes.

_____ (1995). *Texto & leitor.* 4. ed. Campinas: Pontes.

_____ (1996). *Oficina de leitura*: teoria e prática. 4. ed. Campinas: Pontes/ Ed. Unicamp.

_____, MORAES, Sílvia E. (1999). *Leitura e interdisciplinaridade*. Porto Alegre: Mercado de Letras.

LAJOLO, Marisa (1982). *Usos e abusos da literatura na escola*: Bilac e a literatura escolar na República Velha. Rio de Janeiro: Globo.

_____ (1995). Literatura e história da literatura: senhoras muito intrigantes. In: MALLARD et alii. *História da literatura*: ensaios. 2. ed. Campinas: Ed. Unicamp. p. 19-36.

_____ (2000). *Do mundo da leitura para a leitura do mundo*. 6. ed. São Paulo: Ática.

_____ (2001). *Literatura*: leitores & leitura. São Paulo: Moderna.

_____ (2003). A leitura na formação da literatura brasileira de Antonio Candido. In: SERNA, Jorge Ruedas de la (org.). *História e literatura*: homenagem a Antonio Candido. Campinas: Ed. Unicamp/Fundação Memorial da América Latina; São Paulo: Imprensa Oficial do Estado. p. 51-75.

LEAHY-DIOS, Cyana (2001). *Língua e literatura*: uma questão de educação?. Campinas: Papirus.

LIMA, Luiz Costa (2002). *A literatura e o leitor*. 2. ed. Rio de Janeiro: Paz e Terra.

MACHADO, Irene (1995). *O romance e a voz*: a prosaica dialógica de M. Bakhtin. Rio de Janeiro: Imago; São Paulo: Fapesp.

MAINGUENEAU, Dominique (1996). *Elementos de lingüística para o texto literário*. Tradução Maria Augusta de Matos. São Paulo: Martins Fontes.

_____ (2001). *O contexto da obra literária*. Tradução Marina Appenzeller. 2. ed. São Paulo: Martins Fontes.

MARROU, HENRI-IRÉNÉE. *História da educação na antiguidade*. Tradução Mário Leônidas Casanova. São Paulo: EPU/Edusp, 1973.

MINISTÉRIO DA EDUCAÇÃO E CULTURA (MEC) (1968). *Diretrizes e bases da educação nacional*. 3. ed. Rio de Janeiro: MEC/Colted. Coleção A. E. C., nº 12.

_____ (1971). *Reforma do ensino – 1º e 2º graus*. Brasília: CFE.

_____ (1996). *Lei de Diretrizes e Bases da Educação*. São Paulo: Fapesp.

_____ (1998). *Diretrizes curriculares nacionais para o ensino médio*. Brasília: MEC/CNE.

_____ (1999). *Parâmetros Curriculares Nacionais — Ensino Médio*: linguagens, códigos e suas tecnologias. Brasília: MEC/Semtec.

_____ (2002). *Parâmetros Curriculares Nacionais + Ensino Médio*: orientações educacionais complementares aos PCN. Brasília: MEC/Semtec.

_____ (2004). Qualidade da educação: uma nova leitura do desempenho dos estudantes da 3ª série do ensino médio. Brasília: MEC/INEP. Texto extraído do *site* www.inep.gov.br.

ENSINO DE LITERATURA

_____, INEP (2001). *Saeb – Perspectivas 2001*. Brasília: MEC/INEP. Texto extraído do *site* www.inep.gov.br.

OLINTO, Heidrun Krieger (1996). *Histórias de literatura*: as novas teorias alemãs. São Paulo: Ática.

PAULINO, Graça, WALTY, Ivete (orgs.) (1994). *Teoria da literatura na escola*: atualização para professores de I e II graus. Belo Horizonte: Lê.

PEYTARD, Jean (1995). *Mikhail Bakthine*: dialogisme et analyse du discourse. Paris: Bertrand-Lacoste.

RAZZINI, Márcia de Paula Gregorio (2000). *O espelho da nação:* a Antologia Nacional e o ensino de português e de literatura. Tese de doutorado, Instituto de Estudos da Linguagem, Universidade Estadual de Campinas. Disponível em: http://www.unicamp.br/iel/memoria/Teses/Marcia%20Razzini.

ROCCO, Maria Thereza F. (1992). *Literatura/ensino*: uma problemática. 2. ed. São Paulo: Ática.

ROJO, Roxane, BATISTA, Antônio A. Gomes (orgs.) (2003). *Livro didático de língua portuguesa, letramento e cultura da escrita*. Campinas: Mercado de Letras.

RONCARI, Luiz (1995). *Literatura brasileira*: dos primeiros cronistas aos últimos românticos. 2. ed. São Paulo: Edusp/FDE.

RÖSING, Tânia M. K. (1988). *Ler na escola*: para ensinar literatura no 1º, 2º e 3º graus. Porto Alegre: Mercado Aberto.

SCHNEUWLY, Bernard, DOLZ, Joaquim (1997). *Repères 15*. Tradução Glaís Sales Cordeiro, a partir de discussão com os autores. In: ROJO, Roxane, CORDEIRO, Glaís Sales (orgs.). *Gêneros orais e escritos na escola*. São Paulo: EDUC; Campinas: Mercado de Letras, 2004. Coleção Faces da Lingüística Aplicada, LAEL/PUC-SP.

SERNA, Jorge Ruedas de la (org.) (2003). *História e literatura*: homenagem a Antonio Candido. Campinas: Ed. Unicamp/Fundação Memorial da América Latina; São Paulo: Imprensa Oficial do Estado.

SODRÉ, Nelson Werneck (1976). *História da literatura brasileira*. 6. ed. Rio de Janeiro: Civilização Brasileira.

SOLÉ, Isabel (1998). *Estratégias de leitura*. 6. ed. Porto Alegre: Artmed.

SOUZA, Roberto Acizelo de (1999). *O império da eloqüência*. Rio de Janeiro: Eduerj/Eduff.

VENTURA, Roberto (1995). História crítica em Sílvio Romero. In: MALLARD et alii. *História da literatura*: ensaios. 2. ed. Campinas: Ed. Unicamp. p. 37-54.

VERÍSSIMO, José (1901). *Estudos de literatura brasileira*. Rio de Janeiro: Garnier.

VOLOSHINOV, V. N., BAKHTIN (1926/1976). Discurso na vida e discurso na arte. In: _____ . *Freudism*. New York: Academic Press. Tradução de circulação restrita por Carlos Faraco e Cristóvão Tezza. Mimeo.

Zilberman, Regina (org.) (1986). *Leitura em crise na escola*. Porto Alegre: Mercado Aberto.

_____ (1989). *Estética da recepção e história da literatura*. São Paulo: Ática.

_____ (1991). *A leitura e o ensino da literatura*. 2. ed. São Paulo: Contexto.

_____ (org.) (s.d.). *O ensino de literatura no segundo grau*. Porto Alegre: Mercado Aberto. Cadernos da ALB, nº 2.

_____, Silva, Ezequiel Theodoro da Silva (orgs.) (1999). *Leitura*: perspectivas interdisciplinares. São Paulo: Ática.

Impressão e Acabamento:
Gráfica e Editora Alaúde ltda.
R. Santo Irineu, 170 – SP – Fone: (11) 5575-4378